Ken Robinson con Lou Aronica

Encuentra tu elemento

Sir Ken Robinson es un experto mundial en el desarrollo del potencial humano. Ha colaborado con múltiples gobiernos europeos y asiáticos, entidades internacionales, empresas de primera línea, sistemas educativos y algunas de las organizaciones culturales de mayor proyección en el mundo. Es británico de nacimiento, y vive en Los Ángeles con su esposa Terry y sus dos hijos.

Lou Aronica es autor de dos novelas y coautor de varias obras de no ficción. Vive en Connecticut con su esposa Kelly y sus cuatro hijos.

Encuentra tu elemento

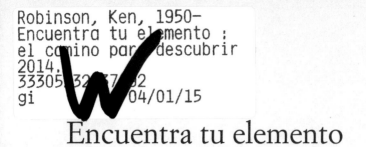

Encuentra tu elemento

El camino para descubrir tu pasión
y transformar tu vida

KEN ROBINSON
con Lou Aronica

Traducción de Ferrán Alaminos Escoz

Vintage Español
Una división de Random House LLC
Nueva York

PRIMERA EDICIÓN VINTAGE ESPAÑOL, DICIEMBRE 2014

Copyright de la traducción © 2013 por Ferrán Alaminos Escoz

Información de catalogación de publicaciones disponible en la Biblioteca
del Congreso de los Estados Unidos.

VintageEspañol en tapa blanda ISBN: 978-0-8041-7192-2
Vintage Español eBook ISBN: 978-0-8041-7193-9

Para venta exclusiva en EE.UU., Canadá, Puerto Rico y Filipinas.

www.vintageespanol.com

Impreso en los Estados Unidos de América
10   9   8   7   6   5   4   3   2   1

Índice

*Para Peter Brinson (1920-95), guía y fuente
de inspiración para todos los que hemos
conseguido vivir una vida plena y creativa
ayudando a los demás*

Encuentra tu elemento

Introducción

Hemos escrito este libro para ayudarte a encontrar tu Elemento.

Hace unos años oí un antiguo relato cuando me hallaba en Oklahoma. Dos peces jóvenes nadan corriente abajo cuando se cruzan con un adulto que avanza en dirección contraria. Este les saluda:

—Buenos días, jóvenes. ¿Cómo está el agua?

Ambos sonríen y siguen nadando. Más arriba, uno de los jóvenes se vuelve y le pregunta al otro:

—¿Qué es el agua?

Está tan acostumbrado a su elemento natural que ni siquiera sabe en qué consiste. Estar en nuestro Elemento consiste precisamente en eso, en desarrollar actividades con las que nos sentimos a gusto, que resuenan en nuestro interior de forma tan intensa que nos hacen sentir plenamente identificados con nuestra vida.

¿Y tú? ¿Estás en tu Elemento? ¿Sabes en qué consiste, o cómo encontrarlo? Hay muchas personas que viven en su propio Elemento, y piensan que están haciendo justamente aquello para lo que han nacido. Pero muchas otras no, y por tanto no disfrutan de sus vidas; solo aguantan a la espera del fin de semana.

En 2009 publicamos *El Elemento. Descubrir tu pasión lo cambia todo*. El libro se ocupa de la diferencia entre estos dos modos de vida. El Elemento es el punto en el que las aptitudes naturales confluyen con las pasiones personales. De entrada, significa que hacemos algo para lo que tenemos una predisposición natural, ya sea tocar la guitarra, jugar al baloncesto, cocinar, enseñar, trabajar con tecnología o con animales. Las personas que están en su elemento pueden ser profesores, diseñadores, arquitectos, actores, médicos, bomberos, artistas, trabajadores sociales, contables, administradores, bibliotecarios, agentes forestales o soldados, quién sabe. Pueden dedicarse a cualquier cosa. Hace poco hablaba con una mujer de sesenta y tantos que había trabajado siempre como contable. En la escuela se le daban bien los números, y sentía fascinación por las matemáticas. Así que lo tuvo claro. Un paso esencial en la búsqueda del Elemento es conocer las propias aptitudes.

Pero estar en nuestro Elemento es algo más que dedicarnos a lo que sabemos hacer. Mucha gente es buena en actividades a las que no concede importancia. También tiene que gustarnos. Es el caso de la contable. No solo era buena con los números; le apasionaban. Para ella, no se trataba de un trabajo, era su pasión. Tal como dijo Confucio: «Escoge un trabajo que te guste, y no trabajarás un solo día de tu vida». Confucio no había leído *El Elemento*, pero como si lo hubiera hecho.

El Elemento intenta animar a la gente a que piense de otro modo sobre sí misma y sobre su vida. Ha obtenido una magnífica respuesta por parte de personas de todas las edades y puntos del globo, y ha sido traducido a veintitrés idiomas. Al firmar ejemplares, o en mis charlas, algunos a menudo me dicen que compraron el libro porque querían dar un nuevo rumbo a sus vidas; otros, que lo compraron para sus hijos, parejas, amigos o familiares. Suelo preguntarles si han disfrutado con él, y espontáneamente me responden que «les encanta», mientras su rostro se ilumina. Y entonces sé que han encontrado su Elemento, al menos de momento. Otros dudan, y dicen cosas como «de momento me sirve», o «me ayuda a ganarme la vida». Y entonces comprendo que deben seguir buscando.

¿Por qué es importante encontrar el Elemento? La principal razón es de tipo personal. Es vital para comprender quiénes somos, qué somos capaces de ser y qué podemos hacer con nuestras vidas. La evidencia está en todas partes: en la cantidad de personas que no se interesan por el trabajo que desempeñan, en el creciente número de estudiantes que se sienten alienados por el sistema educativo, o en el incremento en el uso de antidepresivos, alcohol y analgésicos.

Quizá la mayor evidencia sean los suicidios que se cometen cada año, especialmente entre la gente joven.

Los recursos humanos son como los recursos naturales. A menudo se ocultan bajo la superficie y hay que esforzarse por encontrarlos. Por lo general, solemos fracasar en el intento en nuestras escuelas, negocios y comunidades, y pagamos un alto precio por ello. No estoy sugiriendo que ayudar a la gente a encontrar su Elemento resuelva todos los problemas sociales, pero sin duda puede ayudar.

La tercera razón es de índole económica. Estar en nuestro Elemento no significa solo ganarnos la vida. Algunas personas no quieren ganar dinero en su Elemento, y otras simplemente no pueden. Depende de su naturaleza. Encontrar el Elemento significa encontrar el equilibrio global de nuestra propia vida. Aunque también hay razones económicas para hacerlo.

Hoy día es frecuente desempeñar diversos trabajos durante nuestra vida laboral. No hay por qué finalizar donde se ha empezado. Conocer tu propio Elemento te ofrece una mejor visión de la dirección a seguir, en lugar de saltar de un trabajo a otro. Según la edad, es el mejor modo de encontrar un trabajo que realmente satisfaga.

Si te encuentras en mitad de tu carrera laboral, quizá ya estés listo para un cambio radical y salir en busca de un trabajo que realmente concuerde con tu carácter.

Si estás en paro, es el mejor momento para mirar en tu interior y buscar un nuevo camino. En épocas de crisis económica, es aún más importante. Si conoces tu Elemento, te será más fácil encontrar un trabajo que engrane con él. Mientras tanto es de vital importancia, especialmente si escasea el dinero, que las empresas dispongan de gente que encuentre sentido en su trabajo. Una organización con empleados comprometidos tendrá muchas más probabilidades de éxito que otra en la que abunden los amargados, escépticos o faltos de inspiración.

Si estás jubilado, ¿qué mejor momento para cumplir tus propias promesas? Es cuando puedes redescubrir los antiguos entusiasmos, y explorar caminos que en su momento tuviste que abandonar.

Aunque *El Elemento* fue concebido para dar inspiración y ánimos, no se trata de una guía práctica. No obstante, desde que fue publicado la gente me ha preguntado a menudo cómo encontrar su propio Elemento, o cómo ayudar a los demás a hacerlo. También se interesaron por otras cuestiones, como:

- ¿Y si no tengo ningún talento especial?
- ¿Y si no tengo auténticas pasiones?
- ¿Y si me gusta algo para lo que no valgo realmente?
- ¿Y si soy bueno en algo que no me gusta?
- ¿Y si no puedo ganarme la vida con mi Elemento?
- ¿Y si tengo demasiadas responsabilidades y cosas que hacer?
- ¿Y si soy demasiado joven?
- ¿Y si soy demasiado viejo?
- ¿Solo tenemos un Elemento?
- ¿Es el mismo a lo largo de toda la vida, o puede variar?
- ¿Cómo puedo ayudar a mis hijos a encontrarlo?

Hay respuestas para tales preguntas, y, conforme aumenta el éxito del libro, me siento en la obligación de ofrecerlas. *Encuentra tu Elemento* es un intento general de responder a ellas. Así que, hagas lo que hagas, estés donde estés o tengas la edad que tengas, si estás buscando tu propio Elemento, este libro es para ti. Puede que estés:

- frustrado porque no sabes cuáles son tus auténticas habilidades y pasiones.
- en la escuela, preguntándote qué asignaturas escoger y por qué.
- decidiendo si vas a seguir estudiando, o a dedicarte a otra cosa.
- desempeñando un trabajo que no te gusta y preguntándote a qué dedicarte.
- en mitad de tu vida, deseando darle un nuevo rumbo.
- en paro, intentando decidir qué hacer con tu vida.

Si conoces a gente que está buscando su Elemento, este libro también es para ellos.

¿Qué puedes encontrar en este libro?

Encuentra tu Elemento es una continuación de *El Elemento*, y a la vez una obra complementaria. Se desarrolla a partir de ideas que aparecieron en el anterior, y ofrece asesoramiento, técnicas y recursos para ponerlas en práctica en tu propia vida. El libro se articula en diez capítulos. El capítulo uno establece los principios básicos y las reglas principales para encontrar tu Elemento, y resalta la importancia de la búsqueda. El capítulo dos se ocupa del descubrimiento de las propias aptitudes, junto con técnicas y recursos para lograrlo. El capítulo tres analiza por qué es posible que desconozcas el auténtico alcance de tus habilidades naturales y cómo puedes solucionarlo. En el capítulo cuatro descubrirás tus pasiones y cuál es el papel que desempeñan en el descubrimiento de tu propio Elemento y en la potenciación de tu energía espiritual. El capítulo cinco explora el concepto de felicidad, y cómo el descubrimiento de tu Elemento puede incrementarla en tu propia vida. El capítulo seis se centra en tus actitudes, y cómo pueden hacerte avanzar o retroceder. El capítulo siete te ayudará a obtener una visión de tus circunstancias actuales, y a crear oportunidades de cambio. El capítulo ocho trata de cómo promover la conexión con aquellos que comparten tu Elemento. El capítulo nueve te ayudará a trazar un plan de acción, y los pasos que debes seguir a continuación. El capítulo diez es una reflexión sobre los principales temas del libro, y reafirma la conveniencia de emprender este viaje.

Hay cinco hilos temáticos generales que se extienden a lo largo del libro, cada uno de los cuales está concebido para ayudarte a reflexionar y a concentrarte en la búsqueda de tu propio Elemento.

Ideas y principios

Cada capítulo establece ideas y principios que clarifican el auténtico significado de hallarte en tu Elemento, y cómo dicho conocimiento se manifiesta en tu vida. Se siguen para ello los argumentos establecidos en *El Elemento*, y se introducen muchas nuevas ideas esenciales para encontrar tu Elemento y ser consciente del momento en que lo consigues. Esto incluye conceptos relacionados con aptitudes y habilidades, estilos de aprendizaje, pasiones, actitudes, personalidad, felicidad y búsqueda del sentido.

Historias y ejemplos

El libro incluye multitud de nuevas historias protagonizadas por todo tipo de personas, en las que se analiza cómo encontraron su propio Elemento, qué necesitaron para lograrlo y el cambio de rumbo que este hecho supuso en sus vidas. Muchas de estas historias se centran en personas que leyeron el primer libro y se animaron a explicarnos qué papel tuvo en sus vidas la aplicación de sus principios. El Elemento aparece como algo diferente para cada uno de ellos. A menudo se trata de algo muy específico: no la enseñanza en general, sino la guardería o la escuela de adultos; no todo tipo de música, sino el jazz; no todos los deportes, sino el baloncesto y la natación; no todas las ramas de la ciencia, sino la patología; no la literatura en general, sino las obras de ficción para un público femenino. La razón por la que estas historias aparecen en el libro es la necesidad de presentar ejemplos que te ayuden en tus propios planes. Son ejemplos reales sobre cómo encontrar tu Elemento y las transformaciones que este puede provocar en tu vida. También reflejan los obstáculos y frustraciones que la mayoría de la gente experimenta durante el viaje y que, inevitablemente, forman parte de la vida real.

Ejercicios

Encontrarás ejercicios prácticos que te ayudarán a descubrir tu propio Elemento. Algunos te parecerán más interesantes, exigentes o reveladores. Todo depende de cómo quieras utilizarlos y el grado de implicación que muestres en el proceso. Puedes saltártelos si es tu deseo, o leerlos de manera superficial y pretender que ya los has puesto en práctica. Depende de ti. Es tu libro, y tu tiempo.

Si te tomas en serio la búsqueda de tu Elemento, mi consejo es que lo intentes con todos. No son tests en los que puedes acertar o fallar. Tampoco se basan en una fórmula mágica que garantice el éxito. Solo han sido diseñados para ayudarte a pensar a fondo en ti mismo, en tus circunstancias, tus habilidades, tus pasiones, tus actitudes y tus posibilidades.

A veces necesitarás algo de material. Hazte con hojas de papel, lápices de colores, post-its de colores distintos, algunas revistas, cinta adhesiva y todo lo que consideres conveniente. Mientras lees, puedes confeccionar un diario y un álbum de recortes. Úsalos para dejar constancia de tus pensamientos, imágenes, garabatos, dibujos, melodías y cualquier otra cosa que se te ocurra. Intenta que sean de lo más variado, y apoyados en diversos formatos multimedia.

Uno de los principales temas de este libro es el hecho de que todos pensamos de forma diferente. Deberías, pues, ser flexible y creativo al realizar los ejercicios. La clave está en explorarlos de la forma más reveladora posible. Si se te da bien, quizá prefieras escribir. Si te gusta dibujar, puedes decidirte por los garabatos o las imágenes; puedes moverte, bailar, hacer cosas con las manos o crear diagramas y ecuaciones. Puedes escoger materiales físicos o utilizar el ordenador; depende de ti. Haz lo que te ofrezca mejores perspectivas. Cualquiera que sea, puede resultar una primera pista para encontrar tu propio Elemento.

Sea cual fuere el método, mi consejo es que te concentres al máximo y evites distraerte. Busca media hora para ti, y olvídate de todo lo demás. Si te decides por el ordenador, desecha todo lo que no sea relevante, como teléfonos, mensajes de texto, medios sociales y otras aplicaciones y programas. No te preocupes. Solo será media hora. El universo digital seguirá en su sitio cuando quieras volver a él.

Recursos

A lo largo del libro encontrarás sugerencias sobre otros recursos que quizá consideres útiles: hay, por ejemplo, una amplia literatura en relación con las aptitudes, la actitud y la personalidad. También existen numerosos programas de asesoramiento sobre desarrollo personal y carreras profesionales. Siempre que es posible hago referencia a otros libros y sitios de internet que pueden serte de utilidad, así como a otras fuentes que han influido en el desarrollo de esta obra. Te sugiero que las consultes, y no porque todas sean de mi agrado, sino para ofrecerte cierta variedad de recursos para que elabores perspectivas sobre ti mismo.

Déjame añadir un par de advertencias. Las revistas, los diarios e internet están llenos de pasatiempos y tests que pretenden ayudarte a averiguar qué tipo de persona eres y en qué puedes destacar. Mucha gente tiende a creer en estos tests, igual que se empeñan en pensar que los horóscopos que son leídos por millones de personas tienen algo que ver con ellos. A menudo hay una base cierta en ellos, pero no intentes amoldarte a la fuerza a los perfiles que sugieren. Encontrar tu Elemento es encontrarte a ti mismo.

En 1948, el psicólogo estadounidense Bertram Forer publicó los resultados de una investigación sobre lo que denominó «validación subjetiva». Forer proporcionó un test de personalidad a una variada gama de estudiantes. En lugar de analizar sus respuestas de forma individual para extraer una evaluación personal, ofreció a todos exactamente el mismo perfil copiado de la columna astrológica de un diario. Les dijo que se trataba de un perfil personal hecho a medida de los resultados obtenidos individualmente en el test. La mayoría de las afirmaciones podían aplicarse a todos ellos, y fueron calificadas posteriormente como «afirmaciones Barnum», en honor al empresario circense P. T. Barnum, cuyo eslogan de ventas era «Tenemos algo para todos». Este era el perfil:

> Dependes en gran medida de la admiración de los demás. Tienes tendencia a ser crítico contigo mismo. Dispones de una gran capacidad infrautilizada de la que aún no has sacado provecho. Aunque tu personalidad presenta algunas debilidades, normalmente consigues compensarlas. Disciplinado y dotado de autocontrol de cara al exterior, interiormente tiendes a la preocupación y a la inseguridad. A veces tienes serias dudas sobre si has tomado o no la decisión correcta. Prefieres cierta dosis de cambio y variabilidad y te sientes insatisfecho cuando te

someten a restricciones o limitaciones. Te enorgulleces de pensar por ti mismo y no aceptas las opiniones ajenas sin pruebas concluyentes. En ocasiones eres extrovertido, afable y sociable, y a veces te muestras introvertido, receloso y reservado. Algunas de tus aspiraciones son poco realistas. Una de las cosas que más anhelas es la seguridad.

Se les preguntó a los estudiantes hasta qué punto, en una escala de cero a cinco, se sentían identificados con el perfil sugerido: cero, en absoluto; cinco, sumamente identificados. La media se situó en 4,26. Desde entonces, el estudio se ha venido repitiendo cientos de veces con todo tipo de grupos, y la media sigue situándose en torno al 4,2. Una posible explicación sería que cuando la gente se somete a estos tests quiere que los resultados sean ciertos, y tiende a modificar sus juicios en esa dirección.

Existen numerosas ilustraciones de esta tendencia, que no es nada reciente. La novela deliciosamente cómica *Tres hombres en una barca* (*Three Men in a Boat*), de Jerome K. Jerome, fue publicada en 1879. En el primer capítulo, el hipocondríaco protagonista está preocupado por la posibilidad de caer enfermo, y consulta en un diccionario médico qué es lo que podría sucederle:

... Lo hojeé al descuido y empecé a estudiar con indolencia las enfermedades en general. Ya he olvidado cuál fue la primera en la que me sumergí —algún temible y devastador azote, estaba seguro— pero, antes de llegar a la mitad del listado de «síntomas premonitorios», me invadió la certeza de que lo había contraído. Me senté un momento, paralizado por el horror; y entonces, con la apatía propia de la desesperación, seguí pasando las páginas. Llegué a la fiebre tifoidea, leí los síntomas, descubrí que tenía fiebre tifoidea y que debía de tenerla desde hacía meses sin saberlo. Me pregunté qué más habría contraído. Pasé al baile de San Vito; descubrí, tal como esperaba, que también lo tenía, empecé a interesarme por mi caso, y me decidí a investigar a fondo, empezando por orden alfabético. ... Recorrí concienzudamente las veintiséis letras, y llegué a la conclusión de que la única enfermedad que no padecía era la rodilla de fregona. ... No aparecían más enfermedades después de la zimosis, así que decidí que ya no padecía nada más.

Podemos entender el problema. Las preguntas, ejercicios y técnicas sugeridas en este libro están diseñados para que te centres en tus propias capacidades e intereses, sentimientos y actitudes. Mientras los realizas intenta ser lo más honesto posible, y evita dejarte llevar por el efecto Barnum o las ideas ilusorias. No te dirán todo lo que necesitas saber, y algunas te ayudarán más que otras. No hay test o ejercicio que pueda captar toda la complejidad de tus aptitudes o de tu carácter. Solo sirven para estimular tu imaginación, tu autoconocimiento y tu sentido de la posibilidad. Deberías utilizar diferentes enfoques y deducir si consiguen reflejar la verdad. Usa la creatividad y el espíritu crítico.

Preguntas

Al final de cada capítulo aparecen varias preguntas, un total de cincuenta en todo el libro. No son un test de comprensión, y ninguna implica una respuesta correcta o incorrecta. Son un armazón en el que se apoyarán tus reflexiones personales sobre cómo se adaptan a ti los temas de cada capítulo. Algunas te parecerán más interesantes que otras. Al igual que en los ejercicios, quizá desearás responder a ellas de diversas maneras o mediante diferentes medios, no solo con palabras. Te sugiero que no te precipites ni intentes responderlas todas de una vez, como si se tratase de un formulario. Hazlo progresivamente, y tómate tu tiempo. Sacarás más conclusiones cuando hayas trabajado con los ejercicios que las preceden. Recuerda en todo momento que el libro no es una tarea que debas completar, sino un recurso para iniciar un proceso que continuará indefinidamente una vez acabado el capítulo final.

Una búsqueda personal

Encontrar tu Elemento representa una exploración personal. Una exploración es una búsqueda. En la Europa medieval, los caballeros las emprendían para conseguir el objetivo anhelado. Ello implicaba viajes, aventuras y riesgo, y sus resultados eran inciertos. También lo serán para ti. La búsqueda de tu Elemento es un viaje en dos direcciones: un viaje interior para explorar lo que hay dentro de ti, y un viaje exterior para descubrir las oportunidades que el mundo te ofrece. Este libro intentará ayudarte a encontrar tu camino. Que lo consigas dependerá de tu compromiso y tu fortaleza, así como del valor que le concedas al posible premio. Si estás preparado para afrontar el desafío, te garantizo que aquí encontrarás muchos elementos que te servirán de ayuda e inspiración.

Aunque el libro consta de diez capítulos, *Encuentra tu Elemento* no es un programa en diez etapas. No puedo garantizarte que al final del capítulo diez lo habrás encontrado. Todos partimos de diferentes lugares y seguimos nuestros propios caminos. Como si se tratase de un viaje de descubrimiento, no hay garantías de que encontrarás lo que buscas. Este libro no especifica qué camino debes tomar, o cuál es tu destino. Ofrece un mapa del territorio y algunos principios y herramientas básicas para orientarte a través de él. Aunque es un viaje personal, no tiene por qué emprenderse en solitario. Puedes encontrar guías que te ayudarán a realizarlo, y otros compañeros de viaje que compartan tu Elemento.

Encontrar tu Elemento no significa que debas ignorar las necesidades de los que dependen de ti, ni que abandones lo que estás haciendo. Solo debes analizarte detenidamente, y preguntarte si puedes hacer algo más para descubrir tu talento y tus pasiones y qué es lo que te está frenando y cómo puedes evitarlo.

Muchas vidas transcurren sin riesgos ni ambiciones, mientras que otras te lanzan a la aventura. Joseph Campbell examinó los mitos heroicos y las leyendas de las diversas culturas a través de la historia. Al escribir sobre el viaje del héroe, dedujo que todos los héroes se enfrentaban a desafíos similares. Tu viaje también topará con desafíos, y obtendrá recompensas. Aunque nadie ha vivido tu vida antes que tú, existen hitos en el camino depositados por otros que partieron previamente, y que pueden servirte de guía. Pero, al final, solo tú sabrás si has llegado a buen puerto, o si necesitas partir en busca de un nuevo horizonte, es decir, si ya has encontrado tu Elemento o si aún andas en su busca. Sea como fuere, nunca olvides que la búsqueda habrá valido la pena.

1

Encuentra tu Elemento

La búsqueda de tu elemento es un proceso muy personal, y a menudo sorprendente. Se inicia desde diferentes lugares, según nuestras características y circunstancias. El Elemento es diferente para cada uno de nosotros. Aun así, existen algunos principios comunes que subyacen al proceso y que son aplicables a todos nosotros, junto a técnicas y estrategias que todos podemos utilizar. Este capítulo analiza tales principios, y justifica por qué es importante entenderlos. También introduce algunas técnicas iniciales y ejercicios que te ayudarán a situarte en este preciso momento para emprender el camino que tienes por delante.

A modo de ejemplo sobre lo curioso de este proceso, déjame empezar explicando cómo llegué a dedicarme a lo que me dedico. A menudo me preguntan cuál es mi Elemento y cuándo lo descubrí. Como la de muchos otros, mi historia es bastante inverosímil, e ilustra a la vez todos los principios anteriores.

Soy razonablemente bueno en una serie de actividades, la mayoría de las cuales están ahí sin que las haya ejercitado. De adolescente, solía aporrear el piano pensando que podría convertirme en un talento de primera fila. Pero cuando me di cuenta de que los auténticos pianistas tocaban con las dos manos, me retiré discretamente. También sabía tocar de oído algunos riffs de guitarra, y pronto dominé los compases iniciales de «Whole Lotta Love», de Led Zeppelin. Entonces escuché el resto del tema y decidí ceder mi puesto a Jimmy Page. Además, los dedos acaban doloridos por las cuerdas metálicas.

Cuando era aún más joven, me encantaba dibujar y pintar, pero tuve que dejar el arte para centrarme en otras cosas. Cuando andaba entre los veinte y los treinta, solía deambular por las ferreterías admirando las fresadoras y las brocas. También me gustaba cocinar y, cuando mis hijos eran aún pequeños, adquirí una ligera pero merecida reputación como repostero, al menos para ellos.

En resumen, entre la sala de conciertos y la alta cocina se abría un amplio abanico de opciones que podría haber experimentado y en las que nunca profundicé. De hecho, ser razonablemente bueno en diversas actividades puede complicar más las cosas que si eres realmente bueno en algo en particular. Más tarde volveré sobre el tema. El hecho es que cuando era joven no tenía la menor idea de cuál era mi Elemento, y no lo habría sabido aunque la frase se me hubiera ocurrido entonces, cosa que no sucedió.

Ahora sé que mi Elemento es la comunicación y el trabajo con las personas. He pasado mucho tiempo viajando por el mundo hablando ante cientos, a menudo miles, de personas y, gracias a los medios de comunicación, a veces millones. Cuando era muy joven no tenía la menor idea de que este sería mi Elemento, y mucho menos los que me conocían.

Nací en 1950 en Liverpool, Inglaterra. Crecí en una amplia y cohesionada familia, tremendamente sociable y divertida. Pero de joven pasaba largos ratos en soledad, obligado en parte por las circunstancias. A principios de la década de los cincuenta, Europa y Estados Unidos estaban sufriendo una grave epidemia de polio, y los padres vivían aterrorizados ante la posibilidad de que sus hijos tuvieran el virus. Yo lo contraje a los cuatro años. De la noche a la mañana dejé de ser un niño fuerte y lleno de energía a estar prácticamente paralizado. Pasé los siguientes ocho meses en un hospital, la mayor parte de ellos en una sala de aislamiento. Cuando salí, llevaba sendas prótesis en las piernas, y me movía en silla de ruedas o con muletas.

Debo decir que por aquel entonces era irresistiblemente encantador. Tenía cinco años y, pese a toda la parafernalia ortopédica, tenía el cabello rubio y rizado y una sonrisa encantadora, lo que aún me hace estremecer cuando lo recuerdo. Además, ceceaba. A la hora del desayuno, mi frase era: «Una taza de té con doz azucadilloz y una toztada». Como resultado, la gente se deshacía ante mi presencia y hasta los desconocidos me ofrecían dinero por las calles. El ceceo era tan marcado que desde los tres años me sometí a sesiones semanales con un logopeda de Liverpool. Hay una teoría que sostiene que pude coger allí la polio, ya fui el único miembro de la familia que contrajo el virus.

Así que las circunstancias me forzaron al ensimismamiento. Aunque mi familia era fantástica y nunca me trató de forma diferente, el hecho es que yo no podía corretear y jugar por las calles o los parques, y pasé más tiempo en soledad de lo que habría pasado en circunstancias normales. La otra razón era la predisposición.

De niño, yo era apacible e introvertido. Me gustaba observar y escuchar, y me encantaba sentarme tranquilamente y mantenerme al margen. También me apasionaba construir cosas y hacer puzzles. En la escuela primaria, una de mis asignaturas favoritas era la marquetería. Me pasaba horas en casa montando y pintando maquetas de barcos, de aviones y figuritas históricas. Jugué mucho con el Mecano y el Lego. Me pasaba tardes enteras en el patio trasero inventando juegos de fantasía con cualquier cosa que tuviera a mano. Nada de ello apuntaba a una carrera basada en el ojo público y en la reputación internacional de la que ahora parezco gozar. Pero, como suele suceder, otros vislumbraron mi potencial antes que yo.

Mi prima Brenda se casó cuando yo tenía treinta años. Dos de mis hermanos mayores, Keith e Ian, y nuestro primo Billy montaron una velada de cabaret en la que se disfrazarían de mujeres y escenificarían canciones de moda a 45 revoluciones para que sonara algo parecido a Alvin y las ardillas. Se bautizaron como Los Alka Seltzers (es una historia muy larga) y, como necesitaban un presentador, Keith sugirió que lo hiciera yo. Me quedé atónito, y no fui el único. Pero acepté, aunque la idea me aterrorizaba.

Nunca había hecho nada remotamente parecido; las hordas de mi familia de Liverpool son arrasadoramente divertidas y no hacen prisioneros, independientemente del número de ortopedias y dificultades logopédicas que uno pueda oponer. Lo hice porque siempre he pensado que uno debe enfrentarse a sus miedos en lugar de esquivarlos. Si no los exorcizas, pueden martirizarte hasta mucho después de haberse desvanecido.

Fue una velada fantástica, y yo fui aclamado. El grupo hizo furor, y hasta recibió invitaciones para hacer bolos por los clubes y teatros del país. Cambiaron el nombre por The Alka Sisters (evitando así acciones legales por los derechos de propiedad del antiácido) y emprendieron giras de varios años, ganando incluso un concurso nacional de talentos. De paso, yo fui dándome cuenta de que también podía enfrentarme al público.

En el instituto intervine en varias actuaciones, y dirigí algunas. Por aquella época empecé a interesarme por los escenarios y por la dirección y, aunque nunca lo busqué, era reclamado para participar en debates y hacer presentaciones. Una vez en el escenario, me di cuenta de que me relajaba fácilmente y disfrutaba con ello. Y aún lo hago. Mi vida profesional implica a menudo la presentación de grupos de personas. Aunque siempre me ponía nervioso entre bastidores, descubrí que enseguida me sobreponía y que el tiempo pasaba rápidamente.

Cuando estás en tu Elemento, tu sentido del tiempo varía. Si estás haciendo algo que te gusta, una hora puede durar cinco minutos; si es al contrario, cinco minutos pueden durar una hora. En cada etapa de mi vida laboral, mi esposa Therese siempre ha sabido discernir al final del día lo que yo había estado haciendo. Si he estado sometido a labores rutinarias en comités o en gestiones administrativas, envejezco diez años; si he estado hablando, enseñando o dirigiendo un taller, parezco diez años más joven. Estar en tu Elemento te proporciona energía. Lo contrario te la arrebata. Hablaremos más sobre la energía en el capítulo cinco.

Así que, ¿cómo te predispones a encontrar tu Elemento?

Un viaje en dos direcciones

Encontrar tu Elemento es una búsqueda en pos de ti mismo. Tal como dije en la Introducción, se trata de un viaje en dos direcciones: una que explora tu interior y otra que explora las oportunidades del mundo exterior.

Vives, como todos, entre dos mundos. Está el mundo que surgió cuando tú lo hiciste, y que solo existe porque tú existes. Es el mundo interior de tu conciencia personal: de tus sentimientos, pensamientos, estados de ánimo y sensaciones. Junto a él, se halla el mundo que transcurre independientemente de tu existencia. Es el mundo externo de los demás, de los acontecimientos, circunstancias y cosas materiales. Estaba ahí mucho antes de que nacieras, y ahí seguirá mucho después de tu muerte. Y solo eres capaz de percibirlo a través de tu mundo interior. Lo percibes gracias a tus sentidos, y adquiere sentido a través de las ideas, valores, sentimientos y actitudes que configuran tu visión del mundo.

Para encontrar tu Elemento, deberás explorar ambos mundos. Tendrás que determinar cuáles son tus talentos y pasiones, y afrontar de modo creativo las oportunidades que el mundo te ofrece. A efectos prácticos, encontrar tu elemento implica tres procesos. Intenta practicar regularmente cada uno de ellos, porque se alimentan mutuamente.

Elimina el ruido

Para encontrar tu Elemento tienes que conocerte mejor. Debes invertir tiempo en ti mismo, dejando de lado las opiniones de los demás. Para la mayoría de nosotros, es más fácil decirlo que hacerlo.

Pocos de nosotros escogemos vivir aislados del resto de la humanidad. En el transcurso normal de tu vida, probablemente pasarás la mayor parte del tiempo junto a otros, familia y amigos, conocidos, o compañeros de trabajo. Pocos son los que conoces de manera íntima, y muchos los que conoces de pasada, junto al resto que se encuentra entre ambos polos. A medida que vas teniendo más edad, adquieres responsabilidades y adoptas nuevos papeles. Algún día interpretarás varios de ellos simultáneamente, quizá como padre, amigo, amante o pareja, como estudiante, profesor, sostén económico o dependiente. Como todos los demás, te verás afectado por la forma en que los otros te ven o en la que quieres que te vean, por lo que quieren de ti, o por lo que esperan de ti.

Vivimos en una época de profundos «ruidos» y distracciones. El mundo es cada vez más turbulento. Es difícil sobreponerse al impacto que las tecnologías digitales ejercen sobre nuestra manera de pensar, vivir y trabajar. Sus beneficios son extraordinarios, pero también hay desventajas. Una de ellas es la de intentar lidiar con el caudal de información vertido por las televisiones, los ordenadores, las tabletas y los smart phones. En 2010, Eric Schmidt, director ejecutivo de Google, calculó que cada dos días creamos el equivalente a la información acumulada por la civilización hasta el año 2003. Según las investigaciones de Cisco Systems, la cantidad de datos que circulaban por internet a finales de 2010 era equivalente a la información contenida en una estantería de 58 billones de kilómetros de longitud (diez veces la distancia entre la Tierra y Plutón). Cada cinco minutos creamos una «tormenta de datos digitales» que equivale a toda la información acumulada en la Biblioteca del Congreso de Estados Unidos.

Pese a todos sus beneficios, estas tecnologías tienden a expulsarnos hacia el mundo exterior, alejándonos de nuestro interior. También pueden fomentar respuestas rápidas en detrimento del compromiso profundo o de la reflexión crítica.

Cuando añades todo el volumen de ruido del mundo exterior a los roles que adoptas en él, es fácil que pierdas de vista tu auténtica identidad. Para encontrar tu Elemento, debes recuperar la perspectiva. Una forma de hacerlo es generando tiempo y espacio para estar a solas contigo mismo, para experimentar quién eres realmente cuando nadie quiere nada de ti y el ruido ha cesado. Uno de los métodos es la meditación.

Lo digo con cierta dosis de duda. Francamente, no soy especialmente bueno meditando. Lo intento, pero mi capacidad de concentración es limitada y normalmente me pongo nervioso. De pequeño, mi padre solía decirme que dejara de moverme. No lo conseguía. Ahora que soy padre, la familia insiste en que me ponga a meditar. Parafraseando al doctor Johnson, el célebre autor y sabio del siglo XVIII, verme meditar es «como ver a un perro caminando sobre sus cuartos traseros. No lo hace bien, pero te sorprende cómo acaba consiguiéndolo». Cuando medito en privado, pongo buen cuidado en anunciar a todos que lo estoy haciendo, lo cual probablemente malogra el intento.

Para ser justos, la meditación es más complicada de lo que sugiere su imagen popular. A primera vista parece fácil. Es un proceso consistente en calmar la mente y recrearnos en el tranquilo flujo de nuestro ser. Es una forma de apaciguar las exigencias que el mundo exterior nos plantea, permitiendo a nuestra esencia existir y respirar.

El mayor desafío en la meditación es dejar de pensar, que es a la vez una de las razones para practicarla. En cierto modo, es lo contrario. En occidente tendemos a equiparar inteligencia y organización de los pensamientos. El pensamiento tiene beneficios obvios, y en general estoy a favor de él. De hecho, cuando no estés meditando, te aconsejo encarecidamente que pienses. Algunas personas deberían hacerlo más a menudo. Pero pensamiento no es sinónimo de conciencia. Volveremos sobre ello en el capítulo cinco. A veces, como Eckhart Tolle afirma en *El poder del ahora*, pensar demasiado puede limitar nuestra conciencia.

Si te pareces a mí, o a la mayoría de la gente que conozco, la experiencia habitual de tu mente será una especie de charla entre tus pensamientos y tus sentimientos. Esta cacofonía interna puede ser el equivalente al ruido blanco de una pantalla de televisor, que interfiere con la señal. Uno de los propósitos de la meditación es reducir este estancamiento mental para que puedas experimentar niveles de conciencia más profundos. Una antigua analogía compara las turbulencias de la mente pensante con el oleaje de la superficie de un lago. Solo podremos observar las profundidades si conseguimos calmar las perturbaciones de la superficie.

Estoy deseando admitir que encuentro difícil la meditación porque mucha gente opina igual. Si fuera tan fácil dejar de pensar, no tendríamos necesidad de pensar en cómo hacerlo. La buena noticia es que hay muchas maneras de meditar. Algunas requieren una preparación mística y posturas inverosímiles. Otras no. Para algunas personas, el yoga es el mejor método. Otras tienen bastante con tomarse su tiempo para respirar, relajarse y estar en paz con ellas mismas.

Antes de emprender cualquiera de las prácticas de este libro, te sugiero que intentes meditar durante unos minutos para calmarte y centrarte en las preguntas que vas a explorar. He aquí un buen modo de hacerlo:

Ejercicio 1: Meditación

- Si puedes, siéntate confortablemente con la espalda y los hombros rectos, pero relajados. Cierra los ojos.
- Aspira profundamente por la nariz, retén el aire durante unos segundos y expúlsalo.
- Mientras lo haces, intenta centrar tu atención en el flujo de la respiración. Repite el proceso lentamente durante cuatro o cinco minutos.
- Respira con normalidad durante unos minutos e intenta centrarte en la sensación de respirar.
- Conforme los pensamientos aleatorios confluyan en tu mente —algo que ocurrirá inevitablemente—, no intentes interrumpirlos. Sigue concentrado en la respiración, relájate y déjate llevar.
- Transcurridos unos cinco minutos —diez, si puedes aguantar—, abre los ojos y relájate durante un par de minutos más.

Aunque yo mismo me esfuerzo en practicar la meditación, te recomiendo que intentes diversos métodos y compruebes cuál se ajusta mejor a ti. Dada la facilidad con la que nos distraemos, unos simples minutos cada día pueden ser un poderoso medio de reconectar con nosotros mismos, fortaleciendo la conciencia de quiénes somos bajo la superficie. Como la mayoría de las cosas que merece la pena hacer, no es fácil, pero siempre nos espera una recompensa.

Cambia tus perspectivas

Para encontrar tu Elemento, quizá necesites verte a ti mismo de otra manera. La poetisa Anaïs Nin dijo una vez: «No veo el mundo tal como es: lo veo tal como soy». Quería decir que nadie posee un punto de vista neutral. Vemos el mundo exterior a partir de nuestro mundo interior, y cada uno de ellos da forma a nuestra perspectiva del otro. Como seres humanos, no siempre vemos el mundo de forma directa; interpretamos nuestras experiencias como patrones de ideas, valores y creencias. Algunas de ellas tienen que ver con nuestra disposición, y otras, con la cultura a la que pertenecemos o con la época que nos ha tocado vivir. En todos los aspectos de nuestras vidas, la manera de actuar que adoptamos se ve afectada por nuestra manera de pensar y de sentir. Las propias actitudes y las de la gente que nos rodea pueden ayudarnos o ser un obstáculo cuando se trata de encontrar nuestro Elemento y salir en su busca.

Empecemos con tus propias suposiciones. Puedes pensar, por ejemplo, que no posees habilidades especiales. Mucha gente lo cree hasta que las descubre. Puedes pensar que no tienes pasiones; mucha gente opina igual, hasta que las encuentra. Puede que te hayas dicho a ti mismo durante mucho tiempo que no eres bueno en alguna actividad que te habría encantado realizar, y por tanto no lo has intentado. Quizá estés preocupado ante el posible fracaso y el hecho de sentirte estúpido. A lo mejor piensas que es demasiado tarde para intentar algo nuevo. Todas las historias sobre ti que tú mismo te cuentas pueden interponerse entre la búsqueda de tu Elemento y tú.

Encontrar tu Elemento puede significar un desafío a las opiniones ajenas sobre lo que eres capaz de hacer. Quizá tengas opiniones sobre ti mismo que tienen su origen en tus amigos o en tu familia. Formas parte de una amplia estructura cultural dotada de sus propias maneras de pensar y de actuar. Puede que tu cultura no fomente o desapruebe ciertas opciones en función de tu edad, de tu sexo o de tus roles y responsabilidades.

Más adelante volveremos sobre estos temas. Lo que sugiero es que, si quieres encontrar tu Elemento, quizá tengas que desafiar las ideas sobre ti mismo que tanto tú como los demás consideráis inamovibles. Una parte esencial de la búsqueda de tu Elemento radica en analizar tus actitudes ante las experiencias vividas en el pasado y las que te gustaría explorar en un futuro. Algunos ejercicios de este libro han sido diseñados para ayudarte a hacerlo. Conforme los realices, podrás utilizar diversos métodos de reflexión: palabras, imágenes, sonidos, movimientos y diferentes posibilidades de combinación. Estas son las técnicas que pueden resultarte de especial utilidad.

Mapas mentales

Cartografiar la mente es una técnica visual pensada para desplegar o clasificar la información. Un mapa mental se centra en un tema o en una idea clave, y se ramifica a partir de palabras o imágenes que conectan ideas e información. Para crear un mapa mental debes empezar por colocar la idea o el tema clave en el centro de la página, y dibujar una nube a su alrededor. A continuación dibuja ramificaciones desde el centro, que representarán los pensamientos e ideas relacionados con ella. Puedes dibujar todas las ramificaciones que quieras, y cada una de ellas puede subdividirse a su vez en dos o más líneas de pensamiento.

He aquí un sencillo mapa mental de la estructura y principales temas del libro, que servirá de ejemplo:

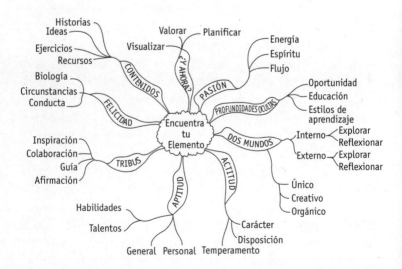

El inventor del moderno mapa mental es Tony Buzan. Él y su hermano Barry Buzan son los autores del libro *Cómo crear mapas mentales*, que yo considero la mejor guía para dominar esta técnica. Hay también muchos ejemplos y guías en internet que pueden ayudarte y servirte de inspiración. No existen mapas mentales erróneos, siempre que para ti tengan sentido. La cartografía mental te ofrece una amplia libertad creativa, y puede abrir nuevas perspectivas de pensamiento. He aquí algunos de los principios básicos que deberías tener en cuenta al crear un mapa mental:

- Utiliza palabras aisladas o frases simples para cada línea. Recuerda que se trata de un sistema visual y verbal.
- Utiliza las mayúsculas para las palabras clave, y las minúsculas para el resto.
- Cada palabra o imagen clave debería ocupar su propia línea.
- Concede a las líneas la misma longitud que las imagen/palabras a las que sirven de apoyo.
- Dibuja las líneas curvas y sinuosas, no rectas ni angulares. Uno de los objetivos de estos mapas es el de crear conexiones orgánicas.
- Las líneas deben ser más gruesas en el centro, y progresivamente más finas conforme se van ramificando en los temas relacionados.
- Usa diferentes colores. Le darán un aspecto más atractivo y te ayudarán a identificar los distintos niveles y tipos de idea.

Te habrás dado cuenta sin duda de que el mapa mental de nuestro libro no utiliza colores ni imágenes, y es más bien simple. Solo queremos ilustrar con él los principios básicos. La otra razón estriba en que así podemos ahorrar dinero en la impresión. Pensamos que te parecería bien. Pero ahora que ya tienes el libro, ¡coloréalo tú mismo! Será una práctica interesante.

Murales de visión

Un mural de visión es un collage de imágenes que refleja tus aspiraciones, tus esperanzas y tus sueños. Es una buena herramienta para clasificar todo lo que esperas crear en tu vida «y ponerlo sobre la mesa». Su confección puede resultar relajante y terapéutica, además de divertida.

Para realizar un mural de visión puedes seleccionar diferentes revistas relacionadas con tus intereses, aficiones y pasiones, y recortar imágenes, fotos y frases que te digan algo. También puedes buscar en internet. Las fotos personales son más problemáticas, puesto que simbolizan el pasado, no el futuro, así que te recomiendo que las evites en este ejercicio.

Una vez tengas lista tu selección de imágenes, dispones de varias opciones. Si utilizas la versión más habitual, puedes pegarlas en una gran cartulina. Es un buen método, pero yo recomiendo que utilices algo menos permanente que el pegamento para fijar tus imágenes. Mientras realizas tu viaje en busca de tu Elemento, e incluso después de haberlo descubierto, es posible que tus sueños y esperanzas hayan cambiado. Puedes iniciar el viaje con una imagen clara de lo que quieres conseguir y desplegarla por toda la superficie. Es posible, no obstante, que ocurra lo contrario y prefieras ajustar tu mural en consecuencia. Para poder realizar cambios es mejor que utilices chinchetas, velcro o adhesivo de tipo tacky. No tienes por qué utilizar cartulina. Los paneles de corcho funcionan de maravilla. Hay quien utiliza espejos con imanes, e incluso ventanas. Demuestra tu creatividad.

Lo que hagas con tu versión definitiva del mural de visión es algo que dependerá enteramente de tus elecciones personales y de tus circunstancias. Hay mucho que decir sobre el aspecto que puede presentar tu mural a lo largo de un día lleno de actividades. Si consideras que se trata de algo íntimo y personal, mantenlo alejado de la vista de los demás, pero en un lugar en el que puedas mirarlo fácilmente siempre que quieras. El principal objetivo de los murales de visión es disponer de una clara visualización del tipo de vida que te gustaría llevar, así que diviértete realizándolo e intenta que sea una auténtica representación de ti mismo. No te dejes llevar por influencias ajenas. Estás creando una visión de tu vida, no de la de otros.

Escritura automática

La idea que subyace bajo los murales de visión y los mapas mentales es la de animarte a pensar visual y asociativamente, en lugar de utilizar solo palabras o secuencias lineales. Si interrumpes tus patrones habituales de pensamiento podrás contemplarte a ti mismo de una forma nueva. También puedes hacerlo con palabras, por supuesto, especialmente si te gusta escribir sin prejuicios ni autocríticas. Una técnica apropiada en este caso es la escritura automática.

La escritura automática fue concebida para explorar los pensamientos y sensaciones de forma espontánea, no planificada y desprovista de censura, sin controlar directamente lo que estás escribiendo. En lugar de centrarte en presentar un punto de vista organizado sobre ti mismo o cualquier otro, tienes que empezar a escribir lo primero que te venga a la mente y moverte en la dirección que desees, utilizando la libre asociación. No te pares a corregir o a juzgar lo que estás escribiendo o a planificar lo que escribirás a continuación. Como en los murales de visión, reúnes impresiones y sensaciones, y como en los mapas mentales, eres libre de establecer cualquier conexión que se te ocurra durante el proceso.

Para practicar la escritura automática escoge un lugar donde puedas relajarte, provisto de una buena cantidad de papel del tamaño o color que te apetezca, y con un objeto con el que te resulte fácil escribir. Piensa por un momento en el tema o en la cuestión sobre la que te gustaría escribir. Pongamos por caso que la palabra clave es «mis pasiones». Sin pensártelo dos veces, escribe lo primero que te venga a la mente. Intenta mantener un flujo de escritura constante durante unos cinco minutos, sin pararte a cambiar ni a corregir nada. A medida que vayas practicando, comprobarás que el tiempo invertido es cada vez mayor. Puedes marcarte un límite durante cada sesión de unos diez, quince o veinte minutos. No te preocupes por la ortografía, la puntuación o el formato. El objetivo es reflejar tus pensamientos y sensaciones de forma lo más libre posible. El resultado solo será visible para ti, a no ser que decidas compartirlo. Se trata de un proceso de expresión personal espontánea e ininterrumpida. Puedes marcar las palabras o frases que te parezcan especialmente significativas, y escoger cualquiera de ellas como punto de partida para la próxima sesión de escritura automática. Otra técnica es la de tomar cada letra de la palabra clave (p-a-s-i-ó-n) como punto de partida aleatorio.

En su éxito de ventas *El camino del artista: un curso de descubrimiento y rescate de tu propia creatividad*, Julia Cameron recomienda empezar cada día con la escritura automática, en lo que ella denomina «páginas matinales». En lugar de centrarte en algo en particular, las páginas matinales son una forma de aclarar el desorden de la conciencia antes de empezar el día. Tal como Julia Cameron las describe, «las páginas matinales son tres páginas de escritura a vuelapluma en forma de flujo de conciencia. No hay una forma correcta o incorrecta de redactarlas; no hay que hacer alardes literarios. Pueden tratar sobre cualquier cosa que se te ocurra, y no tienes que compartirlas. Aunque a veces puedan resultar optimistas, más a menudo son negativas, fragmentarias, repetitivas o anodinas. ¡Bien! Tu trabajo, la colada o la extraña mirada que tu amigo te dirigió son preocupaciones que distraen tu creatividad. Provocan turbulencias en tu subconsciente y estropean tu jornada. Ponlas por escrito a primera hora de la mañana, y luego sigue tu vida con un espíritu positivo».

Cameron recomienda que escribas tus páginas matinales antes de emprender ninguna otra tarea. Deberás disponer de una libreta o de trozos de papel y un lápiz junto a tu cama para tenerlos a mano nada más despertar. Julia Cameron deja muy claro que deben ser tres páginas, o el equivalente a veinte minutos. También recomienda que no las releas, de modo que lo que acabas de escribir no vuelva de nuevo a tu mente. Incluso sugiere que las rompas una vez escritas. Si dudas en hacerlo, puedes colocarlas en un sobre fuera del alcance de los demás. Las páginas matinales son una excelente forma de clarificar tu mente para la jornada; te permiten centrarte en las actividades que se avecinan.

Date una oportunidad

Para averiguar lo que hay dentro, también debes mirar hacia el exterior. Debes emprender nuevas actividades y conocer nuevos lugares y personas. Debes exponerte a nuevas oportunidades y ponerte a prueba en diferentes circunstancias. Si ya tenías intención de probar alguna, ahora es el momento. Si hay experiencias que ansiabas conocer o te sentías intrigado por ellas, ha llegado la ocasión. Si no lo intentas, nunca sabrás de qué eres capaz.

Es evidente que no puedes hacerlo todo. Parte del propósito de la meditación y la reflexión es identificar las experiencias que realmente importan, y cómo hacerlas posibles. Al ir avanzando en la lectura, encontrarás ejercicios y tareas que te ayudarán a mirar hacia el exterior y clarificar las direcciones que querrás tomar.

Las circunstancias importan, al igual que tu contexto personal y tus experiencias vitales. Pero sea cual fuere tu situación, no es lo que te ocurre lo que cambia las cosas en tu vida, sino lo más importante es lo que piensas acerca de lo que te sucede.

Empecemos

Eliminar el ruido, cambiar tus perspectivas y darte una oportunidad son los tres procesos fundamentales para encontrar tu Elemento. Puedes considerarlos como excepcionales si así lo deseas, y practicarlos una sola vez. Pero si te tomas en serio el descubrimiento de tu Elemento, te sugiero que no lo hagas. Es como intentar mantenerte en forma practicando una sola vez y pretender que ya has hecho lo necesario. Igual que cuando quieres adquirir forma física y mantenerla, estos tres procesos forman parte de un ciclo continuo de concentración, exploración y reflexión, diseñado para profundizar en el conocimiento de ti mismo y del mundo exterior. Empecemos el ciclo con el siguiente ejercicio.

Ejercicio 2: ¿Qué estás haciendo?

Este ejercicio está concebido para conocer tu situación actual en la vida, y cómo la interiorizas:

- Elabora una lista de palabras clave, o reúne algunas imágenes de lo que haces durante una semana normal y colócalas en una gran hoja de papel. El contenido puede incluir reuniones, e-mails, limpieza, ir de compras, vida social, transportes, estudio, navegación por internet, música, jardinería, cine, pago de facturas, ejercicio o canguros. Las vidas de todos nosotros son diferentes. ¿Cómo es la tuya?
- Con distintos colores, resalta las actividades que colocarías en un solo grupo. Las categorías pueden incluir, por ejemplo, trabajos remunerados, actividades no remuneradas, ocio, vida social, hobbies o mantenerte en forma. Utiliza las categorías que mejor se adapten a tu vida.
- En una segunda hoja, dibuja distintos círculos para cada una de las categorías generales. Haz que su tamaño sea proporcional a la cantidad de tiempo invertido en cada una de ellas durante la semana. Si el tiempo de trabajo triplica el del descanso, el círculo deberá ser tres veces más grande. Coloca dentro de cada círculo todas las palabras clave e imágenes de cada categoría.
- Piensa ahora en cómo te sientes al respecto de todas las actividades que realizas. ¿Te gusta trabajar pero no salir? ¿Te gusta la vida social pero no el estudio? Utiliza tres colores diferentes para resaltar cada tema, en función de si:

    a) te gusta,
    b) no te interesa,
    c) no te gusta.

- En una nueva hoja de papel, dibuja un gran círculo y divídelo aproximadamente en tres porciones que ilustren la cantidad de tiempo que dedicas a lo que te gusta, a lo que no te interesa y a lo que no te gusta. ¿Qué aspecto tiene? ¿Cómo se dividiría la tarta si se tratase de un mes, o de un año?

• Dedica unos instantes a analizar el patrón vital que has obtenido a partir de este ejercicio. ¿Cuáles son tus conclusiones? ¿Qué flexibilidad percibes en él? ¿Qué te gustaría cambiar? ¿Por qué es así? ¿Qué podrías cambiar ahora mismo, y qué te llevaría más tiempo? ¿Tienes alguna idea de adónde te gustaría dirigirte? No importa si aún no puedes obtener respuestas. Pronto volveremos sobre ello.

Tres principios elementales

Antes he comentado que la búsqueda de tu Elemento no es un programa en diez etapas. Se trata de un proceso muy personal que ofrecerá diferentes resultados para cada uno de nosotros. Cierto. Pero el propio proceso está basado en tres principios elementales que son aplicables a todos. Son estos:

Principio n.° 1: Tu vida es única

Tu vida es única desde una perspectiva histórica. Nadie la ha vivido antes, ni va a hacerlo después. Si eres padre de dos o más hijos, te propongo un reto. Apuesto a que son totalmente distintos el uno del otro. Nunca los confundirías, ¿verdad? «¿Cuál eres? Recuérdamelo.» Incluso los gemelos idénticos son diferentes en muchos aspectos. Te haría la misma apuesta por lo que respecta a tus hermanos o parientes. Yo tengo seis hermanos, y todos somos diferentes. Evidentemente, nos parecemos en algunos aspectos, y nos queremos, pero todos tenemos nuestras peculiaridades, intereses y temperamento. Mi esposa Therese y yo tenemos dos hijos, y en algunos aspectos se parecen, mientras que en otros son como un huevo y una castaña. Tal como dijo una vez la bailarina Martha Graham, «hay una vitalidad, una fuerza, una energía y una aceleración que se traducen en acción, y como somos irrepetibles, esa expresión es única».

Somos diferentes en dos factores. El primero es biológico.

Aunque tu vida es única, fue formándose mucho antes de que nacieras. Es conveniente recordar que los avatares previos a tu nacimiento fueron extremadamente numerosos. Piensa por ejemplo en cuántos seres humanos han vivido en la tierra. No me refiero a las criaturas prehistóricas que caminaban sobre sus articulaciones, sino a los modernos seres humanos como nosotros, con perfiles atractivos y cierto sentido de la ironía. Nuestra propia especie, el Homo sapiens, surgió en la tierra hace unos cincuenta mil años. ¿Cuántas vidas humanas crees que han nacido durante estos aproximadamente cien siglos?

Nadie lo sabe realmente porque nadie se ha entretenido en contarlas, al menos hasta hace relativamente poco tiempo. Cualquier cifra es una estimación. Aun así, los estadísticos han calculado un número razonable a partir de conceptos como tasas de natalidad, mortalidad o longevidad. Las mejores estimaciones se mueven entre sesenta y ciento diez mil millones. Partamos la diferencia y digamos que unos ochenta billones de seres humanos han visto la luz desde los albores de la historia humana.

Piensa en cómo te has convertido en uno de esos ochenta billones. Piensa en la delgada línea de tus antepasados que se ha ido extendiendo a través de todas las generaciones humanas para dar lugar a tu propio nacimiento y vida. Piensa en cuántas personas a lo largo de tantos siglos se encontraron para compartir sus vidas y sus hijos hasta que nacieron tus ocho bisabuelos. Piensa en cómo se conocieron y en cómo, a través de ellos, nacieron tus cuatro abuelos, se conocieron y dieron vida a tus dos padres, quienes a su vez te la dieron a ti. Cuando piensas en todos los encuentros casuales, presentaciones aleatorias y citas a ciegas que se fueron sucediendo por el camino, el hecho de que tú hayas nacido es, tal como dijo una vez el Dalai Lama, un milagro.

He dicho que tu vida fue formándose mucho antes de que nacieras, puesto que llevas en tu interior todos los recuerdos biológicos de todos tus antepasados. Tal como afirmó una vez Judith Butler, «no me conozco enteramente a mí misma porque parte de lo que soy son las huellas enigmáticas dejadas por otros». Estas huellas han influido en tu aspecto, tu sexo, tus rasgos étnicos y tu sexualidad. También en tu constitución física, tus aptitudes y tu personalidad. Yo me parezco mucho a mi padre, por ejemplo. Físicamente, y en el temperamento. Muchas de las características que podría considerar como propias han sido heredadas de él y, aunque de modo diferente, también lo han hecho mis hermanos y mi hermana. Aun así, no somos clones de mi padre. También compartimos otras características que hemos heredado de nuestra madre. Y ambos progenitores deben mucho de su perfil a nuestros abuelos, al igual que nosotros. Cada uno de nosotros ha combinado estas y otras características personales de una forma única.

Averiguar más aspectos de nuestra herencia genética puede ser una excelente herramienta para entender por qué pensamos y sentimos como lo hacemos. Seguir el rastro que llega hasta nosotros puede revelarnos el camino hacia el futuro. *Encontrar tu Elemento implica comprender los poderes y las pasiones con las que has nacido como parte de tu exclusiva herencia genética.*

El segundo factor que te hace único es el ambiente cultural. Cuando las comunidades crean ideas compartidas, valores y patrones de conducta, crean una cultura. Lo que pienses de aquello que hay en tu interior se ve afectado por la cultura de la que formas parte, por lo que fomenta o lo que inhibe, por lo que permite o lo que prohíbe. Dondequiera que te encuentres, tu Elemento se ve afectado por el hecho de vivir en la pobreza o en la prosperidad, en guerra o en paz, o por la educación recibida. Una de las razones por las que mi vida no es idéntica a la de mis padres es que yo nací en tiempos y circunstancias diferentes. Al igual que ellos, nací en Liverpool, pero el mundo de su infancia y adolescencia en los años veinte o treinta era radicalmente distinto de aquel en el que crecí en los años cincuenta o sesenta.

Nuestras propias vidas se ven afectadas por el cruce entre nuestras personalidades y las circunstancias en que vivimos. Las decisiones que tomes y las que otros tomen por ti influirán en los caminos que seguirás o que rechazarás. Encontrar tu Elemento significa reflejarte en tus propias circunstancias culturales, en las oportunidades de crecimiento que deseas y necesitas.

Principio n.º 2: Tú creas tu vida

Sean cuales fueren tus circunstancias y tu historia, nunca debes sentirte aprisionado por lo que te ha ocurrido hasta ahora. Como suele decirse, no podemos cambiar el pasado, pero sí el futuro. Y podemos hacerlo gracias a nuestra naturaleza humana.

En la mayoría de los aspectos somos como el resto de la vida en la tierra. Somos mortales y dependemos del planeta para sobrevivir. Somos orgánicos; crecemos y cambiamos como el resto de los seres vivos. Pero hay un aspecto crucial en el que somos completamente diferentes.

El *Homo sapiens sapiens* apareció en la tierra hace unos cincuenta mil años. Parece mucho tiempo y realmente lo es, pero, en términos de la vida sobre el planeta, es el batir de un ala. La tierra tiene una antigüedad aproximada de cuatrocientos cincuenta millones de años, un lapso de tiempo prácticamente inconcebible. Si nos lo imagináramos como un simple año, los modernos seres humanos habrían aparecido en la tierra en la medianoche del 31 de diciembre. Durante la mayor parte de los cincuenta mil años que llevamos aquí, hemos vivido en armonía con el resto de la naturaleza. Durante los últimos trescientos años hemos pasado a dominarla en muchos aspectos. ¿Por qué? ¿Qué es lo que diferencia al ser humano del resto de la naturaleza? La respuesta más fácil es, supongo, que el ser humano posee inmensos poderes naturales basados en la imaginación y la creatividad.

La imaginación es la capacidad de representar conceptos que no están presentes ante nuestros sentidos. Gracias a ella podemos abandonar el presente y remontarnos al pasado. Podemos penetrar en los mundos interiores de otras personas, ver a través de sus ojos y sentir lo mismo que ellos. Podemos ser empáticos. Podemos anticipar el futuro e intentar hacerlo realidad. Estos poderes, la retrospección, la empatía y la premonición, se encuentran entre nuestros mejores recursos para dar forma una y otra vez a nuestras vidas.

La imaginación es la fuente de la creatividad, que se define como la capacidad de poner a trabajar nuestra imaginación. Es imaginación aplicada. Los mayores logros de la humanidad se derivan de nuestra poderosa creatividad colectiva: en las artes y las ciencias, en todos los idiomas que hablamos, en las tecnologías que desarrollamos, y en las ideas y valores culturales en los que creemos.

En términos biológicos, probablemente estamos evolucionando a la misma velocidad que el resto de las especies. Pero, culturalmente, jugamos en otra división. Los perros llevan mucho tiempo en la tierra, pero no han cambiado demasiado en sus formas de vida y en sus intereses. No digo que no tengan imaginación; de hecho, no lo sé. Pero no la manifiestan como nosotros, y por tanto no están evolucionando rápidamente en términos culturales. Siguen haciendo lo mismo que hace milenios. No necesitamos verificarlo para saberlo.

Con el ser humano siempre aparece algo nuevo. La razón es que somos creativos por naturaleza, tanto por lo que respecta a la especie como a nuestras vidas como individuos. Creamos nuestra vida a partir de nuestra concepción del mundo y de nuestro lugar en él; de las oportunidades que aprovechamos y de las que rechazamos; de las posibilidades que vislumbramos y de las elecciones que hacemos. Como ser humano, dispones de muchas posibilidades de elección. A diferencia de tu perro, la imaginación y la creatividad vienen de serie.

Tu certificado de nacimiento no viene acompañado de un manual de instrucciones. Creas tu vida, y puedes remodelarla. Como dijo el psicólogo George Kelly: «Nadie tiene por qué ser una víctima de su propia biografía». O como apuntaba Carl Gustav Jung: «Yo no soy lo que me ha ocurrido, sino lo que he escogido ser».

PRINCIPIO N.º 3: LA VIDA ES ORGÁNICA

Según mi experiencia, muy pocas personas de mediana edad o mayores pudieron anticipar correctamente el tipo de vida que llevarían. Incluso si se están dedicando a lo que realmente querían, y pocos lo han conseguido, no pudieron prever todos los matices: este trabajo, esta pareja, estas casas y, si los tuvieron, estos hijos. ¿Y cómo iban a poder preverlo? Yo mismo me incluyo.

Hubo una época en que barajé la posibilidad de convertirme en dentista o contable. Cuando estaba a punto de dejar el instituto, me entrevisté con mi tutor. Fue la única vez. Me preguntó qué era lo que más me gustaba, y le dije que el inglés, el latín y el francés. Me encantaba el francés. De hecho, me encantaba el profesor de francés, el señor Evans. Para empezar, sabía francés, algo que no ocurría con los demás. Era joven y agradable, lo cual tampoco era el caso de los otros. Fumaba cigarrillos franceses y comía ajo, algo que en la Inglaterra de la década de los sesenta era tremendamente exótico. Yo pensaba que el ajo era una droga, y hay una parte de mí que aún lo cree. La comida en Gran Bretaña era por entonces bastante menos cosmopolita —y comestible— de lo que lo es ahora. No atisbé un calabacín hasta los veinte años, y tuvieron que pasar unos cuantos más hasta que descubrí las berenjenas. Ojalá no lo hubiera hecho... Y además, la esposa del señor Evans era francesa. No podíamos ni imaginárnoslo. De hecho sí que podíamos, y nos pasábamos la mayoría de las clases de francés haciendo exactamente eso.

Con una conmovedora confianza en los conocimientos de la raza humana y de los misterios del futuro atesorados por mi tutor, esperaba escuchar lo que mis preferencias por el francés, el latín y el inglés podrían revelarle de cara a mi futuro. Se lo pensó unos instantes, y me soltó si había considerado la posibilidad de ser contable. Pues no. ¿Dentista? Tampoco. No había pensado en ninguna de las dos opciones. Tal como nos sucede a todos, ninguno de los dos fue capaz de anticipar el tipo de vida que llevaría en un futuro, que no tendría por cierto nada que ver ni con los números ni con las cavidades, excepto las mías, y aún menos con el francés.

La razón por la que ni él ni yo pudimos predecir mi vida más de lo que tú pudiste predecir la tuya es que la vida no es lineal; es orgánica. Mi vida, como la tuya, es un constante proceso de improvisación entre mis intereses y mi personalidad, por un lado, y las circunstancias y oportunidades, por otro. Se influyen mutuamente. Muchas de las oportunidades que aparecen en tu vida son generadas por la energía que creas a tu alrededor.

Por supuesto, la totalidad del proceso puede parecer muy diferente cuando redactas tu currículum. Escoges entonces una narrativa lineal para que parezca que tu vida estaba planificada deliberadamente. Organizas la historia alrededor de logros y fechas clave, con encabezamientos en itálica y negrita, para dar la impresión de que tu vida se ha desplegado a partir de un esquema sensato y premeditado. Lo haces para animarte y para evitar que el entrevistador tenga la impresión de que tu vida ha sido una sucesión de virajes y contravirajes, como son la mayoría de las vidas en realidad.

En este libro aparecen muchos ejemplos que ilustran la existencia de estos tres principios. Analicemos la carrera de David Ogilvy, considerado por muchos «el padre de la publicidad». Fueron sus actividades en su agencia de publicidad de Nueva York las que inspiraron en la década de los sesenta el éxito televisivo *Mad Men*. Dado su legendario éxito en Madison Avenue, podrías suponer que nació en Estados Unidos, trabajó toda su vida en el ámbito de la publicidad y nunca deseó hacer nada más. Te equivocarías.

David Ogilvy nació en 1911 en Inglaterra. Se educó en Edimburgo y Oxford, e inició su carrera como chef en el hotel Majestic de París. Luego vendió cocinas en Escocia y, como parecía dársele muy bien, el propietario de la empresa le pidió que escribiera un manual de ventas para el resto de los vendedores. El manual fue publicado, y la revista *Fortune* lo saludó treinta años más tarde como el mejor manual de ventas jamás escrito. Su hermano mayor, Francis, lo mostró a los ejecutivos de la agencia de publicidad londinense Mather and Crowley, en la que trabajaba. Quedaron tan impresionados que ofrecieron a David un puesto en la empresa. Tras el éxito inicial, David decidió trasladarse a Estados Unidos como director adjunto de Gallup, empresa dedicada a las encuestas sociales. Durante la Segunda Guerra Mundial trabajó en los servicios de inteligencia británicos en la embajada británica en Washington, D. C.

Al finalizar la contienda, decidió abandonar la ciudad para unirse a una comunidad Amish en la Costa Este de Estados Unidos y convertirse en granjero. Transcurridos diez años, volvió a Nueva York para entrar en la agencia de publicidad Mather como ejecutivo de ventas. Durante los veinte años siguientes consiguió convertirla en líder mundial, y con ello vino el cambio de nombre: Ogilvy Mather. Como el día sigue a la noche, para entendernos. Se trata de un relato familiar: de vendedor de cocinas en Escocia a granjero

Amish y a ejecutivo global en Madison Avenue. La vida de Ogilvy es un sorprendente ejemplo de cómo ensamblamos nuestras vidas a partir de elementos dispares, de cómo la vida no es lineal, sino orgánica.

Encontrar tu Elemento significa abrirte a nuevas experiencias y explorar nuevos caminos y posibilidades, en ti mismo y en el mundo que te rodea.

El verdadero norte

Deja que dedique unas breves palabras a la educación. Uno de los problemas a los que quizá te enfrentes cuando busques tu Elemento será el hecho de que la educación no se basa en los tres principios fundamentales: tu vida es única, tú moldeas tu vida, y tu vida es orgánica. Al contrario. La mayoría de los sistemas educativos inhiben la creatividad, y se organizan sobre el falso principio de que la vida es lineal e inorgánica. El discurso convencional afirma que si estudias unas asignaturas en particular, te atienes al programa preestablecido y superas todos los exámenes, tu vida encajará perfectamente en su lugar. De lo contrario, eso no ocurrirá.

Bien, algo así puede suceder en función del grado de seguridad que tengas en lo que realmente quieres hacer. Y una vez más, quizá no. No suele haber una relación directa entre lo que estudias en la escuela y tu actividad laboral en la vida. Podrías imaginarte, por ejemplo, que los ingenieros controlan las empresas de Silicon Valley, y que existe una estrecha relación entre la innovación en dichas compañías y sus líderes, especializados en matemáticas o ciencias. Te equivocarías de nuevo. Vivek Wadhwa, profesor en la Pratt School of Engineering de la Universidad de Duke, realizó un estudio sobre más de seiscientos cincuenta directores ejecutivos nacidos en Estados Unidos, así como jefes de ingeniería de producto en más de quinientas empresas tecnológicas. Más del 90 por ciento tenían título universitario. De ellos, solo cuatro de cada diez se habían licenciado en ingeniería o matemáticas. El 60 por ciento restante tenían licenciaturas en empresariales, artes o humanidades.

El profesor Wadhwa concluyó que no hay vínculo entre lo que estudias en la universidad y el grado de éxito obtenido en la vida profesional. Trabajó con más de un millar de personas y no halló relación alguna entre el ámbito de estudio y el éxito en el lugar de trabajo. «Lo que conduce al éxito —dijo— es la motivación, la iniciativa y la capacidad de aprender de los propios errores, así como el trabajo duro.» Es importante destacar este principio, porque los jóvenes a menudo se ven apartados de asignaturas que les habría gustado cursar por padres bienintencionados, amigos o profesores que les aseguran que nunca encontrarán trabajo estudiando tal cosa. La realidad es a menudo muy diferente.

Katharine Brooks es directora de los servicios de asesoramiento en artes liberales de la Universidad de Texas, en Austin. Afirma que a la mayoría de los estudiantes se les anima a pensar que la planificación de sus carreras debe ser lógica y lineal. «Tengo una diplomatura en Ciencias Políticas, luego estudiaré derecho», o «como he estudiado historia, me convertiré en profesor de historia.» De hecho, muchas, tal vez incluso la mayoría, de las personas siguen caminos distintos una vez dejan la facultad y desembarcan en el mundo real. La mayoría de los graduados descubren entonces que en realidad les interesan otras cosas. Calcula que menos de un tercio de los ex alumnos que mantienen contacto con ella tienen carreras profesionales directamente relacionadas con sus estudios universitarios.

¿Y qué hay de la mayoría que ha descubierto otros intereses? ¿Son felices? Lo serán si han materializado sus pasiones. «Para mí, lo más triste —añade la doctora Brooks— es ver a alguien que acepta un trabajo porque está bien pagado y luego se gasta todo el dinero en caprichos para animarse ante la miseria de su vida laboral. La gente que hace lo que realmente le gusta no suele pensar que trabaja, sino que simplemente vive.»

Mi tutor no me ayudó simplemente porque no me estaba observando a mí; observaba el listado general de actividades laborales, e intentaba encajarme dentro de él. Aun así es difícil de entender el derroche de imaginación que hizo para enlazar lo que a mí me gustaba con las actividades que me propuso. Pero al menos sugirió algunas ideas. Yo no las tenía. Solo tenía un difuso plan para estudiar literatura inglesa. También tenía bastante claro lo que prefería evitar. Me tiraban más las letras que las ciencias. No me veía dedicándome a labores administrativas o de gestión. Me gustaba montar juegos y trabajar con los demás, especialmente si eran divertidos. No me proponía trabajar en el teatro. Pero, tal como suele suceder, esta vaga aproximación era todo lo que necesitaba. Esta orientación general es lo que yo defino como encontrar tu verdadero norte.

Todos tenemos nuestros propios puntos de partida. Hay quien tiene muy claro desde una edad temprana dónde quiere estar. Sus objetivos son como faros en el horizonte que guían sus pasos. Otros tienen solo una vaga sensación de que están siguiendo la dirección equivocada. ¿Y tú? Tener un sentido general del camino a seguir no te compromete a nada, pero te dará algunos puntos iniciales de referencia. También te puede ayudar a escoger entre diferentes caminos, algunos de los cuales intuyes que no te van a interesar. ¿Hay actividades en las que te ves, y otras en las que no te ves en absoluto? Puede que tu sentido de la dirección esté muy claro. O puede que no. Así que examinemos la cuestión.

Ejercicio 3: Descríbete a ti mismo

Vuelve al patrón de tu vida que cartografiaste en el ejercicio dos. Confecciona un collage visual de tu vida. No utilices fotografías ni imágenes de gente a la que conoces. El objetivo es representar el patrón general de las cosas que haces y retener tu visión general y tus sensaciones sobre tu vida en la actualidad:

- Hojea diversas revistas. Recorta imágenes, titulares o palabras que te llamen la atención por alguna razón.
- Selecciona entre todas ellas alguna que represente un aspecto de tu vida actual. Utiliza las imágenes que capten las actividades que desarrollas, tanto si te gusta llevarlas a cabo como si no.
- Ordénalas siguiendo un patrón que capte el carácter y las sensaciones de tu vida actual.

- Escribe y garabatea sobre ellas si lo crees necesario. Personalízalas de manera que reflejen el talante de lo que estás expresando.
- Si dispones de la tecnología necesaria y te apetece, puedes añadir tu propia banda sonora.
- Pregúntate hasta qué punto esta representación de tu vida expresa tus sentimientos y experiencias. Con qué aspectos te sientes más feliz, y en cuáles te centrarías para intentar cambiarlos mientras buscas tu Elemento.

Planifica tu rumbo

He dicho más arriba que nuestras vidas están sujetas a poderosas corrientes cruzadas que no siempre podemos predecir y controlar. Es cierto. Pero lo más importante es cómo respondemos ante ellas. En este sentido, vivir nuestras vidas es como gobernar un barco en altamar. Puedes establecer el rumbo y esforzarte en mantenerlo. Algunas personas lo hacen. También puedes verte desviado de tu ruta por circunstancias que no podías prever. Algunas personas consiguen mantenerlo a flote durante un tiempo, y otras se hunden. De igual modo, puedes arribar a orillas desconocidas que resultan ser mucho más interesantes que el destino prefijado. Conoces a nuevas personas, y vives nuevas experiencias; influyes en ellos y ellos cn ti, y juntos conseguís cambiar vuestras historias respectivas. Esto suele suceder cuando atendemos a nuestras aptitudes y pasiones.

Como la vida es creativa y orgánica, no necesitas planificar la totalidad de tu viaje vital. A veces es mejor no plantearse objetivos a largo plazo; sin embargo, hay quien sí lo hacc. Puede ser igual de útil centrarse en los pasos más inmediatos. Iniciar el día con la intención de explorar diversos caminos puede ser tan productivo como hacerlo con un destino final en mente. A veces solo es posible planificar el siguiente paso, pero puede resultar suficiente para avanzar. El paso más importante es siempre el primero. Debes comenzar; debes zarpar.

El filósofo Teilhard de Chardin solía utilizar la metáfora del océano para representar el viaje de nuestras vidas, y ofrecía estas palabras de ánimo: «En lugar de permanecer en la orilla convenciéndonos de que el océano no podrá transportarnos, aventurémonos en sus aguas, solo para probar».

He aquí algunas preguntas sobre las que puedes reflexionar antes de iniciar el siguiente capítulo:

- ¿Cuáles han sido las influencias más importantes y los momentos claves de tu vida?
- ¿En qué aspectos de tu vida te has sentido más implicado?
- ¿En cuáles menos?
- ¿Sabes cuál es tu Elemento?
- ¿Sabes en qué dirección quieres moverte?
- ¿Qué te gustaría hacer que aún no hayas probado?
- ¿Por qué no lo has hecho?

¿Qué sabes hacer bien?

Estar en tu elemento es encontrar el punto en el que tus aptitudes y tus pasiones coinciden. En este capítulo nos centraremos en tus aptitudes. Más adelante nos ocuparemos de las pasiones. Conocer tus aptitudes es una parte fundamental en la búsqueda de tu Elemento. Una de las razones por las que hay tanta gente que aún no ha conseguido encontrar su Elemento es que no conocen sus aptitudes. Así que, ¿cuáles son las tuyas, y cómo puedes descubrirlas?

Las aptitudes tienen que ver con la constitución biológica. Son los talentos naturales con los que has nacido. Algunas pueden manifestarse a una edad muy temprana, y otras permanecer ocultas porque nunca ha surgido la oportunidad de manifestarlas.

Cuando yo era niño, mi hermano mayor Derek era muy bueno con los motores. A los diez años no paraba de destripar motos para averiguar cómo funcionaban. Yo también podría haberlo hecho, pero él tenía una ventaja: podía ensamblarlas de nuevo y hacerlas funcionar mejor que antes. El mayor de todos, Keith, contaba con Derek para mantener su moto en impecables condiciones. Los amigos de Keith también lo hacían, y muchos vecinos más del barrio de Liverpool en el que vivíamos. A los trece años, Derek arreglaba motores de automóvil. Se limitaba a pegar el oído y los escuchaba como un susurrador de caballos, diagnosticaba el problema y daba con la solución. También se pasaba horas dibujando precisos diagramas de motor. Poseía un conocimiento enciclopédico sobre las marcas y los modelos, y una asombrosa memoria para el detalle. Y aún es así. Tiene un talento natural para hacer funcionar las cosas.

Probablemente ya te habrás dado cuenta de que algunas de tus actividades cotidianas las solucionas sin problemas, y otras no. Todos somos iguales en este aspecto. Hay actividades o procesos en los que demostramos un talento natural, y en otros nos pillamos los dedos. Puedes ser muy bueno en los deportes, o tener una predisposición para construir cosas o utilizar herramientas. La primera vez que viste un destornillador ya supiste instintivamente si harías algo con él que no fuera introducirlo en el primer enchufe que encontraras. Por cierto, no todo el mundo lo hace. Mi hermano Keith no tiene la menor habilidad con las herramientas, o arreglando cosas. Al contrario, sus escasos intentos por construir estanterías o realizar instalaciones eléctricas se han convertido en experiencias catastróficas. Pero tiene sus propios puntos fuertes. Es maravilloso con la gente, tremendamente divertido y un actor innato. Puede que tú también lo seas, o quizá te manejes mejor con los números, con los instrumentos de viento o con los animales. O no. La primera vez que tuviste que hacerte cargo de algo, quizá te introdujiste sin dudarlo en tu papel. Cuando entras en una habitación, puedes saber inmediatamente cómo conseguir que el ambiente resulte más distendido, elegante o brillante.

Mi esposa Therese lo hace. Tiene un talento natural para los colores, los diseños y las texturas. Puede recordar un tono indefinidamente y hacerlo coincidir a la perfección con otro tejido, mueble o pintura transcurridos varios meses. Yo soy incapaz. A mí tienen que decirme qué debo ponerme y cuándo. Si tengo que viajar solo, me ayuda a meter en la maleta las mejores combinaciones de camisas, corbatas y trajes, que, asegura, conjuntarán a la perfección. Se equivoca. Si me dejara a mi suerte, seguramente encontraría la combinación más desafortunada y aparecería con ella en público con expresión de orgullo, y con el consiguiente discreto desagrado de los que sí entienden de esas cosas.

Aptitudes y habilidades

Hay cierta diferencia entre aptitudes y habilidades. Las aptitudes forman parte de tu potencial. Para descubrir ese potencial, tienes que esforzarte en pulirlas. Los seres humanos, por ejemplo, tenemos una aptitud natural para el lenguaje, pero aprender a hablar forma parte de un proceso cultural que exige verse expuesto a la presencia de otros hablantes, especialmente en la infancia. Si a los niños se les priva de la compañía humana en sus años de formación, no aprenderán a hablar a pesar de su capacidad innata. Lo mismo ocurre con la lectura y la escritura. En circunstancias normales, todo el mundo tiene las aptitudes necesarias para la lectoescritura. Pero muchos niños y adultos no saben leer ni escribir. No es que sean incapaces de hacerlo; es que simplemente no han aprendido. No adquieres tales habilidades por el solo hecho de cumplir años. Es, al igual que el habla, un hecho cultural. Lo mismo ocurre con las habilidades musicales.

Las habilidades suelen requerir una dosis considerable de educación y aprendizaje para poder desarrollarse. La tendencia natural no supone en absoluto que uno tenga que convertirse en un experto. Tener una intuición natural para saber manejar el destornillador no nos convierte en expertos carpinteros. Entender las matemáticas no nos convierte por arte de magia en ingenieros. Cuando la gente dice que son buenos en algo («Se me da bien montar puzles») a menudo no hace sino identificar sus aptitudes. Cuando se define por algo («Soy criptógrafo»), lo que hace es identificar habilidades.

Estar en tu Elemento requiere ambas, aptitud y habilidad. Precisa encontrar tus talentos naturales y ponerlos en práctica: es una unión de naturaleza y educación. Puede ser mucho más fácil llegar a ser bueno en algo para lo que tienes una inclinación natural, que en aquello para lo que no estás especialmente predispuesto; pero si no haces el esfuerzo, nunca sabrás lo que podrías haber conseguido si hubieras perseverado. Esta fue mi experiencia con la guitarra y el piano. Tengo aptitudes para ambos, pero nunca hice el esfuerzo de intentar ser un experto. Buenas noticias para Jimmy

Page, el guitarrista solista de Led Zeppelin, en todo caso. Si me hubiera puesto manos a la obra, a lo mejor él no gozaría del incontestable estatus del que hace gala en la actualidad.

Aptitudes personales y generales

Ten presente que tienes tanto aptitudes generales como personales. Como seres humanos, todos hemos nacido con el mismo kit básico. En circunstancias normales, todos tenemos sentidos físicos idénticos; nuestros cerebros están estructurados más o menos de la misma forma, hacemos cosas similares y disponemos de los mismos órganos y sistemas. El hecho de que seas un ser humano, y no un murciélago o un perro, presupone que viniste al mundo con una serie de aptitudes típicas de nuestra especie.

Si fueras un murciélago o un perro, tendrías que arreglártelas sin muchas de las aptitudes que damos por hechas, como el lenguaje articulado, la imaginación y el pulgar oponible. Por otro lado, tendrías otras aptitudes que los murciélagos y los perros dan por hechas. Como humano, no puedes volar sin ayuda. Probablemente no eres ninguna maravilla en ecolocación, o en conseguir permanecer colgado boca abajo durante meses. Los murciélagos están satisfechos con tales habilidades. A diferencia de los perros, no necesitas seguir rastros olfativos por los bosques, o redirigir rebaños al sonido de un silbato. Para los perros es pan comido.

Como ser humano que eres, algunas aptitudes generales vienen de serie, pero otras no. Entre las aptitudes de tipo general, tienes puntos fuertes y puntos débiles, que son personales y forman parte de tu exclusiva herencia biológica. Al igual que posees tu propia huella digital y tu propio ADN, dispones de un exclusivo perfil de aptitudes, como todos nosotros. El siguiente ejercicio se basa en este último concepto, y es una buena manera de ayudarte a identificar las cosas que te resultan fáciles, y las que no. Recuerda, las aptitudes tienen que ver con puntos fuertes y débiles. En este ejercicio debes centrarte únicamente en esto. Solo debes pensar en lo que haces bien de forma natural y en lo que no, sin importarte si te gusta o no hacerlo. Ya abordaremos más adelante tus pasiones y de tus preferencias. Aquí solo hablaremos de aptitudes.

Ejercicio 4: ¿Qué sabes hacer bien?

- Escribe tu nombre en mitad de una gran hoja de papel y dibuja un círculo alrededor. Fíjate en las categorías que escribiste en el ejercicio tres. Dibuja un círculo para cada una de ellas en una nueva hoja para que puedan formar un patrón circular alrededor de tu nombre, y deja bastante espacio entre todas. Traza una línea desde cada uno de estos círculos hacia el círculo central con tu nombre.
- Piensa en todas las cosas que haces en cada una de las áreas, y las aptitudes que se precisan. Escribe algunas palabras clave o dibuja algunas imágenes que las ilustren en los círculos.
- Piensa en aquellas en las que eres bueno por naturaleza, en las que estarías en la media, y en las que piensas que no se te dan bien en absoluto. Escoge diferentes colores para las buenas, las normales y las no demasiado buenas, y resáltalas en tu mapa.
- En una nueva hoja de papel, haz tres columnas, o círculos, si así lo prefieres. Pon en ellos «bueno», «normal» y «no demasiado bueno». Haz una lista con todas las aptitudes que has identificado para ti mismo en la columna o el círculo correspondiente.
- Ahora deberías tener tres grupos de aptitudes, caracterizadas como buenas, normales y no demasiado buenas. Piensa unos instantes hasta qué punto esta lista te representa satisfactoriamente. ¿Moverías algo? ¿Añadirías o quitarías algo? Es tu lista, y puedes manipularla cuanto quieras hasta que te sientas satisfecho con ella.
- Observa detenidamente el primer grupo, aquel en el que aparecen las aptitudes que crees hacer bien. Piensa en las siguientes preguntas: ¿Cuándo y cómo descubriste que eras bueno? ¿Tienen algo en común? ¿Hay otras formas de aplicar estas aptitudes? ¿Qué tipo de roles o actividades dependen de ellas?

Este ejercicio es un primer intento para identificar tus aptitudes. Dependerá en gran medida de si realmente tienes alguna idea de en qué consisten. Es perfectamente posible que tengas muchas otras de las que aún no eres consciente. Puedes tener habilidades que desconozcas, y ocultas entre ellas, puede haber pistas importantes para encontrar tu Elemento.

Profundidades ocultas

Tal vez no sepas cuáles son todas tus aptitudes porque nunca has necesitado ponerlas en práctica. Están latentes en tu interior, a la espera de ser descubiertas. Hacerlo dependerá en cierto modo de las oportunidades que se te presenten. La música es un buen ejemplo. La mayoría de la gente posee más aptitudes musicales de lo que piensa. Un magnífico ejemplo es el extraordinario programa venezolano conocido como El Sistema.

A mediados de la década de los setenta, Venezuela no disponía de ninguna orquesta formada exclusivamente por venezolanos, y la educación musical era prácticamente inexistente. Pero es del todo comprensible. El país estaba atenazado por la pobreza, el crimen y las turbulencias políticas. El patrocinio de la música clásica no contaba mucho en la agenda política; de hecho, no contaba en absoluto. Venezuela parecía ser uno de los últimos lugares del planeta donde algo remotamente «elitista» pudiera florecer en términos de música clásica. Pero hoy día, aunque muchos de tales obstáculos siguen vigentes, Venezuela, una nación de apenas veintinueve millones de personas, tiene a más de cuatrocientos mil niños intensamente comprometidos en el aprendizaje de la música clásica, y uno de los panoramas orquestales más dinámicos del mundo.

Esta nación, situada en el puesto noventa y dos de las economías mundiales, con el 28 por ciento de su población viviendo bajo el umbral de la pobreza, ha producido un creciente elenco de músicos clásicos en las recientes décadas. Indudablemente, millones de venezolanos que alcanzaron la mayoría de edad antes de mediados de la década de los setenta tenían el talento potencial para convertirse en músicos dotados, pero nunca cogieron un instrumento. Sin embargo, todo cambió cuando José Antonio Abreu fundó El Sistema.

Abreu es un economista venezolano y también un apasionado pianista. Convencido de que la música podría ser una vía para que los desheredados alcanzaran un sentido de la comunidad y un rumbo en sus vidas, puso en marcha un programa para enseñar a los estudiantes las estrategias necesarias para interpretar piezas complejas. Empezó con tan solo once alumnos. «La música y la educación eran entonces patrimonio exclusivo de las familias que podían permitirse la adquisición de instrumentos —decía—. Pensé que la educación musical y artística podrían formar parte del patrimonio global del país.»

El primer concierto de la nueva joven orquesta venezolana tuvo lugar el 30 de abril de 1975. Superando las estrecheces presupuestarias y la falta de familiaridad con este tipo de música en el país, el programa creció exponencialmente. Pronto fue sufragado por el gobierno, y actualmente muchos músicos venezolanos son contratados por otras naciones, incluido Estados Unidos. El alumno más ilustre del programa es Gustavo Dudamel, actual director musical de la Filarmónica de Los Ángeles, y uno de los directores más aclamados del mundo. Nació y creció en Venezuela, y participó activamente en los métodos y valores de El Sistema. «Nuestro mensaje transmitido a través de la música —afirma Dudamel— es que, juntos, todos disponemos de una oportunidad de tener futuro.»

Hay muchos aspectos interesantes en El Sistema, incluida su capacidad para incitar a los niños a que se superen a sí mismos, y para aislarlos de las dificultades del mundo exterior, con las luchas entre bandas y la brutalidad policial a la vuelta de la esquina. «Se trata de un programa social radical —escribía Charlotte Higgins en su artículo sobre El Sistema para *The Guardian*— en el que a los niños, a menudo inmersos en dificultades sociales inimaginables, se les brinda la oportunidad de romper su círculo de pobreza con ayuda de las habilidades aprendidas en el mundo de la música.»

Los niños se inician en El Sistema a los dos años, y pronto se dan cuenta de que forman parte de algo más grande. El Sistema se centra claramente en la orquesta como una comunidad en la que los miembros pueden conseguir mayores logros que luchando por su cuenta. La idea no es ser el mejor, sino dar lo mejor de uno mismo. La cumbre del éxito para estos chicos es formar parte de la joven orquesta nacional. Muchos de ellos no obtendrían esta perspectiva de futuro de otro modo. Sin El Sistema, probablemente se hallarían precisamente en el lado opuesto.

Quizá lo más sobresaliente de El Sistema sea su capacidad para descubrir en los niños talentos que de otro modo nunca aflorarían. No sabemos cuántos padres que matriculan a sus hijos en El Sistema creen que sus vástagos se convertirán en músicos profesionales. Lo que sí sabemos es que el hecho de formar parte de El Sistema ayudará a sus hijos a percibirse a sí mismos y a su entorno de forma distinta y, una vez lo hayan conseguido, se abrirá ante ellos una inmensa gama de posibilidades que de otro modo jamás habrían experimentado.

Lo mismo ocurre con tu propia vida. Si te abres a nuevas experiencias, aumentan en proporción geométrica las posibilidades de que una de ellas cambie tu mundo de una forma profundamente positiva. Al igual que estos niños nunca habrían sabido que eran músicos de talento si este programa no les hubiera ayudado a mirar en la dirección correcta, hay muchas cosas para las que posees un talento natural. Solo tienes que entrar en contacto con ellas. Tienes numerosas aptitudes de las que no eres en absoluto consciente porque no ha surgido la oportunidad. Por ejemplo, la cocina.

Jamie Oliver es un célebre y galardonado chef conocido por sus campañas en Reino Unido y Estados Unidos para promover la comida saludable, y para prevenir sobre los riesgos de los alimentos procesados y las bebidas refrescantes. Su libro *The Naked Chef, La cocina de Jamie Oliver,* se publicó en 1990, y fue el primero de una serie de superventas a escala internacional. Su serie televisiva ha sido vista en más de cuarenta países. Pero nada hacía presagiar su éxito cuando estaba en la escuela. «Era un cero a la izquierda —recuerda—. No me gustaba trabajar en la escuela y no logré conectar prácticamente en nada. En muchos sentidos era un alumno problemático. Sin embargo, en la cocina florecía mi creatividad. Lo mejor de la cocina es que saca lo mejor de cada uno. Es un trabajo basado en las manos, en la sinceridad, en la delicadeza, en los olores, en el tacto y en el sabor. No necesitas tener un genio académico para sobresalir en él.»

Estaba tan agradecido por su éxito como chef que intentó dar a otros la misma oportunidad. En 2005, pidió un préstamo de dos millones de dólares e hipotecó su casa para abrir un restaurante sin ánimo de lucro y ofrecer una experiencia laboral a quince jóvenes en paro, varios de los cuales, según sus propias confesiones, estaban desahuciados laboralmente. Fue una tarea larga y turbulenta. Algunos de los aprendices llegaban tarde constantemente y se mostraban poco colaboradores. «Hubo veces —comenta Oliver— en que pensé: "¡Dios! y esta gente cocinará en mi cocina y servirá a mis clientes..."»

Finalmente, el restaurante, bautizado certeramente como Fifteen (Quince) abrió poco después de la fecha programada, y se hizo merecedor de los elogios de la crítica. Diez de los quince aprendices adquirieron el alto nivel exigido por Oliver, y algunos se convirtieron en chefs profesionales. El proyecto y el restaurante siguen siendo un éxito, y cada año se contrata a quince nuevos aprendices. Si no hubiera sido por el programa y por los denodados esfuerzos de Oliver para poner en marcha cada nueva promoción, o cohorte, como él las llama, estos jóvenes habrían seguido caminos totalmente distintos.

«La escuela no era lo mío; me metía constantemente en líos, y nunca llegué a aprender realmente a leer ni a escribir —decía Jamie Roberts, uno de los aprendices de Fifteen—. Tras abandonar la escuela, estuve en distintos trabajos que alternaba con la cárcel. El programa Fifteen me cautivó, y pensé que sería una buena forma de dar un giro definitivo a mi vida y seguir por el sendero correcto.»

«Para ser sincera —decía Emily Hunt, otra de las aprendices— no sé qué estaría haciendo si no hubiera sido por esto. Quizá estaría fabricando embalajes de cartón.» Antes de que Emily descubriera que le encantaba la cocina, había ido dando tumbos de trabajo en trabajo. «Solo un puñado de trabajos basura, en realidad.» La iniciativa de Oliver demuestra que la gente puede ver nuestro talento antes que nosotros mismos.

Una de las razones por las que me interesé profesionalmente por la educación fue mi propia educación. Cuando estaba en el último curso del instituto, algunos amigos y yo pedimos a la escuela que nos dejaran representar una obra. Ya estudiábamos textos dramáticos en la asignatura de inglés, pero nunca los representamos. Uno de los profesores se ofreció a ayudarnos y a dirigirla como actividad extraescolar. Como era una escuela de chicos, buscamos una obra en la que solo apareciesen personajes masculinos. No hay muchas que cumplan el requisito, la verdad. Pensamos en *Journey's End*, de R. C. Sherriff, una clásica descripción de la vida en las trincheras durante la Primera Guerra Mundial. Yo sería el director de escena. Nos encantó trabajar en la producción, y tuvo un gran éxito. En el curso siguiente nos decidimos por *She Stoops to Conquer*, de Richard Sheridan, una obra con personajes femeninos. Como no nos queríamos disfrazar, buscamos una solución. Entonces se nos ocurrió que podríamos incluir chicas, un auténtico desafío en una escuela masculina. Pero al otro lado de los campos de deporte, como una especie de universo paralelo, estaba la escuela de chicas.

Ambas instituciones colaboraban dos veces al año. Una era el baile de Navidad, en el que nos sentíamos más bien cohibidos. La otra eran las charlas anuales sobre salud, aún peor. Los alumnos de los últimos cursos de ambas escuelas nos reunimos en el salón de actos para recibir charlas sobre nuestro desarrollo como adolescentes. En una se nos habló de tabaco. En la otra, de sexo. En ambos casos, el lema era idéntico: «No lo hagas. Es malo para tu salud».

Dos de los integrantes de nuestro equipo de producción preguntamos a nuestro profesor si podíamos fichar a un par de chicas para que apareciesen en la obra. Nos dijo que hablaría con su jefa de estudios. Nos pusimos en marcha, atravesando el campo de deportes como una fuerza expedicionaria en pos de una civilización desconocida. La jefa de estudios nos recibió con una mezcla de cortesía y curiosidad. Pensó que era una idea fantástica, e inmediatamente nos dio su consentimiento. Una semana más tarde, tres chicas de verdad se incorporaban al elenco. La producción batió todos los récords. En ambas escuelas.

Espoleados por el éxito, empezamos a planificar nuestra siguiente producción, *La importancia de llamarse Ernesto*, de Oscar Wilde. De nuevo le pedimos al profesor que la dirigiera. Nos respondió que no tenía tiempo, pero que nos ayudaría con el casting. Una tarde nos sentamos en círculo y él empezó a repasar la lista de personajes, adjudicando papeles. Uno a uno, estos iban pasando a los otros miembros del grupo. Resignado a hacerme cargo una vez más de las labores escénicas, me senté y esperé a su propuesta final: «No puedo dirigir esta producción —nos dijo—. «Creo que Ken debería hacerlo.» Me quedé petrificado. Para mi sorpresa, todo el mundo estuvo de acuerdo. La dirigí, me di cuenta de que se me daba bien, y lo pasé en grande.

Fue esta, más que ninguna otra experiencia, la que suscitó mi interés por el teatro, y dicho interés se convirtió en la base de mis estudios y de mis primeros trabajos en el ámbito de la educación. Si aquel profesor no hubiera visto algo en mí que yo mismo desconocía, mi vida habría seguido otros derroteros.

Encuentra tus aptitudes

Una forma de averiguar más acerca de tu aptitudes —tanto las que ya conoces como las que aún no— es hacer una serie de tests de aptitud. Se han realizado muchas investigaciones en el terreno de las aptitudes, y existe mucho material, tanto en las librerías como en internet, que puedes consultar para explorar por tu cuenta. En él encontrarás muchos tests, cuestionarios y ejercicios. Una advertencia previa: en muchos casos, se trata de productos comerciales de valor científico cuestionable; en otros, te obligan a registrarte para recibir boletines periódicos o agencias de empleo online. Pero hay bastantes gratuitos, que resultan entretenidos y en ocasiones instructivos. Quizá valga la pena dedicar un tiempo a la búsqueda y divertirte un rato. Solo tienes que poner «tests de aptitud» en tu buscador.

Hay además algunos tests que llevan bastantes años en circulación y los han pasado millones de veces. Piensa, no obstante, que algunos pueden inducir a error, y debes enfrentarte a ellos con ciertas reservas. Cuidado con el efecto Forer, por el cual puedes pensar que una afirmación genérica está en realidad diseñada a tu medida. Por ejemplo, como parte de las investigaciones para este libro, mi hijo James y yo realizamos nuestro propio test de aptitud con una de las mayores empresas comerciales del ramo. Asistimos a dos sesiones de tres horas en las que cumplimentamos tests escritos, cuestionarios multiopción, manipulación de objetos, discriminación de tonos y ritmos, emparejamiento de secuencias de patrones y colores, y tests de memoria, aritmética, vocabulario y gestión del tiempo.

Los tests eran interesantes en sí mismos, y parecían bastante precisos. Demostraron, por ejemplo, que yo era mejor que James en destreza manual, lo cual es cierto, y que él tenía mejor oído musical, que también lo es. En otros casos, no obstante, los resultados estaban tan alejados de la realidad que incluso dudamos de que nos hubieran dado los resultados correctos. Uno de ellos colocaba a James por encima de la media en planificación y previsión. Sin embargo, él no recibió esta información, porque, como es habitual, llegó más de veinte minutos tarde al encuentro... Mi sentido de los colores y mi inteligencia espacial están al parecer tan desarrollados que apuntan claramente hacia una carrera de diseño de interiores. Cuando se lo dije a mi familia, hubo pitorreo generalizado durante casi media hora.

El problema no radicaba tanto en los resultados del test como en su posterior interpretación, realizada en este caso por un ordenador. Tal como suele suceder, el proceso no fue capaz de identificar ninguna de las aptitudes en las que se ha basado mi trabajo durante los últimos cuarenta años, incluidas la lectura y la escritura. Tampoco supo destacar las aptitudes naturales de James para la interpretación, la escritura y la comedia, en las que destaca claramente.

Nos dijeron que era difícil diseñar tests estandarizados para este tipo de cosas. Y ahí radica el problema. La limitación que tienen estos tests es que se realizan a lápiz (o en su equivalente electrónico) y ninguno de ellos es capaz de percibir si eres bueno con el clarinete de jazz. Simplemente no se ocupan de estas cosas, aunque es en ellas donde probablemente podrías encontrar tu Elemento. En el estado actual de las tecnologías, si quieres saber más sobre tus aptitudes a partir de estos tests, debes tomarte los resultados con cautela. Sé crítico, y piensa si realmente reflejan tu personalidad, o eres tú quien se amolda a ellos porque deseas creerte el resultado.

También están los tests que ya habrás pasado en la escuela o en el trabajo, aunque quizá no los reconozcas por el nombre. Te propongo cuatro que podrían resultarte interesantes, además de comparar resultados.

El Test Exhaustivo de Aptitudes Generales (GATB, por sus siglas en inglés) fue diseñado por el Departamento de Trabajo del gobierno estadounidense y lleva varias décadas en funcionamiento. Mide las aptitudes en nueve áreas: aprendizaje general, aptitud verbal, aptitud numérica, aptitud espacial, percepción formal, percepción administrativa, coordinación motriz, destreza digital y destreza manual. Hay hasta doce partes, aunque no siempre se aplican todas. Hay que disponer del certificado GATB para poder realizar el test. Puedes informarte en: http://www-careerchoiceguide.com/general-aptitude-test-battery.html.

El Clifton StrengthsFinder, de la organización Gallup, es un test online que identifica «la mayor potencialidad para desarrollar fortalezas». Fue creado por el doctor Donald O. Clifton y un equipo de científicos de Gallup. Consta de 177 preguntas y cubre un amplio abanico de aptitudes. El test sirvió de base para dos libros superventas, *Ahora, descubra sus fortalezas* y *StrengthsFinder*. Si quieres saber más, entra en: http://strengths.gallup.com/default.aspx.

El test CareerScope, del Vocational Research Institute, combina los intereses y las aptitudes. Identifica mediante una serie de preguntas cuáles son tus intereses laborales, y cómo encajan con tus aptitudes. Puedes recabar más información en: http://www.vri.org/products/careerscope-v10/benefits.

El O*NET Ability Profiler es una evaluación creada por la Occupational Information Network, que ha elaborado la base de datos de O*NET que define las características clave de centenares de oficios. El análisis se centra en nueve áreas —habilidad verbal, razonamiento aritmético, computación, habilidad espacial, percepción formal, percepción administrativa, coordinación motriz, destreza digital y destreza manual (si estas categorías suenan parecidas a las del GATB es porque el Departamento de Trabajo está implicado en ambas), y vincula los descubrimientos con los de O*NET OnLine, que define más de ochocientas actividades laborales. Para más información sobre O*NET, consulta: http://www.onetcenter.org/AP.html.

Evalúa tu itinerario

Como todas las evaluaciones estandarizadas que investigué para escribir *El Elemento* parecían contener algún fallo o falta de coherencia, amplié mi búsqueda a métodos de evaluación más personalizados y sofisticados. El doctor Brian Schwartz, asesor de carreras profesionales y actual decano del Institute for Career and Talent Management de Pekín, lleva años desarrollando uno de ellos. El doctor Schwartz es el creador de un proceso de evaluación que él denomina SuccessDNA.

Mientras que el doctor Schwartz utiliza el mismo enfoque con todos sus clientes, este programa de evaluación es de todo menos estándar. «Me propuse un enfoque holístico para que la gente pueda elegir sus carreras basándose en su identidad como seres humanos —me comentó—. La gente suele tomar decisiones basándose en lo que consideran que les reportará más dinero. Pero al final, tal como afirma la Declaración de Independencia, lo más importante es la búsqueda de la felicidad. Esto requiere ser auténtico, real. Y para ser auténtica, la gente tiene que tener autoconciencia.»

El proceso de evaluación del doctor Schwartz es el más elaborado que conozco. Si muchos de los tests de evaluación son equivalentes a los trajes de confección de las tiendas de saldos, SuccessDNA es un traje a medida confeccionado en Savile Row, la avenida de las mejores sastrerías a medida de Mayfair.

Es curioso que el primer paso a seguir sea el típico test de los cuatro temperamentos al estilo Myers-Briggs, aunque siguiendo la propia metodología de Schwartz. «Introduzco a mis clientes en conversaciones donde proporciono información sobre cada una de las cuatro funciones mentales Myers-Briggs, utilizando las situaciones cotidianas para ayudarles a confeccionar un perfil detallado de su temperamento que luego corroboran.»

Vienen a continuación una serie de entrevistas autobiográficas. Se empieza por preguntas sobre los abuelos del cliente: su origen étnico y religioso, su nivel educativo, su modo de vida, etc. Se hacen preguntas similares, aunque no tan detalladas, sobre tíos, tías y primos, para elaborar «una historia social de la familia».

La razón por la que el doctor Schwartz examina la historia familiar tan cuidadosamente es porque considera los orígenes familiares como un factor fundamental en el asesoramiento laboral y la planificación estratégica. La gente alcanza el éxito que su propia autoestima puede admitir. Quien tiene una baja autoestima no se siente merecedor de las recompensas unidas al éxito, independientemente de cómo las definan. La gente habla a menudo de su miedo al fracaso, y creo que en realidad este temor enmascara el miedo al éxito. Lo que subyace es la idea de que «no merezco los éxitos que la vida pueda depararme».

Una vez acabada esta parte del proceso autobiográfico, el doctor Schwartz guía a sus clientes para que delimiten los puntos culminantes de sus vidas, utilizando un método similar al desarrollado por Bernard Haldane, y popularizado por Richard Bowles en *¿De qué color es su paracaídas?* El cliente escoge las siete experiencias, temas o relaciones que más le han satisfecho a lo largo de su vida. Escribe breves redacciones sobre ellas, y analiza las experiencias para identificar las habilidades que utilizó, identificando a su vez aquellas con las que más disfrutó. Escoge a continuación sus diez o quince habilidades favoritas, crea «equipos de habilidad», y compara dichos equipos entre sí.

«Llegado a este punto, el cliente dispone de un modelo para colocar en él cualquier descripción de actividad laboral, para comprobar si se ajusta a su perfil. Por supuesto, en momentos de recesión la gente no siempre aspira a una excesiva armonización, pero al final, si no lo hace, solo están comprando un billete para la desesperación.»

El enfoque del doctor Schwartz puede ser más detallado de lo que la mayoría de la gente quiere, o puede, utilizar, pero resulta fascinante la cantidad de conclusiones que se extraen de simples modelos de cuestionarios y tests básicos.

¿Cuántos itinerarios puedes seguir?

¿Es posible tener más de un Elemento? Por supuesto que sí. Tienes muchas aptitudes, y tu Elemento puede evolucionar a lo largo del tiempo conforme maduran tus talentos y cambian tus intereses. Tus aptitudes personales también pueden llevarte a un ámbito relacionado con ellas. Elizabeth Payne acabó diseñando prendas de vestir a través de una ruta muy indirecta. Elizabeth, que en la actualidad es profesora de Diseño de Prendas de Vestir en la Universidad de California Fresno, supo desde muy temprana edad cuál era su Elemento. Sorprendentemente, la idea partió de alguien que aún estaba buscando el suyo.

«Mi madre pasó por estas etapas cuando yo era pequeña —me explicó—. Se había dedicado al catering durante un par de años. Luego a la pintura durante otros tantos. Después a la autoayuda. Cuando yo tenía cinco años, estaba inmersa en su etapa pictórica, recibiendo clases de arte y, finalmente, impartiéndolas ella misma. Yo iba con ella, y me pasaba el tiempo dibujando. Los artistas me parecían gente muy interesante, y quería ser como ellos. Desde muy pequeña supe que quería ser artista.»

Elizabeth se había criado en un pueblo del sur de Ohio, y no encontró a demasiadas personas, aparte de su madre, que la animaran en su pasión por el arte. Incluso le auguraban que acabaría como profesora de arte en un instituto, y pintando como simple hobby. Fue entonces cuando su profesor de arte en el instituto sufrió un ataque al corazón y estuvo de baja durante el resto del año. El instituto lo sustituyó por alguien sin formación artística, que ni siquiera tenía permiso para calificar proyectos. Una mala noticia para las aspiraciones de Elizabeth. Afortunadamente, un profesor de inglés vio algunos de sus dibujos, y quedó tan impresionado que la inscribió en un concurso de arte que celebraba una escuela local.

El concurso era de diseños de moda, un tema del que Elizabeth no sabía nada. Pero descubrió que su talento artístico se ajustaba a la perfección a los requisitos indispensables de una buena diseñadora. Tenía aptitudes, tantas que ganó el concurso durante los cuatro años que se celebró. Le gustaba tanto que decidió estudiar diseño de moda y hacer de ello su actividad profesional.

A partir de su experiencia artística en el instituto, presentó solicitudes en escuelas con departamentos de arte, y descubrió que los programas de diseño de prendas de vestir solían encontrarse en los departamentos de arte dramático. Con esa información, se puso en marcha.

«Sabía que dibujaba muy bien y eso me daba una gran confianza. En el programa en el que me integré dejaron muy claro que debía saber coser y comunicar a la gente lo que quería que hicieran. Trabajé en un pequeño teatro al aire libre en Carolina del Norte, y me pasé el verano cosiendo etiquetas y botones. Entonces hice prácticas de diseño de prendas en Massachusetts. Aprendí todo lo relacionado con las compras y cómo encontrar lo que buscas. Aprendí la técnica del teñido, así como a crear lo necesario cuando no está disponible. Mi siguiente trabajo fue en la ópera de Santa Fe. Aquel año cosí un buen montón de botones. También aprendí mucho sobre cantantes y tipos de personalidad y a pensar con rapidez cuando algo va mal. No había tenido experiencias teatrales hasta entonces, así que tuve que aprender de qué iba todo y el lugar que yo ocupaba.

»Tras mi diplomatura obtuve la graduación universitaria, y ello me llevó al universo teatral de Manhattan.

»Trabajé con un par de pequeñas compañías, y allí me di cuenta de que no era una persona que me guiara por el afán de lucro. No me gusta trabajar con los productores. Intuyo que el argumento no es algo que les importe, sino el hecho de conseguir estrenar en Broadway. De modo que si la obra no era un éxito, poco importaba cuánto dinero gastaras en vestuario o en decorados. Empecé a interesarme por el teatro amateur, lo cual implicaba normalmente trabajar con escuelas.»

Envió su currículum a diversas facultades y, como parte de su labor se había desarrollado en universidades, varios de ellos dedujeron que ya tenía experiencia pedagógica. Uno le ofreció dar clases y, tal como ella dice, «simplemente me lancé». Entonces se dio cuenta de que era muy buena en un ámbito en el que no había reparado hasta entonces. Era una profesora nata. Su habilidad como tal procedía de su capacidad para ayudar a la gente, junto con su experiencia en aquel campo. «Cuando entré en el mundo del diseño, nunca pensé que sería capaz de enseñar, aunque sé que, gracias a mi experiencia profesional, soy buena profesora. No solo enseño teoría sino también lo que significa estar en ese ámbito.»

Elizabeth Payne descubrió algunas de sus aptitudes cuando era muy joven. Pero siguió descubriendo otras cuando ni siquiera sospechaba poder hacerlo.

Ver de forma diferente

Quizá pienses que la ruta en que te hallas está bloqueada y tienes que explorar otras opciones. Si lo haces de forma apropiada, descubrirás que tienes más aptitudes de las que pensabas, y más salidas para tu vida de las que imaginas.

En muchos aspectos, Noppadol Bunleelakun encajó sus primeros reveses nada más iniciar su vida. Esta empezó demasiado pronto. Nació con dos meses de antelación y pesaba menos de un kilo y medio. Para salvarlo, los médicos lo introdujeron en una incubadora y le proporcionaron dosis extra de oxígeno. El tratamiento salvó su vida, pero destruyó sus nervios ópticos, lo cual le provocó una ceguera irreversible. Noppadol fue a la escuela para ciegos de su nativa Bangkok, donde le enseñaron todo lo que se enseña a los niños como él: Braille, trabajar con las manos y los conceptos académicos básicos. Un día, a los seis años, Noppadol oyó a otro estudiante tocar el piano, y se sintió conmovido por un sonido diferente a cualquier otro que hubiera oído antes. «El piano se convirtió en mi amigo —declaró a un reportero del *Bangkok Post*—. Me paso la mayor parte del tiempo libre tocándolo.»

Un profesor le enseñó a tocar el instrumento, colocando sus manos sobre el teclado y presionando las teclas correspondientes. El proceso de aprendizaje fue lento y a menudo frustrante. Pero el caso es que, a los once años, Noppadol ya no necesitaba las manos de nadie para tocar. De hecho, no necesitaba nada en absoluto, excepto escuchar una pieza musical un par de veces para reproducirla.

En aquel momento, Noppadol se vio obligado a dejar de lado su educación musical. Su familia no podía permitirse costear las clases particulares y su nueva escuela se centraba exclusivamente en currículos académicos. Durante cinco años dedicó bastante menos tiempo al piano —no tenía instrumento propio—, para poder estar a la altura del resto de sus compañeros de clase. En aquel momento, un profesor descubrió su talento y aceptó darle lecciones gratuitas. Fue entonces cuando Noppadol encontró la vía para dar rienda suelta a la mayoría de sus capacidades. A los veintiún años lanzó simultáneamente dos álbumes de jazz para un sello tailandés, y dos más al año siguiente. Un extraordinario alarde de productividad para cualquier músico; para alguien que tuvo que superar tantos obstáculos, llegar a tocar un instrumento era casi milagroso.

Actualmente, Noppadol es conocido por dos seudónimos: Joe the Pianist y Mobile Karaoke. El primero fue inventado obviamente por aquellos que preferían no embarullarse tratando de pronunciar su nombre; el último es una referencia a su extraordinaria habilidad para tocar casi cualquier pieza tras haberla oído unas pocas veces. Una carrera como pianista de jazz era lo último que Noppadol Bunleelakun habría imaginado cuando inició sus estudios en la Escuela para Ciegos de Bangkok, pero su deseo de superar las limitaciones visuales le llevó a desarrollar capacidades que nadie podía sospechar.

Pocos de nosotros tenemos que superar tantos obstáculos para hacer realidad nuestras pasiones. Pero a veces padecemos otro tipo de ceguera. No sabemos de qué somos capaces porque no somos conscientes de nuestras posibilidades. Puedes suponer erróneamente que algunas salidas están bloqueadas, o bien no sabes dónde encontrarlas. Sea como fuere, quizá estás perdiendo la oportunidad de encontrar tu Elemento.

El descubrimiento de tus aptitudes incluye otra dimensión. Puedes pensar que no tienes habilidades especiales para nada en concreto, matemáticas o música, por ejemplo, porque quizá topaste con ellas de manera errónea, o porque te las enseñaron en la escuela de un modo que entraba en conflicto con tu auténtica forma de aprender. Para conocer a fondo tus aptitudes, debes pensar en cuáles son los métodos de aprendizaje que realmente te sirven. Este es el tema que trataremos en el siguiente capítulo. Pero antes de entrar en él, aquí tienes algunas preguntas basadas en los temas de los que hemos hablado en este que estamos finalizando:

- ¿Qué tipo de actividades te resultan más fáciles?
- ¿Cuáles crees que son tus talentos naturales?
- ¿Cuándo fuiste consciente de ellos por primera vez?
- ¿Tienes aptitudes que nunca has pensado en desarrollar?
- ¿Tienes talentos que no has pensado en desarrollar aunque te habría gustado hacerlo?
- ¿Hay talentos de los que te has visto disuadido?
- Si alguna vez has rellenado un test de aptitud, ¿te sorprendió algún resultado?
- ¿Qué aptitudes crees que podrías desarrollar realmente si lo intentaras?

3

¿Cómo lo sabes?

Para desarrollar tus aptitudes, se supone que primero debes conocerlas. Tal como hemos visto en el capítulo anterior, es posible que no sea así por varias razones. Este capítulo explica con más detalle por qué puede resultarte difícil averiguar qué talentos posees, y te ofrece ayuda para conseguirlo. Antes de continuar, no obstante, sigamos insistiendo en dónde te encuentras en estos momentos. Inténtalo con el siguiente ejercicio. Te ofreceré algunos puntos de referencia sobre los temas que trataremos.

Ejercicio 5: ¿Cómo puedes saberlo?

En el ejercicio cuatro has confeccionado tres listas: cosas en las que eres bueno, normal y no demasiado bueno. Observa de nuevo la segunda y la tercera columna o círculo: las cosas en las que eres normal o no demasiado bueno. Piensa en ellas en relación con las siguientes preguntas.

- ¿Tienen algo en común?
- ¿Qué te hace pensar que eres normal o no demasiado bueno?
- ¿Cuáles han sido tus experiencias al realizarlas?
- ¿Alguna vez te han animado a desarrollarlas de forma correcta? ¿Qué sucedió?
- ¿Te gustaría hacerlas mejor, o te es indiferente?

- ¿Estás interesado en intentarlo de nuevo con un enfoque algo distinto?

Como antes, quizá te ayude utilizar la escritura automática en relación con estas preguntas, esbozar algunas ideas o crear un collage de imágenes que expresen tu experiencia con esas actividades, y cómo te siente al respecto.

Por razones a las que llegaremos, puede ser que tengas más aptitudes de lo que te imaginas, y más talento natural, para actividades que ya has intentado. Tu escaso éxito puede deberse a que las enfocaste de forma errónea. Volveremos a esta posibilidad al final del presente capítulo.

Hay otra razón que podría explicar por qué no sabes en qué eres realmente bueno: la oportunidad. Las listas que has confeccionado hasta ahora se referían a actividades ya experimentadas. ¿Y qué hay de las otras? ¿Cómo puedes saber si eres bueno o no en algo que no has experimentado? Como he indicado anteriormente, el Elemento no lleva un cupo incorporado. Puede que haya varios, algunos de los cuales permanecen ocultos simplemente porque no se ha presentado la oportunidad. Es perfectamente posible que seas muy bueno en diversas actividades que nunca has probado o de las que ni siquiera has oído hablar.

Si vives lejos del océano y nunca has puesto los pies en un barco, ¿cómo puedes saber si tienes talento para la navegación? Si nunca has montado a caballo, ¿cómo puedes conocer tus habilidades como jinete? Y si nunca has manejado un violín o una trompeta, o un taco de billar, ni has probado la carpintería o el tejido, ni pisado un laboratorio, ni jugado al ajedrez, ni cocinado, ni cultivado un jardín, ni trabajado con niños o hablado francés, ¿cómo podrías saberlo?

Puedes tener una amplia gama de talentos ocultos que permanecen bajo la superficie como minerales bajo tierra. Parte de la búsqueda es estar abierto a la posibilidad de que tu elemento se encuentre en un terreno que nunca has explorado. Si estás tratando de averiguar qué hacer con tu vida, limitar tus horizontes puede tener dramáticas consecuencias.

Esto es lo que le sucedía a Sam, una adolescente de Malasia. Sus padres le hicieron realizar una serie de actividades que incluían el violín, el ballet, el arte y la natación. Sam había mostrado en todas ellas cierto interés, pero la estructura y la presión a la que se vio sometida por los programas aplicados le hacían abandonarlas sistemáticamente. Se sentía retraída, irritable e inquieta, y le costaba hacer amigos.

Entonces vio una competición de danza callejera en la televisión, en el programa *Showdown*. La conexión con este tipo de danza resultó instantánea, y dijo a su madre que quería dedicarse a aquello. Su madre intentó encontrar un lugar en el que Sam pudiera aprender esta especialidad acrobática, pero no tuvo éxito. Sam no se desanimó; estaba convencida de que encontraría algo en lo que podía destacar realmente. Al final, ambas encontraron una academia pionera en este género de baile en Malasia, y Sam se matriculó.

«Desde entonces —comentaba su madre en un blog—, ha estado bailando cada noche en la escuela, asistiendo a todas las clases que puede, y aprendiendo todos los bailes que se imparten en ellas, desde el waacking al hip hop, pasando por el reggae, el house y el girlstyle... Sea lo que sea, ¡lo baila todo! Probablemente, ella fue la estudiante más aplicada porque ¡nunca tenía suficiente!»

Sam pasó de la tristeza a la euforia, y no paraba de repetir que pasaría el resto de su vida haciendo lo que realmente le gustaba. No solo era algo que le apasionaba, sino que además era muy, muy buena, lo que quedó bien claro en toda Malasia cuando Sam y su grupo de baile The Hype, actuaron en la temporada 2012 de *Showdown* y se clasificaron entre los doce primeros.

Sam ha encontrado algo para lo que tiene auténticas aptitudes, con lo cual su nivel de felicidad ha crecido exponencialmente, al igual que el convencimiento sobre sus metas. Y todo empezó porque entró en contacto con algo en lo que nunca antes se había fijado, y en lo que encajaba a la perfección.

No estarás hablando en serio

Encontrar tu Elemento depende de las oportunidades que tengas de descubrir de lo que realmente eres capaz. Una estrategia vital consiste en hacer todo lo posible para suscitar esas oportunidades, y para explorar nuevas vías en ti mismo y en el mundo que te rodea. En la práctica, por supuesto, no es tan sencillo. Bajo determinadas circunstancias, algunas de esas vías pueden verse desalentadas o restringidas.

Una de las razones de que desconozcas tus posibilidades puede ser el tipo de cultura en el que vives. La biología influye en las aptitudes innatas; pero la cultura puede afectar seriamente al hecho de descubrirlas y desarrollarlas. Todas las culturas sonríen o fruncen el ceño ante determinadas actividades o modos de vida. Lo que es aceptable en una puede no serlo en otra. Encontrar tu Elemento puede ponerte en contra de algunas convenciones.

La cultura en la que vives puede inhibir y posiblemente prohibir determinadas vías en función de tu edad, sexo, sexualidad y etnia, o de lo que realmente tienes intención de hacer. Los corsés culturales pueden ir desde un ceño fruncido en una comida hasta el confinamiento en solitario sin derecho a la condicional. En el caso de Matthew Lee, los obstáculos no eran legales, pero sí socialmente reprobables.

Como la mayoría de las personas, Matthew Lee sabe hacer muchas cosas. Es un buen diseñador web, y se ha ganado bien la vida con ello. No obstante, hay algo en lo que es realmente bueno, y le gusta tanto que el mundo se para cuando lo practica. Matthew Lee es mago. «La magia me ha fascinado desde que tenía ocho años —me dijo—. La primera vez que vi a un mago fue en un crucero. Cogía un trozo de tela y lo convertía en un bastón en décimas de segundo. A los ocho años, algo así deja una profunda huella en ti.»

El apasionamiento no llegó lejos. «No pensé en ello hasta mucho después. Fui a la escuela, aprendí y me convertí en ingeniero informático. Un día, paseando por una avenida comercial, vi una tienda de magia. Fue al día siguiente de mi graduación. Recordé la actuación y pensé: "a ver qué pasa"». Matthew pasó un rato en la tienda, y compró algunos kits de magia. Su carrera ya estaba encauzada, y nunca había pensado en la magia como una profesión porque en Singapur, la ciudad donde vivía, nadie se tomaba en serio a los magos, ni los respetaba. Pero se llevó sus juguetes a casa y empezó a practicar, solo para divertirse.

«Me di cuenta de que perdía el sentido del tiempo. Practicaba durante horas frente a un espejo para hacerlo bien y asegurarme de que se veía correctamente desde determinado ángulo. Lo repetía una y otra vez. Puede ser algo muy zen; de pronto echas un vistazo por la ventana y compruebas que se ha hecho de día. No estaba cansado. Solo quería conseguir hacerlo bien. Y así empezó todo. Imagino que te gusta porque te das cuenta de que te sale realmente bien. Es un poco como el huevo y la gallina. Te gusta porque lo haces bien. Nunca había conseguido ser tan bueno en ninguna otra cosa hasta la fecha.»

Descubrir su multiplicidad de talentos fue una revelación para Matthew. En la escuela había sido buen alumno. Recién acabada la universidad, encontró trabajo haciendo diseños web para una agencia y sus clientes estaban satisfechos con su trabajo. Pero, en su interior, él sabía que no estaba permitiendo que emergiera su auténtica valía. El mejor de sus talentos estaba escondido entre él y su espejo. Conforme crecía su fascinación por la magia, Matthew empezó a pensar en cómo se sentiría actuando en público.

«Entré en el Singapore Magic Forum online. La gente siempre decía lo mismo: si quieres saber de qué va esto, tienes que trabajar en galas de beneficencia para ver cómo funcionan las cosas. Y es lo que hice. Me presenté voluntario para la Children's Cancer Foundation. Había un puñado de magos, y era mi primera actuación. Salí e hice mi trabajo. Por alguna razón, el nerviosismo desapareció. Los otros magos me preguntaron cuánto tiempo llevaba en el mundo de la magia. Creían que me dedicaba a ello desde hacía al menos dos o tres años, pero solo llevaba seis meses.»

Matthew tenía más talento del que imaginaba, y sentía tanta pasión por la magia que empezó a plantearse hacer de ella algo más que un hobby. Ahí es donde entra el factor circunstancia. Tenía un cliente de diseño web que producía espectáculos de magia por todo Singapur. Matthew pronto tuvo quien patrocinara sus actuaciones. En un corto espacio de tiempo pasó de entretenerse a sí mismo a encandilar a las masas. Pronto había ganado suficiente dinero para convertirse en un diseñador web freelance, lo cual le permitió actuar en más espectáculos y pasar más tiempo ensayando.

La transición profesional se hizo sin rupturas, sobre todo porque ganaba más dinero en menos tiempo como freelance que como asalariado. Con la transición personal no sucedió lo mismo. «Mi mujer montó en cólera cuando se enteró de que iba a organizar producciones de magia, porque pensó que era un trabajo poco estable. Pero se convenció cuando se dio cuenta de lo feliz que era.»

Aún tiene que luchar con el estigma de su profesión en Singapur. Cuando conoce a alguien no suele decir de entrada que es mago, y, por la misma razón, tampoco lo hace con aquellos a los que conoce desde hace tiempo. Sus padres, por ejemplo, se enteraron hace poco de que era un profesional de la magia. Pero de momento le preocupa más perfeccionar su talento que enfrentarse a las convenciones culturales. Y pasa mucho tiempo haciéndolo. A menudo practica hasta las dos o las tres de la madrugada, trabajando en sus trucos y aprendiendo de los mejores modelos. «Yo no diría que soy extremadamente bueno. Penn y Teller sí lo son. He alcanzado un nivel que me permite ganar dinero en mis actuaciones. Simplemente entré en este mundo sin planteármelo como un trabajo hasta que me di cuenta de la cantidad de horas de práctica que le había dedicado. Pero para mí sigue siendo un juego.»

Este juego ha permitido a Matthew Lee desarrollar un talento natural que quizá nunca habría descubierto si no se hubiera embarcado en aquel crucero, o no hubiera decidido hacer un alto en su carrera y pararse ante aquella tienda. Siempre hubo un mago en él. Sin embargo, de no ser por las circunstancias y por su determinación de nadar contra corriente, ese talento, y la ardiente pasión que lo acompaña, quizá nunca habrían aflorado.

Los peligros de la educación

Puede que las convenciones típicas de tu cultura supongan un obstáculo en la búsqueda de tu Elemento. La mayoría de las culturas tienen un proceso de condicionamiento sistemático especialmente significativo para encontrar —o no encontrar— las aptitudes innatas. Irónicamente, es el mismo proceso el que te ayudará a descubrirlo: me refiero a la educación.

El Elemento tiene mucho que decir sobre educación, al igual que mi otro libro *Busca tu Elemento: aprende a ser creativo individual y colectivamente*. Si estás particularmente interesado en estos temas, lo mejor que puedes hacer es descargarlos inmediatamente. Para el propósito que nos ocupa, debemos resaltar dos formas por las que la educación interfiere en la búsqueda de tu Elemento. La primera es que la mayoría de los sistemas educativos operan con un punto de vista muy restrictivo sobre las aptitudes. La segunda es que a menudo ignoran el modo en que los individuos aprenden realmente.

Más de lo que crees

¿Qué hacen principalmente los estudiantes en la escuela? Durante la mayor parte del tiempo se sientan en sus pupitres y leen, escriben, calculan y realizan tareas administrativas de bajo nivel. ¿Por qué? Una de las principales razones es que las escuelas insisten sobre todo en ciertos tipos de aptitudes académicas, que incluyen formas particulares de razonamiento verbal y matemático. En general, suelen identificar la inteligencia con el CI. Este tipo de aptitudes es muy importante, pero hay muchos más aspectos relacionados con tus aptitudes de los que el trabajo académico convencional y los tests de CI pueden revelar.

Una de las consecuencias de esta preocupación es que las escuelas confieren un estatus mínimo al trabajo no académico, incluidas las artes visuales e interpretativas, la educación física y los programas prácticos y «vocacionales». El resultado es que muchos estudiantes, incluso los que son buenos en el aspecto académico, nunca llegan a descubrir sus auténticas aptitudes, especialmente si se encuentran en las áreas menos valoradas.

Mientras mi hermano Derek cultivaba su talento con la ingeniería, normalmente se le veía distraído, aburrido y con dificultades académicas. Ninguna de sus habilidades parecía tener importancia ni se veía reflejada en los informes o en las notas. Aparte de su talento en ingeniería, empezó a practicar con una variada gama de instrumentos musicales, que incluían el teclado y el ukelele. Era tan bueno que solía interpretar música en la parroquia desde los diez años y ya adulto trabajó como músico profesional en clubes y teatros de la región. Pese a sus obvios y abundantes talentos, seguía fracasando en la escuela. Lo mismo ocurre con mucha gente que se siente atraída por el trabajo y la creatividad manual, además de la mental.

Por cierto, debido precisamente a su estrechez de miras sobre las habilidades, los sistemas escolares a menudo promueven una idea muy amplia de la falta de habilidad. Durante seis años, desde los cinco hasta los once, fui a una escuela para discapacitados físicos. Por entonces no eran tan hábiles con los eufemismos como en la actualidad. Estaba rodeado de niños con todo tipo de disfunciones físicas, como polio, parálisis cerebral, hidrocefalia, asma, epilepsia y tantas otras. No estábamos ni remotamente interesados en las «minusvalías» de los demás. Hacíamos amistad basándonos en la comunidad de intereses, actitudes y personalidades. Eso era lo que importaba. La gente que me gustaba era divertida, introspectiva y sensible, como el resto de los niños, discapacitados o no.

Fuera de la escuela, sin embargo, se nos definía por nuestras limitaciones. Éramos «disminuidos», como si formáramos parte de una especie. Cuando alguien tiene una discapacidad, la gente suele destacar esa característica por encima de las otras habilidades que coexisten con esa dificultad específica. Es por ello que solemos hablar de «minusválidos» y no de «gente con minusvalías». Una de las razones por las que la gente es etiquetada por sus minusvalías es la estrechez del concepto general de habilidad. Pero estas limitaciones nos afectan a todos en la educación, no solo a quienes tienen «necesidades específicas». Hoy día, todos aquellos cuyos puntos fuertes quedan fuera del restringido campo del trabajo académico pueden vivir la escuela como una experiencia frustrante y acabar preguntándose si realmente poseen algún talento significativo.

¿Cuál es tu estilo?

El restringido concepto de habilidad es uno de los problemas de la educación convencional. El segundo es la habitual incapacidad para conectar con el estilo de aprendizaje de cada alumno. He dicho anteriormente que una de las razones por las que puedes pensar que tienes escasas aptitudes para algo puede ser tu primera experiencia en relación con ello, especialmente si no tuviste demasiado éxito en la escuela.

Cualquier conversación entre adultos sobre sus experiencias en la escuela probablemente dé lugar a una serie de anécdotas sobre el fracaso. «Nunca fui bueno en ciencias.» «Era horrible redactando.» «No sabía dibujar ni con palitos.» Probablemente habrás contado alguna historia de este tipo. Es evidente que podías ser un desastre en muchas cosas, en matemáticas, por ejemplo. No hay nada malo en ello. Yo ya he hecho las paces con todo eso. Pero puedes pensar que te falta talento para algo porque no te lo enseñaron de la forma que realmente se adaptaba a tu modo de pensar y aprender.

Nuestro aprendizaje ideal varía sensiblemente de unos a otros, y ello puede afectar en gran medida a lo que tú crees que sabes hacer. Algunas escuelas enseñan todo tipo de disciplinas mediante la presentación verbal, los ejercicios escritos y los tests. No enseñan química para los que necesitan un aprendizaje visual, por ejemplo, o cálculo a los kinestésicos. El aprendizaje a través de las palabras puede funcionar con los estudiantes que prefieren este método. El hecho es que para muchos no es así. El resultado es que los estudiantes se descuelgan de muchas asignaturas y procesos con los que de otro modo podrían disfrutar y sobresalir.

Durante la mayor parte de su etapa escolar, nuestra hija Kate pensaba que no se le daba bien la química. Entonces entró un nuevo profesor que lo cambió todo. Así es como lo explica ella:

«No era de las mejores. Bueno, eso no es del todo cierto. Lo que debería decir es que, al cruzar cierto límite, perdí el interés. Hubo un período en el que era muy buena alumna. Me encantaba leer y escribir, el arte, la danza, el coro, las ciencias y la gimnasia. Ni siquiera me importaban los estirados uniformes de la escuela británica.

Desde temprana edad me pusieron en el grupo de refuerzo en matemáticas. Los estudiantes estaban organizados por colores: el azul era el de más nivel, el verde el nivel medio, y el verde dos, el de refuerzo. Ahora puede parecerme un sistema ridículo, pero el resultado de estar siempre en el verde dos en matemáticas fue que crecí con miedo a los números y a todo lo relacionado con ellos. Lo pasaba realmente mal con las tablas de multiplicar, y las fracciones aún me horrorizan. Siempre tenía problemas cuando marcaba números de teléfono. La inclusión en aquel grupo mermó mi confianza. Pasado un tiempo, di por seguro que era mala en matemáticas, así que nunca lo intenté de verdad. Después de todo, mis notas eran muy buenas en inglés, en arte y en francés, y asistía cuatro días a la semana a clases de ballet, donde era el ser más feliz del mundo. Para ser sincera, las matemáticas no eran precisamente una prioridad.

»La seguridad de que no era buena en matemáticas me siguió hasta Los Ángeles. Una vez más fui relegada al grupo de refuerzo (Matemáticas 3, lo llamaban), y ya ni prestaba atención. No hacía los deberes, y me pasaba la clase haciendo dibujitos. Si suspendía era porque no lo intentaba, no porque no fuera inteligente. Una poderosa excusa en la que me escudé durante años. Extrañamente, a mis profesores de matemáticas no parecía importarles, y me pasaban de curso. Pronto me vi empezando el segundo ciclo de secundaria y sentada en una clase de química de tercero de ESO.

»Siempre me habían gustado las ciencias y, hasta llegar a la química, no había necesitado excesivos conceptos matemáticos. Me gustaban porque me permitían dibujar el ciclo de la evaporación, o construir un barco que flotase en un barreño de agua. La química, con sus inacabables guarismos en la tabla de los elementos y sus ecuaciones fraccionarias, era otro tema. De hecho me aterrorizaban. Suspendí la química al cabo del primer semestre. Durante el resto del curso tuve una hora libre extra, lo cual me pareció fantástico. Problema resuelto... hasta cuarto de ESO, en que volví a encontrarme con la asignatura pendiente.

»Mi nueva profesora, la señora Miller, entró y empezó la clase. Me pasé los cincuenta minutos pasándole notas a mi compañera de pupitre. Y así hasta el primer examen, que por supuesto suspendí.

No hay problema, pensé, pero la señora Miller no se dejó impresionar. En vez de dejarme por imposible en una clase de alto nivel, como el resto de los profesores, me llamó a su despacho y me reprendió por sentarme al final de la clase, por no prestar atención y por no hacer mis deberes. Le parecía algo inaceptable para alguien con mi capacidad. Me sentía avergonzada. Y la cosa no acabó ahí. Me dijo que si aceptaba sus condiciones, me ayudaría en las horas libres y durante la comida. Las condiciones eran que me sentara delante y me pusiera a trabajar. ¿Qué podía hacer? Acepté.

»Empezamos a la semana siguiente. Cada día iba a ver a la señora Miller para repasar la clase del día y planificar la siguiente. El progreso fue instantáneo. Milagrosamente, me di cuenta de que en cuanto presté atención (y con las clases particulares que recibía a cambio, no tenía más remedio que hacerlo), llegué a entenderla. Aún más: llegué a amarla. Tanto que saqué sobresalientes durante el resto del curso y acabé enseñando a otros alumnos de mi clase. Incluso consideré la posibilidad de continuar estudiando química. Esperaba con ilusión el comienzo de la clase y los deberes. El cuaderno de ejercicios tenía un aspecto primoroso. No fallaba en las ecuaciones. Hasta perdí el miedo a los números.

»Me había prendado de la química, y todo porque una profesora se había fijado en una estudiante que era buena en las otras asignaturas, pero rematadamente mala en la suya. Intuyó que yo no rendiría en una clase tradicional, y se dedicó tanto a mí que encontró tiempo para repetirme cada lección en privado.

»Se negó a dejarme por imposible y a que yo hiciera lo mismo. Los beneficios no solo se vieron reflejados en la media de mis notas, sino que mi autoconfianza subió como la espuma. Sin ella, habría pasado por la vida pensando que era un desastre en química, que era incapaz de superarme. Me enseñó que, si lo intentas de veras, puedes conseguirlo. Esa lección afectó a todas las facetas de mi vida.»

Así que, ¿cuál es tu estilo? Bien, hay varias maneras de reflexionar sobre ello. Si bien hay numerosas pruebas de que la gente tiende a una variada gama de métodos de aprendizaje, los expertos difieren en las respectivas definiciones. El teórico de la educación David Kolb, por ejemplo, cree que se puede aprender siendo un convergente (alguien hábil en la aplicación práctica de las ideas, que enfoca el aprendizaje de forma poco emocional y cuyos intereses son limitados), un divergente (alguien con grandes dosis de imaginación, buen generador de ideas y capaz de observar desde diferentes perspectivas, con una amplia gama de intereses), un asimilador (muy hábil en la creación de modelos teóricos, excelente en el razonamiento inductivo y con mayor tendencia a ocuparse de los conceptos abstractos que de la gente), o un acomodador (cuya mayor habilidad es hacer cosas, amante del riesgo, que trabaja bien cuando debe reaccionar de forma inmediata y resuelve problemas de manera intuitiva).

Richard Felder, uno de los creadores del Índice de Estilos de Aprendizaje, sugiere que existen ocho modalidades distintas. Los activos absorben mejor el material aplicándolo en alguna situación o explicándolo a los demás. Los reflexivos prefieren considerar el material antes de hacer nada con él. A los sensitivos les gusta obtener datos, y son buenos con los detalles. Los intuitivos tienden a identificar las relaciones entre las cosas, y se mueven bien entre conceptos abstractos. Los visuales recuerdan mejor lo que han visto, mientras que los verbales se sienten más cómodos con las explicaciones orales y escritas. Los secuenciales prefieren aprender siguiendo un proceso desde un paso lógico al siguiente, mientras que los globales dan saltos cognitivos, asimilando constantemente la información hasta que «lo tienen».

VARK es una guía de estilos de aprendizaje elaborada a partir de un breve cuestionario desarrollado por Neil Fleming. Divide a los participantes por sus preferencias en el aprendizaje en: *visuales* (que reciben la información a partir de gráficas, diagramas, mapas, etc.), *oral/auditores* (que asimilan la información a través de conferencias, presentaciones o discusiones), *lecto escritores* (que la extraen de textos, ya sean libros, internet, o presentaciones de Power Point) y *quinésicos* (que la obtiene a partir de experiencias personales concretas).

Puedes someterte al cuestionario VARK entrando en http://www.vark-learn.com/english/page.asp?p=questionnaire. Este o cualquier otro diagnóstico de estilos de aprendizaje revelarán preferencias de las que ni siquiera eras consciente. Armado con ellas, quizá quieras expandir la gama de actividades que se te dan bien.

Aunque Kolb, Felder y Fleming ofrecen tres modelos diferentes (y hay muchos más), suelen estar de acuerdo en tres cosas. La primera, que poca gente aprende siempre de la misma forma; cada uno de nosotros utiliza todos los estilos en uno u otro momento. La otra, que la mayoría de las personas empieza en algún punto. Aunque podríamos aprender utilizando una amalgama de procesos visuales, auditores, lectores y quinésicos, la experiencia del aprendizaje suele reforzar los resultados cuando se activa el método con el que nos sentimos más a gusto. Si tú te inclinas por el aprendizaje visual, tu mente tenderá a divagar hasta que el profesor empiece a dibujar en la pizarra.

Para algunos estudiantes, un profesor puede hablar demasiado, otro puede centrarse demasiado en las imágenes ¿Nunca te interesaste demasiado por la historia? Quizá se deba a que tu estilo de aprendizaje es visual, y nadie te ayudó a «ver» el pasado de forma efectiva. ¿Tienes poca paciencia para los proyectos que implican el uso de las manos? Quizá tu estilo sea de tipo lectoescritor, y nunca te has planteado considerar el estudio con un proceso manual antes de embarcarte en él.

A muchos de nosotros nos gustaría tener habilidad con la poesía, o con el diseño gráfico, o con millones de cosas que hemos evitado porque nuestras experiencias con el aprendizaje fueron negativas. El dependiente que te vendió la videocámara intentó mostrarte su uso utilizándola él, cuando lo que realmente necesitabas era manejar tú mismo el aparato. La amiga que intentó enseñarte a hacer punto pasó directamente a las agujas sin explicarte previamente el concepto en el que se basaba. Si estas experiencias no consiguieron «engancharte» utilizando el estilo que realmente te convenía, el resultado es que solo absorbiste una fracción de la totalidad.

Un amigo me explicaba hace poco las experiencias de su hija en una clase de estadística en el colegio. Estaba tan aterrorizada por la experiencia con las matemáticas en secundaria que había renunciado a alcanzar los requisitos necesarios en matemáticas hasta el último año. El primer día, llegó a clase convencida de que el pavor la invadiría durante cada minuto del semestre. Pero el profesor de estadística no se dedicó a bombardearla con ecuaciones y teoremas. En su lugar, se dedicó a contar historias que eran ejemplos prácticos aplicables a una variada gama de situaciones que implicaban el uso de la estadística. La joven, a la que Richard Felder probablemente atribuiría un estilo de aprendizaje intuitivo, percibió las conexiones entre las historias y las tareas matemáticas necesarias para darles sentido. Por primera vez desde sus años en la escuela primaria, había «captado» el concepto que subyace bajo un proceso matemático. No fue suficiente para convencerla de que abandonara sus preferencias por el periodismo en favor de una jungla de patrones matemáticos, pero le ayudó a sobrevivir, e incluso a avanzar en la asignatura.

La clave para sacar el máximo provecho de tus capacidades es valorar tu estilo de aprendizaje para explorar la mayor cantidad de ámbitos posible. Una vez que hayas aceptado que el método para asimilar tus conocimientos es un componente esencial de ellos, podrás aplicarlo a tantas disciplinas como quieras.

Pon atención

La incapacidad para conectar con los estilos individuales de aprendizaje puede acarrear graves consecuencias para los niños durante su etapa escolar. Un ejemplo es la supuesta epidemia de trastorno por déficit de atención con hiperactividad (TDAH). No me interpretes mal. No estoy diciendo que no exista tal trastorno. Hay una práctica unanimidad entre los especialistas en salud. Lo que cuestiono es la tasa de diagnósticos. Los padres afirman que, en 2007, a casi un 10 por ciento de los 5,4 millones de niños entre los cuatro y los diecisiete años se les había diagnosticado el TDAH. El porcentaje de niños diagnosticados se incrementó un 22 por ciento entre 2003 y 2007. Las ratios de TDAH se incrementaron en un 3 por ciento anual entre 1997 y 2006, y una media del 5,5 por ciento entre 2003 y 2007. Una buena noticia para las compañías farmacéuticas. Según IMS Health, una empresa de información farmacéutica, los médicos estadounidenses extendieron 51,5 millones de recetas con medicamentos para combatir el TDAH en 2010, con unas ventas por valor de 7,42 billones de dólares, un incremento del 83 por ciento sobre los 4,05 billones de 2006.

¿Hay razones genuinas para un incremento en la incidencia del TDAH? Quizá. La dieta puede ser un factor condicionante, en especial el consumo masivo de comida procesada y bebidas azucaradas. Otro factor puede ser la atracción compulsiva por la cultura digital. Pasar horas delante de la pantalla puede ocasionar rápidos desvíos de la atención y una multitarea continua. Estos dos factores pueden ser los causantes del incremento en la diagnosis del TDAH. Y hay otros dos que sin duda lo son.

Ahora que el TDA y el TDAH están tan de moda, cada vez que un niño se muestra distraído o aburrido, siempre hay alguien que tiende a solicitar una prescripción facultativa. Algunos casos pueden ser genuinos; otros, no. Hay varios estudios que sugieren que en muchos casos el TDA y el TDAH han sido dictaminados tras una observación demasiado superficial.

También muchos niños se aburren y se distraen en la escuela no por tendencia natural, sino porque son niños y lo que les exigen les resulta a veces aburrido. Creo que fue la actriz y cómica estadounidense Phyllis Diller quien dijo que nos pasamos los tres primeros años de vida de nuestro hijo enseñándole a caminar y a hablar, y los siguientes doce años en la escuela diciéndole que se siente y se calle. No debería sorprendernos que a muchos de ellos les resulte difícil permanecer quietos. Los niños tienen mucha energía física y una profunda curiosidad por el mundo que les rodea.

A menudo pregunto a los padres a cuyos hijos se les ha diagnosticado TDAH si estos siempre experimentan problemas de concentración. La respuesta es, con frecuencia, negativa. Cuando los niños hacen algo que les encanta, se centran en ello durante horas, y rara vez levantan la vista. Pueden estar escuchando música, escribiendo poesía, jugando con animales o haciendo experimentos. No muestran el menor signo de TDAH cuando se encuentran en su Elemento. Si los padres, los profesores y el resto de los adultos nos adaptáramos y actuáramos según un concepto más amplio de la inteligencia y los estilos de aprendizaje, no tengo la menor duda de que muchos de los supuestos casos de TDAH desaparecerían.

Ser tú mismo

Resistirte a los estereotipos de la inteligencia en la educación y descubrir tus talentos ocultos puede alterar el curso de tu vida de forma muy profunda. Hans Zimmer es el compositor de más de un centenar de bandas sonoras para películas, y ha obtenido más de un Oscar de la Academia y premios Grammy por obras como *El rey león*, *El caballero oscuro*, *Gladiator* y *Origen*. Creció en Alemania e Inglaterra, y fue un niño problemático en todas las escuelas a las que asistió. Pasó sucesivamente por cinco centros educativos, y fue literalmente «expulsado» de todos ellos. Era intranquilo, se aburría y adoptaba una actitud disruptiva. No atendía, y su rendimiento era desastroso. No alberga la menor duda de que se le habría diagnosticado TDAH si tal diagnosis y su tratamiento farmacéutico correspondiente hubieran existido entonces. La única actividad en la que conseguía centrar su atención era la música, y no en la escuela, sino en casa, donde estaba rodeado de música. Allí, permanecía largo tiempo sentado al piano componiendo sus propias melodías.

Abandonó la escuela tan pronto como pudo, e intentó abrirse camino como músico de rock. Formó parte de diversas bandas, y finalmente obtuvo su primer éxito comercial en la década de los setenta como miembro de The Buggles, tras grabar el hit «Video Killed the Radio Star».

Por aquella época, ni se le había pasado por la cabeza componer bandas sonoras para películas, porque ni siquiera sabía leer, y sigue sin saber, la notación musical convencional. El punto de inflexión en su vida se produjo cuando alguien le pidió que le ayudara con un sintetizador Moog. Aquello fue una revelación para Hans. Se dio cuenta de que tenía un sexto sentido para esta nueva forma de generar sonidos, y quedó fascinado por su potencial. Siguió componiendo bandas sonoras para anuncios publicitarios y para pequeños films independientes, hasta que recaló en Hollywood. Allí se convirtió en uno de los compositores de bandas sonoras más prestigiosos del mundo, y los directores llaman constantemente a su puerta para conseguir sus apasionadas, sensibles y poderosas composiciones.

El estudio de Hans en Santa Mónica es una maravillosa mezcla de alta tecnología y despacho a la vieja usanza, a medio camino entre el control de misiones de la NASA y la biblioteca de una antigua casa solariega. Mientras nos sentábamos frente a la gran pantalla cinematográfica en HD y los ordenadores con los que compone, me explicó que sigue sin saber leer música en el sentido tradicional. «Pero si me colocas frente a un ordenador dotado de lenguaje musical computarizado, seguramente podré leerlo. Supongo que todos encontramos nuestros propios métodos para rediseñar los sistemas y ponerlos a nuestro servicio. Si ello significa reinventar la rueda, lo hacemos. El otro aspecto referente a mi trabajo que considero de especial importancia es el hecho de que me permite jugar.»

Zimmer empezó a tocar el piano a edad muy temprana, y enseguida comenzó a componer. El hecho de no saber leer música nunca fue un impedimento; incluso pudo ser una ventaja. Le hizo ver la música de una forma que muy pocos profesores podrían haberle enseñado. Zimmer aprendió de los maestros, pero no de los legendarios compositores clásicos. En cambio, se inspiró en los grandes arquitectos.

«Tengo buen instinto para los modelos, las formas y la arquitectura. Aquello que me inspira y sobre lo que escribo son las obras de arquitectos como Norman Foster y Frank Gehry. Me encanta admirar sus edificios y analizar cómo están montados. Muy a menudo, cuando observo las piezas que componen mi música, no la notación musical, por supuesto, sino en el ordenador, me fijo en la forma, y cuando la forma y los modelos tienen buen aspecto, normalmente suenan bien. Me encanta lo que hizo Norman Foster con el Reichstag de Berlín. Tomó un antiguo y horrible edificio alemán con una carga histórica negativa y lo remató con aquel asombroso alarde de modernidad. La forma en la que supo combinar lo antiguo con lo nuevo, ese es el concepto que tengo de mi propia música. Quiero decir que utilizo constantemente una especie de vocabulario clásico alemán al que añado una moderna tecnología, rock n'roll y electrónica.

»Es divertido, porque la gente dice: "¿Qué compositores te han influido?", y realmente los cito a todos. Pero también nombro a muchos arquitectos. No es que hayan influido, sino que me han inspirado. A la postre, lo que realmente importa no es quién te ha influido, sino quién te ha inspirado.»

Para Hans Zimmer, la música no solo era una pasión; era el sendero que conduce a una vida llena de sentido y de logros. Para encontrarlo tuvo que vencer muchos estereotipos, incluidas las ideas referentes a la inteligencia y al rendimiento en la educación, así como las técnicas tradicionales en música y composición. La música era muy importante en su casa y evidentemente tenía una especial predisposición para ella, pero sus extraordinarios logros llegaron a través de su respuesta a la llamada de su propio talento y de su disposición para explorar muchos otros ámbitos creativos por los cuales le llevó dicho talento.

Espera lo inesperado

Para encontrar tu Elemento tendrás que desafiar tus propias ideas y a ti mismo. Sea cual sea tu edad, seguramente habrás desarrollado una historia interior acerca de lo que sabes hacer y lo que no; de aquello en lo que eres bueno y en lo que no lo eres. Puede que aciertes, por supuesto. Pero tras todos los razonamientos que hemos introducido, puede ser que te engañes. Parte del acierto en la apreciación de dónde te encuentras en estos momentos surge de la comprensión de cómo has llegado hasta aquí. Así que, si dudas de tus aptitudes en algunos ámbitos, piensa en cómo surgieron las primeras dudas. ¿Pudo haber otros modos de desarrollarlos con los que habrías disfrutado más, o con los que te habrías sorprendido a ti mismo? ¿Y qué hay de las aptitudes que nunca utilizaste? ¿Cómo puedes descubrir aún más? Como siguiente paso en tu búsqueda, prueba con el siguiente ejercicio.

Ejercicio 6: Ramifica

- Confecciona un collage o lista de aptitudes que ves en otras personas, y que no sabes aún si las posees o no.

- Resalta aquellas que te interesaría investigar y desarrollar en ti mismo.
- Haz un collage o lista de actividades que se corresponderían con dichas aptitudes.
- Traza un círculo alrededor de las que te gustaría explorar.
- Haz una lista con los pasos prácticos que podrías dar para intentarlo.

Antes de pasar al próximo capítulo, he aquí algunas preguntas más:

- ¿Cómo piensas y aprendes mejor?
- ¿Alguien te ha sugerido alguna vez que podrías ser bueno en algo en lo que no habías pensado?
- ¿Alguna vez has evitado hacer algo por pensar que no serías suficientemente bueno?
- ¿Has intentado aprender algo en lo que «no eres bueno» de una forma diferente?
- ¿Hay algo en lo que piensas que podrías ser bueno si tuvieras la oportunidad de trabajar en ello de manera adecuada?

4

¿Qué te apasiona?

Si has estado haciendo los ejercicios hasta aquí y reflexionando sobre las preguntas, quizá empieces a tener una idea más definida de tus puntos fuertes y débiles, es decir, de tus aptitudes. Pero estar en tu Elemento no solo significa hacer cosas que se te dan bien. Muchas personas hacen cosas que se les dan bien, pero no les dan importancia. Para estar en tu Elemento, tienen que fascinarte. ¿Qué son las pasiones? ¿Por qué es importante que encuentres la tuya? ¿Y cómo puedes conseguirlo?

Muchas de las personas con las que he hablado sobre el Elemento dicen que tienen ciertos problemas con el concepto de pasión. Para algunas, esto se debe a que la palabra sugiere ojos brillantes y corazones latiendo desbocados y se preguntan si son capaces de sentir eso y durante cuánto tiempo. Para otros, la idea suscita nuevas preguntas. Estas son algunas de ellas:

- ¿Y si no tengo pasiones?
- ¿Y si me fascina algo para lo que no sirvo?
- ¿Y si lo que me fascina es moralmente dudoso?
- ¿Quién limpiará los servicios y hará el trabajo sucio?
- ¿Cómo sabré si he encontrado mi Elemento?

Responderé a cada una de estas preguntas hacia el final del capítulo. Para hacerlo, primero tengo que definir mi concepto de pasión, de qué manera se relaciona con otras ideas, como el amor o el espíritu y lo que realmente significan en relación con el Elemento.

Y antes de ocuparnos de ello, piensa primero en ti mismo y en las cosas que te encanta hacer, o no. Intenta hacer este ejercicio diseñado para analizar tus ideas sobre tus propias aptitudes.

Ejercicio 7: ¿Con qué disfrutas?

- Vuelve a revisar la lista que hiciste en el ejercicio cuatro sobre las cosas que se te dan bien. Repasa la lista de actividades que hiciste y a las que pueden aplicarse dichas aptitudes. Añade elementos o altera la lista a la luz del ejercicio cinco, y de otras ideas que se te hayan ido ocurriendo.
- Pregúntate cuáles de las cosas que se te dan bien:

    a) realmente disfrutas,
    b) no te importa hacer,
    c) no te gustan.

- Como antes, escoge un color distinto para cada una de las tres opciones, y resalta las cosas que se te dan bien según cada uno de estos criterios.
- En otra hoja de papel, traza tres columnas o círculos grandes, y haz una lista de las cosas que se te dan bien según estos criterios.

Ten a mano la segunda hoja de papel. Volveremos a este ejercicio para desarrollarlo a lo largo del capítulo. De momento, analicemos la idea de pasión a través de otra historia.

Sentirte apasionado

La mayoría de las personas dudaría en dejarle un martillo a un niño de cuatro años. Los riesgos son tanto ambientales como dentales.

Cuando el abuelo de Emily Cummins le dejó un martillo, no ocurrió nada catastrófico, pero aquello encendió su pasión.

«Me pasaba horas junto a mi abuelo en el cobertizo de su jardín —me explicaba—. Me sentía absolutamente fascinada por su creatividad, por cómo podía recuperar materiales de desecho y fabricar juguetes para mí y para mis primas. Cuando crecí, empezó a enseñarme. Empezamos clavando clavos en un banco de carpintero, y cuando estaba en la escuela secundaria, ya sabía utilizar el torno y fabricar mis propios juguetes. Hay algo fascinante en recuperar restos de materiales y experimentar la emoción, no solo de construir algo, sino de jugar con ello y sentirte recompensada por haberlo creado.»

Emily supo al instante que había encontrado su pasión, aunque en edad preescolar seguramente no lo interiorizó en estos términos. Sintió un «mariposeo», y se dio cuenta de que ninguna otra cosa podría fascinarla más. «Mi abuelo me inculcó la semilla de la creatividad, que espero no perder nunca. Me permitió hacer cosas que no todos los niños pueden hacer. Me dejó desmontar cosas y montarlas de nuevo. Me planteó pequeños desafíos, que me permitieron ser creativa buscando diferentes formas de hacer las cosas. Cuando mi abuelo se percató de mi interés, me guió con más ilusión, permitiéndome hacer más y más cosas. Me confió sus herramientas y me enseñó a utilizarlas. Cometí errores (casi me dejo el dedo en la lijadora) pero no puedo expresar la emoción que me embargaba. Si mi abuelo no me hubiera animado, jamás habría sabido qué era la tecnología, puesto que en la escuela no la enseñaban.»

Cuando entró en el instituto, Emily se apuntó a concursos de tecnología. Incluso reorientó sus objetivos. Si antes se trataba de inventar con la intención de fabricar juguetes para ella y para su prima, ahora quería fabricar cosas que solucionaran problemas del mundo real. Para su primer concurso importante, Emily pensó en las dificultades que su otro abuelo experimentaba al intentar extraer la pasta dentífrica del tubo debido a su artritis, y construyó un dispensador automático para él. «Me pusieron ante un tribunal de expertos industriales. Estaba aterrorizada, porque nunca me gustó hablar en público. Hice la presentación y los jueces empezaron a criticar mi trabajo. Saqué entonces una voz que nunca había sospechado que tenía. Creía en mi proyecto y realmente me apasionaba, y esa autoconfianza se transmitía. Acabé ganando porque consideraron que la pasión que demostraba por mi producto era muy diferente a lo que la mayoría de los alumnos estaban haciendo, como una estantería para la PlayStation, o cosas parecidas.»

Para su último concurso antes de ir a la universidad, decidió jugársela. «Decidí aceptar el ridículo desafío de crear un refrigerador sin electricidad. Mi profesora estaba realmente preocupada, porque sabía que era mi último esfuerzo antes de ir a la universidad. Me decía: "Si metes la pata ahora, tendrás dificultades". Pero ese era precisamente el desafío.

»Puse toda la carne en el asador. Me entrevisté con empresas. Investigué. Sabía que podía hacerlo, y me presenté con un refrigerador basado en la evaporación, que, como todo el mundo sabe, es una tecnología que lleva bastantes años en funcionamiento. ¡Jamás pretendí haberla inventado yo! Bien, el proceso implica transferencia de calor. Hay un compartimento completamente seco e higiénico y se puede utilizar agua sucia para enfriar el producto en la nevera.»

El proyecto fue un enorme éxito, pero la profesora tenía parte de razón cuando hablaba de su futuro en la universidad. Aunque la mayoría de las facultades habrían estado encantadas de admitirla, ella no lo tenía tan claro. «Mi corazón estaba en otra parte.» Aplazó su ingreso en la universidad, y comunicó a sus padres que se iba a África con su más sofisticada invención.

«Diseñé un plan de negocio. Nunca lo había hecho antes, así que hablé con mi profesor de administración de empresas y tracé un plan realmente sencillo. Acabé ganando cinco mil libras gracias a mi pasión y la fe en el éxito de mi producto. Hice algunos trabajos como voluntaria porque solo tenía dieciocho años, y aquello formaba parte del trato con mis padres. Me fui a Namibia y trabajé con un tipo que regentaba un albergue. Me llevó a la capital, Windhoek, donde probé el refrigerador. No se lo dije a mis padres, porque se habrían muerto del susto. Empecé a enseñar a la gente a fabricar mis refrigeradores. Utilicé recursos y materiales locales, y empecé a crear algunos negocios con aquellas mujeres a las que transmití mi idea. Actualmente, mi refrigerador es utilizado en toda Namibia, Sudáfrica, Zimbabue y Botsuana.»

Emily Cummins encontró su pasión a temprana edad, y continúa alimentándola de forma profunda. ¿Qué nos transmite la historia de Emily, y el resto de historias del libro, en referencia a la naturaleza de la pasión y su relación con el Elemento?

¿Qué es la pasión?

La palabra «pasión» tiene una historia interesante. Viene del antiguo griego *pashko*, y su significado original podría traducirse por «sufrir» o «soportar». Es esta última acepción la que los cristianos utilizan cuando hablan de la pasión de Cristo. Con el tiempo, ha adquirido casi el significado inverso. Pasión significa hoy día una intensa atracción personal por algo, una estrecha afinidad o entusiasmo que puede desembocar en un profundo gozo y plenitud. La pasión es una de las modalidades del amor, razón por la cual la gente que está en su Elemento afirma a menudo que ama lo que hace.

Hay muchos tipos de amor. Está el amor por la familia, el amor romántico, el sexual, el que sentimos por los amigos, por los lugares, por las cosas o por las actividades. En inglés, la palabra «amor» se utiliza para describir todo aquello por lo que uno se siente atraído, desde los donuts hasta el novio o la novia. ¿Qué tipo de amor sientes cuando estás en tu Elemento?

Afortunadamente, algunos idiomas hacen sutiles distinciones que pueden ayudarnos. En la antigua Grecia, por ejemplo, existían cuatro palabras para designar el amor. *Agape* es un sentimiento de buena voluntad hacia la humanidad en general y por aquellos a los que tenemos en alta estima. La palabra más cercana en inglés es «caridad», en su sentido original de amor desinteresado por los demás. *Eros* es el amor romántico y la atracción sexual hacia otra persona. *Storge* se refiere al afecto natural de los padres por sus hijos y viceversa, y el amor por los seres queridos, incluidos los amigos. *Philia* es la amistad y la lealtad para con los demás. También significa atracción natural por cosas o actividades en particular.

Philia es el origen de los sufijos españoles «filo» y «filia», que indican una especial afinidad por algo, como en «bibliófilo», amante de los libros; «francófilo» o amante de todo lo francés, o «hidrofilia», atracción por el agua. Los hay menos comunes, como «dromofilia», afición a atravesar las calles, o «sesquipedalofilia», que, haciendo honor a su extensión, significa afición por las palabras largas.

Es difícil separar por completo los significados de agape, eros, storge y philia. Desde tiempos antiguos se han venido utilizando de forma solapada. Aun así, philia está más cerca de lo que solemos tener en mente cuando hablamos de amor a la cocina, a la arqueología, al atletismo, al espíritu emprendedor, a la enseñanza o a cualquier actividad que encienda nuestra imaginación o avive nuestra energía.

La palabra clave aquí es energía. Todo en la vida es energía: sin energía no hay vida. La pasión es el poder de la energía espiritual positiva.

Dos tipos de energía

Mientras buscas tu Elemento, te será de utilidad distinguir dos tipos de energía, aunque están íntimamente relacionados: la energía física y la energía espiritual.

Tu energía física se relaciona con tu salud y cómo cuidas tu cuerpo. Si comes mal, bebes demasiado alcohol, tomas determinados tipos de drogas, haces poco ejercicio o duermes mal, tu cuerpo te lo hará saber tarde o temprano. Si tienes una enfermedad, tu energía se verá trastornada de algún modo. Los esfuerzos también afectan. Si corres una maratón, aunque tu forma física sea envidiable, tendrás mucha menos energía al final que antes de empezar.

Pero existen otros factores que afectan a tu energía sea cual fuere tu condición física. Tienen que ver con la motivación, con los estados de ánimo y los sentimientos, con la visión de tu propia vida y con tus objetivos. También con tu espíritu. Por «espíritu» entiendo tu exclusiva fuerza vital, y el sentido en el que afecta a las fluctuaciones en tu estado de ánimo.

En un día normal, tu energía física puede fluctuar según la actividad que estés realizando y los cambios en tu estado de ánimo. Si estás haciendo algo que te encanta, al final del día te encontrarás físicamente cansado, pero espiritualmente cargado de energía. Si te pasas el día haciendo cosas que no te importan, puede que estés bien físicamente, pero espiritualmente desanimado y que te encuentres alargando la mano hacia una botella de alcohol. La pasión tiene que ver con todo aquello que alimenta la energía espiritual, en lugar de consumirla.

Mi hermano mayor Ian es un gran músico. Ha tocado la batería en bandas de rock desde que tenía catorce años y también toca teclados y la guitarra a nivel profesional. La música es la principal pasión de su vida, pero nunca ha sido su principal fuente de ingresos. Es por ello que montó su propio negocio. La música siempre ha discurrido en paralelo a su vida profesional. Toda su vida ha estado tocando con bandas y alternándolo con su trabajo; tocaba a menudo hasta altas horas de la noche, llegaba a casa pasadas las doce tras un largo viaje de vuelta, y sabiendo que tenía que levantarse temprano para ir a la oficina al día siguiente. Incluso tras el esfuerzo de un día duro, se ha pasado horas en su estudio tocando, escuchando y practicando. Para Ian, una vida sin música sería inimaginable. La música alimenta su espíritu, aunque esté físicamente agotado.

Es imposible dividir de forma categórica las actividades entre las que elevan nuestro espíritu y las que no lo hacen. Todas las actividades pueden levantar pasiones o alergias. A mí me ocurre cuando voy de compras. Tengo amigos (y familiares) a los que les encanta ir de tiendas. A una amiga le gusta tanto que está considerando la posibilidad de buscar clientes a los que asesorar en la adquisición de prendas de vestir y mobiliario. Yo no me podría imaginar en su lugar. Para empezar, no tengo la menor idea, y perdería al cliente tras la primera compra. Pero es que también me deprimo físicamente. En cuanto traspaso el umbral de una tienda de ropa, pierdo hasta las ganas de vivir. Se me caen los hombros, se me entristece la mirada y tengo que sentarme para aguantar el fuerte peso de mi corazón. Mientras mi alma se asfixia en los outlets, veo a los demás respirando su atmósfera vivificadora en pleno éxtasis ensoñador.

Piensa en cualquier actividad, y encontrarás personas que no se imaginan a sí mismas haciendo nada más, y otras que no podrían soportar nada peor. En una ocasión hice la siguiente pregunta en mi cuenta Twitter: «¿Conoces a alguien que le entusiasme un trabajo que tú no podrías soportar?». Me llovieron las respuestas. Su variedad ilustraba perfectamente el tema. Algunos respondieron inmediatamente: «¡Mi proctólogo!». Hay que tener bastante energía espiritual para imaginar las inevitables situaciones que te vienen a la mente. Los proctólogos son un componente vital de la práctica médica. El cáncer de colon es la tercera modalidad de cáncer más diagnosticada en hombres y mujeres, y su detección precoz es vital. No podría imaginarme un mundo sin proctólogos, y la mayoría te dirán que su trabajo les apasiona. Dicho esto, tampoco es, por cierto, una profesión que cualquiera pueda desempeñar.

Una mujer dijo que tenía un amigo absolutamente enamorado de su trabajo: transitar por las alcantarillas. Se trata también de un trabajo esencial en la sociedad moderna, aunque no muy deseado, habrá que admitirlo. Pero a él le encantaba. Otra mujer escribió que la visión de una excursión por la jungla era la peor de sus pesadillas, aunque para muchos la vida en los grandes espacios abiertos sería un sueño hecho realidad. Me hizo recordar a la gran actriz y bailarina británica Marti Caine, quien una vez le confesó a mi mujer, Therese: «Si no puedo hacerlo con tacones de palmo, no me interesa».

Otros trabajos en los que muchas personas no se imaginarían ni en sueños incluían a los contables, los abogados, las enfermeras y los policías. Poca gente confesó sentirse atraída por ellos. Es curioso, pero una de las respuestas más comunes fue «profesor». Muchos aseguraban que les encantaba enseñar, aunque otros tantos juraban que no durarían ni una semana. Casi todos los profesores que aseguraron sentirse apasionados por su trabajo dijeron que tenían amigos que no entendían cómo podían hacerlo. Uno de ellos lo vio de esta forma:

«Una pregunta que suelen hacerme, especialmente mis antiguos alumnos y muchos amigos, es: "¿Por qué enseñas?". "¿Por qué escoger este trabajo?". Normalmente respondo con otra pregunta:

"¿Por qué no? ¿Por qué no enseñar?". "¿Por qué no debería hacer lo que me apasiona?". Es como preguntar a mi padre o a mi abuelo por qué eran granjeros. Su pasión despertó a una edad muy temprana, lo hacían bien, y continuaron haciéndolo. No para enriquecerse u obtener mayor consideración, sino simplemente porque les gustaba hacerlo. Tanto que ni siquiera lo consideraban un trabajo: es algo que los definía de forma directa. Mi abuelo tiene ahora ochenta y dos años y aún sale al campo. ¡Ochenta y dos! Llueva, nieve, haga viento o granice, con sus dos rodillas de titanio, sus dos caderas de titanio ¡y a la espera de dos hombres de titanio! ¿Está loco? ¿Ha perdido la chaveta? No. Es parte de su vida y de su identidad, y dejarlo sería perder una parte de sí mismo.»

La clave está en que encontrar tu Elemento y acomodarte en él significa conectarte a tu propia energía espiritual. Pongamos otro ejemplo.

Héroe de la guitarra... de artesanía

Emily Cummins descubrió sus pasiones cuando era muy joven. Randy Parsons tardó un poco más. Cuando estaba en el instituto, sus amigos le decían que se convertiría en una estrella del rock. Creció en la región de Seattle, y realmente destacaba con la guitarra. Cuando se graduó ya era plenamente consciente de que nunca llenaría estadios y que le faltaba talento para convertirse en un artista de categoría. Le apasionaba la música, pero no veía futuro en ella. Cuando entró en el mundo de los adultos, se alejó de sus queridas seis cuerdas. Completamente. Vendió sus guitarras, se enroló en el ejército, encontró trabajo en la fiscalía, y no volvió a mirar atrás.

El problema es que no se sentía completo. «Era relativamente feliz —me comentó—, «pero creo que, como a la mayoría de la gente, me faltaba algo. Me decía a mí mismo que así era la vida. Mantenía la cabeza alta, e intentaba hacerlo lo mejor posible. Era otra persona. Es como cuando te estás casando con la mujer equivocada pero aun así sigues adelante. Había una sensación de vacío que intentaba sobrellevar y, aunque trataba de valorar lo que tenía, me faltaba algo. Pasé cinco años más desempeñando mi trabajo, pero había algo en mi interior que no sabría definir, algo que me decía que aquel no era el camino.»

Randy podría haber seguido así el resto de su vida. Lo hacía bien. Sus jefes lo apreciaban. Había posibilidades de promoción. Podría haber intentado convencerse a sí mismo de que era «otra persona», y de que no necesitaba ninguna pasión para sentirse vivo. Afortunadamente, tomó otra decisión.

Una mañana, durante la ducha, «todo mi futuro pasó por delante de mis ojos. Fue un auténtico regalo, porque percibí en una fracción de segundo no solo lo que debía hacer, sino cómo podría hacerlo. Me vi a mí mismo como un famoso fabricante de guitarras, construyendo instrumentos para mis héroes. La visión fue tan intensa que me quedé temblando. Me sequé tan rápido como pude y me dirigí a la ferretería para adquirir algunas herramientas. Ni siquiera sabía qué comprar. Tenía trescientos dólares en mi cuenta, y me compré una pequeña sierra de cinta, pegamento y un martillo. Corrí a casa, me metí en el sótano y lo convertí en una carpintería. Me pasé literalmente dos años allí, estudiando cómo construir guitarras.»

Randy no tenía la menor idea de que poseía talento para convertirse en un luthier de prestigio internacional —nunca había destacado en la asignatura de taller—, pero le invadía un insaciable deseo de convertir en realidad la visión que había tenido en la ducha. Se pasó los dos años siguientes cortando madera en su tiempo libre. Evolucionaba con el instrumento, cometía un error, aprendía del error y volvía a empezar con un nuevo trozo de madera. «Mi esposa y el resto de mi familia se preguntaban por qué no acababa las guitarras. Yo les decía que no me importaba. Llegaba hasta donde podía, y cuando la estropeaba, la desechaba y continuaba.»

Transcurridos dos años, aún no había acabado una sola guitarra, pero sabía que había aprendido lo suficiente para abrir un taller de reparaciones dentro de una tienda de música. Dejó su trabajo, capitalizó su plan de jubilación y se dedicó a su nueva pasión. Mientras, seguía trabajando, introduciéndose cada vez más en la técnica de fabricación de guitarras. Sabía que la guitarra española era la expresión más perfecta del instrumento, así que decidió engullir una buena cantidad de comida mexicana y aprender español para adquirir la mentalidad necesaria. Escogió para ello a un profesor local, y cuando este le preguntó por qué quería aprender español, Randy se lo explicó. El profesor sorprendió a Randy cuando le dijo no solo que conocía al legendario luthier Boaz, al que Randy se refería como «un gitano itinerante fabricante de guitarras para estrellas del rock», sino también que Boaz había recalado en Tacoma para elaborar una colección especial de guitarras cuyo secreto de fabricación apenas era conocido.

«Al día siguiente me dirigí a Tacoma y empecé a trabajar con él. Boaz me enseñó a conocer la madera, pero también a manipularla. Si no hubiera trabajado durante dos años en mi sótano, no habría sabido de qué estaba hablando. Pero la experiencia anterior me ayudó a captar todo lo que me decía. Me tomó bajo su protección y me enseñó los secretos de su técnica, como llevarme un trozo de madera a la nariz y olerla para determinar si ya estaba lista para la fabricación, o averiguar si la resina había cristalizado y estaba preparada para reflejar las tonalidades.»

Randy pasó gran parte del año siguiente aprendiendo de Boaz y ocupándose de su negocio de reparación. Estaba tan a gusto con los aspectos financieros del negocio como con el trabajo en sí. Quería crear su propia marca y comercializar su trabajo. Cuando la cadena de tiendas de música Guitar Center abrió una sucursal en Seattle, Randy vio una oportunidad para multiplicar el tamaño de su negocio.

«Había un almacén vacío al lado del taller. Les dije que me gustaría remodelar una parte, ya que ellos no lo utilizaban. Entré y tomé algunas fotografías. Por entonces ya tenía diseñada mi tarjeta comercial; era negra con una línea roja en el borde superior. También fotografié algo que vi al fondo del almacén. Alguien había colocado una gran lona negra en cuya parte superior había una bandera roja. ¡Mi tarjeta colgando en el almacén! Entonces decidí que mi negocio estaría exactamente allí.» Randy tardó solo un mes en abrir su tienda.

Desde entonces, Parsons Guitars ha adquirido reputación internacional. El guitarrista de los White Stripes, Jack White, fue la primera estrella de rock que adquirió uno de sus productos, e incluso mencionó a Randy en el documental de Davis Guggenheim *It Might Get Loud*. Desde entonces ha tenido numerosos encargos. «Cuando era adolescente, mi ídolo era Jimmy Page. Hace dos años estaba en Los Ángeles, en su hotel, entregándole una guitarra. Y ahora estoy construyéndole otra.» Randy ha abierto ya cinco sucursales de Parsons Guitars en la región de Seattle.

Hace años, Randy Parsons no tenía la menor idea de que su pasión era la elaboración de guitarras. Hoy día está considerado como uno de los mejores luthiers del mundo. Para él la moraleja está clara: «Tienes que encontrar algo que te apasione tanto que te obligue a convertirte en el mejor. No me importaba si sería rico o pobre. Tenía que hacerlo. Era lo que me hacía feliz. Cuando cortaba trozos de madera en el sótano, sentía como si algo guiara mi mano y me dijera cómo tenía que hacerlo. No tenía la menor duda de que estaba en el camino correcto».

Si le hubieran preguntado a Randy Parsons qué le gustaba cuando tenía diecisiete años, seguramente habría respondido que tocar la guitarra. No obstante, Randy tenía una pasión más profunda que no había llegado a explorar cuando soñaba con convertirse en una estrella de la guitarra: amaba la belleza física del propio instrumento. Una vez descubierta su pasión, pudo crearse un modo de vida que le permitió dedicarse a ello cada día. Siendo fiel a sus pasiones, Randy Parsons estaba siendo fiel a sí mismo, a su propio espíritu. ¿Y en qué consiste eso exactamente?

Ser fiel a tu espíritu

Vivimos en dos mundos: el mundo de nuestra propia conciencia y el mundo de la gente y de lo que ocurre a nuestro alrededor. Nuestro sentido común nos dice que cada uno de nosotros tiene su propia «esencia». Yo lo sé a partir de mi experiencia como ser vivo. Mi conciencia es a veces un flujo constante de pensamientos, sentimientos, sensaciones y estados de ánimo. Como tú, soy capaz de moverme en diferentes niveles de conciencia, voluntaria o involuntariamente, desde mirar indolentemente la televisión hasta centrarme en una conversación importante, y de perderme en ensoñaciones a disfrutar de la cercanía de mi familia o a tratar de organizar mis ideas para este libro.

Aunque sean todos diferentes, no dudo de que hay un «yo» continuo, un «ser» que está viviendo estas experiencias y siendo consciente de ellas. Deduzco que a ti te ocurre lo mismo. ¿En qué consiste este ser? ¿Eres consciente de él, o es precisamente tu misma conciencia? Y, por cierto, ¿qué es la conciencia?

En el sentido más obvio, la conciencia es lo que pierdes cuando te duermes y lo que recuperas cuando despiertas. En un sentido más profundo, tu conciencia es esencialmente lo que eres; es tu espíritu. Hay tres palabras comúnmente utilizadas cuando discutimos sobre aspectos del espíritu humano: «mente», «personalidad» y «conciencia». Su definición suscita todo tipo de complejidades que se solapan de múltiples formas, pero déjame decirte lo que yo entiendo por ellas. La «mente» es para mí el flujo interior de pensamientos, sentimientos y percepciones de los que eres consciente e intentas controlar en tus horas de vigilia. La «personalidad» es la actitud y disposición general hacia ti mismo y hacia el mundo que te rodea. La «conciencia» sería el reconocimiento de ti mismo como ser vivo.

La conciencia es en este sentido una idea más amplia que las de mente o personalidad. Ambas forman parte de tu conciencia, pero no representan su totalidad. En cierto modo, los continuos pensamientos de tu mente y las preocupaciones de tu personalidad pueden impedirte la experiencia de estados más profundos de conciencia, y oscurecer tu auténtico espíritu.

Concibo la energía espiritual a partir de tres niveles: el espíritu dentro de nosotros, el espíritu entre nosotros, y el espíritu que trasciende en nosotros. Los dos primeros no requieren creencias metafísicas; el tercero sí.

El espíritu en nosotros

A través del tiempo se ha dado por sentado que cada uno de nosotros tiene una fuerza vital, una energía que anima nuestra conciencia individual. Hay muchas palabras en otros idiomas que definen este espíritu dentro de nosotros. En la cultura hindú y yogui, el término sánscrito *prana* significa fuerza vital, la energía que sustenta a todos los seres vivos, una idea cercana al tradicional concepto chino de *qi* o *chi*, que a grandes rasgos significaría fuerza vital, o flujo energético. También significa literalmente «respiración» o «aire». En la cultura japonesa, el término equivalente es *ki*, en la polinesia, *mana*, y en el budismo tibetano *lung*, que también significa «viento» o «respiración». La palabra hebrea *nephesh* habitualmente se traduce por «alma». Su significado literal es también «respiración». El antiguo vocablo griego *psyche*, como en psicología, suele utilizarse para referirse a la mente y a la conciencia humanas. El sentido literal de psyche es «vida».

De dónde procede exactamente tu espíritu y cómo se relaciona con tu cuerpo en general y con tu cerebro en particular son cuestiones desconcertantes que se hallan en la base misma de la ciencia, de la filosofía y de la religión. El cerebro es infinitamente complejo. Se calcula que un centímetro cúbico del cerebro humano, es decir, el tamaño de la punta de tu dedo meñique, contiene más conexiones que estrellas hay en la Vía Láctea. Tal como afirma el neurocientífico David Eagleman, nuestros esfuerzos por entender nuestro propio cerebro son como un ordenador personal haciendo girar su cámara sobre sus propios circuitos e intentando entenderse a sí mismo.

El hecho de que estés consciente depende de tu actividad cerebral es un hecho fácil de demostrar. En la serie inglesa *La víbora negra*, protagonizada por Rowan Atkinson, Víbora Negra es un intrigante consejero de la corte de Isabel I de Inglaterra, en el siglo XVI. En uno de los episodios, la reina le ordena preparar la ejecución de uno de sus enemigos. Tras la ejecución, Víbora Negra pregunta a su lerdo ayudante Baldrick si el hombre está muerto. Baldrick responde: «Bueno, le hemos cortado la cabeza. Normalmente es suficiente...». Y así es.

Si extraemos o dañamos tan solo una pequeña parte del cerebro, la mente, la personalidad y la conciencia pueden quedar alteradas en su totalidad. Las drogas, el alcohol y la enfermedad pueden cambiar la estructura química del cerebro, y el modo en que pensamos o sentimos. Para algunas personas, de eso se trata, por supuesto.

Aunque tu conciencia depende de tu cerebro, no queda reducida a él. Como el propio cerebro, la conciencia es una función del cuerpo en su totalidad. Por ejemplo: el cerebro en sí mismo no siente. Experimentamos nuestros sentimientos, no como sacudidas que se producen dentro del cráneo, sino como sensaciones en las extremidades, en los intestinos o en el corazón. Expresamos nuestros sentimientos mediante gestos físicos, expresiones faciales y tonos de voz. Las tensiones se perciben a menudo como síntomas físicos: como mariposas en el estómago y dolores en el cuello. Algunas manifestaciones físicas son consecuencia directa de estados mentales.

Para algunos científicos y filósofos, los prolongados procesos de la evolución y la resultante complejidad de nuestros cuerpos y cerebros son suficientes para explicar la aparición de la conciencia. No ven la menor necesidad de buscar explicaciones metafísicas. La conciencia simplemente ha evolucionado en los seres humanos a lo largo de millones de años, al igual que el pulgar oponible y la visión binocular.

Aun así, la ciencia no ha llegado a un acuerdo general sobre la naturaleza de la conciencia y qué es exactamente lo que nos hace ser como somos. No explica las cualidades del ser humano, el placer que sentimos ante la música, la poesía o el baile, nuestra pasión por crear bellos objetos y elaboradas teorías, o la desbordante euforia del primer amor. Tampoco las múltiples formas de vincularnos con el espíritu de los demás.

El espíritu entre nosotros

Cuando te gusta o amas a alguien, puedes sentir cómo se eleva tu espíritu. Si ocurre lo contrario, tu energía puede mermar. Nuestras metáforas cotidianas expresan este sentido de la conexión con el espíritu de los demás. Hablamos de compartir la misma «onda» con alguien, y las energías pueden acoplarse tan bellamente que incluso podemos acabar las frases del otro. En una conversación, podemos estar tan poco «sintonizados» con alguien que malinterpretamos todo lo que nos decimos. Esta sensación de conexión o de falta de ella está en la base de la naturaleza humana y de sus relaciones y no solo en el mundo que nos rodea.

Los que se dedican a la interpretación hablan de momentos cumbre, en los que sus energías están perfectamente sintonizadas con las de la audiencia. El guitarrista Eric Clapton dice que es esencial que el artista y su público «se rindan» durante un concierto. «No sé explicarlo realmente, excepto desde un punto de vista físico. Es una masiva descarga de adrenalina que se produce en un momento determinado. Normalmente es una experiencia compartida; no podría vivirlo de forma individual... No es un fenómeno experimentado solo por el músico; implica a todos los que participan de la misma experiencia. Todos parecen estar unidos en un solo punto; se alcanza entonces la completa armonía, en la que todo el mundo está escuchando exactamente lo mismo, sin interpretaciones subjetivas ni ángulos diferentes. Todos se ven transportados al mismo lugar... puedes llamarlo unidad, una palabra muy espiritual para mí. Todos somos uno en ese punto, en ese preciso momento, no por mucho tiempo. Por supuesto, cuando te das cuenta, el momento ya ha pasado.»

Nuestras conexiones con las energías ajenas no requieren que todos compartamos el mismo espacio. Una madre puede intuir que su hijo se encuentra mal sin estar en la misma habitación. A un nivel más general, nos vemos afectados por cambios en la moda, en los hábitos y en los valores, así como en formas de pensar de un conjunto de población. El psicólogo Carl Jung tenía en la mente este tipo de dinámicas cuando acuñó el término «inconsciente colectivo». Los alemanes lo llaman *Zeitgeist*: el espíritu de la época.

El espíritu que trasciende en nosotros

Para algunos pensadores seculares, y para todos los religiosos, el espíritu es mucho más que la fusión del cerebro y el sistema nervioso. Para todas las tradiciones religiosas, el espíritu no es un subproducto de la biología, sino parte integrante de una energía más poderosa, más allá de nuestra capacidad de comprensión cotidiana. En la tradición judeocristiana, el «alma» es una esencia imperecedera que persiste tras la muerte corporal. En el budismo, el término más parecido al de alma es *anatta*, que podría traducirse como «no alma», o «no ser». No son conceptos tan opuestos como podría parecer. El budismo acepta la existencia de un elemento trascendente que sigue viviendo tras la muerte, aunque en constante evolución hacia nuevas formas. Los hindúes utilizan la palabra sánscrita *aatma*, que define al ser individual relacionado con el Brahmán o Supremo Ser del Universo y forma parte de él. El jainismo habla de *jiva*, equivalente al ser vivo individual en contraste con Shiva o Vishnu, el Ser Supremo. El Islam utiliza el término *ruhi*.

Eckhart Tolle, tras analizar numerosas tradiciones espirituales, afirma que la mente consciente, o ego, como él la llama, es una parte insignificante de lo que realmente somos. Y también nuestro espíritu es solo una parte de la gran energía divina. Para conectar con tu auténtica esencia y con la divinidad, debes calmar las exigencias de tu mente y de tu ego. «Una vez se ha logrado cierto grado de Presencia, de calma y de estado de alerta en las percepciones humanas —escribe Tolle— es cuando el hombre puede percibir la divina esencia vital, la conciencia y el espíritu que habitan en cada criatura y en cada forma de vida, reconocerlas como parte de su propia esencia, y llegar así a amarlas como a sí mismo. Hasta que esto sucede, la mayoría de los hombres perciben solo las formas externas sin ser conscientes de su esencia interior, ni de su propia esencia como seres humanos, y tan solo se identifican con sus formas físicas y psicológicas.»

Esta experiencia trascendente está en la base de muchos sistemas de creencias. Creer o no en la dimensión metafísica de nuestro espíritu depende de cada uno. Sea cual sea tu opinión, ser fiel a tu espíritu aquí y ahora forma parte de lo que se entiende por encontrar tu Elemento. ¿Y por qué es importante?

Sentirte positivo

Durante los últimos trescientos años, la visión predominante en toda la cultura occidental ha sido que la inteligencia tiene que ver con ciertas formas de lógica y razonamiento. Los sentimientos estaban considerados como algo perjudicial y perturbador. En parte es por eso por lo que la historia de la psicología y de la psiquiatría en los últimos cien años se ha ocupado mayoritariamente de los trastornos emocionales y de las enfermedades mentales. La ciencia está descubriendo actualmente dos cosas que los artistas y los líderes espirituales ya sabían: que nuestros sentimientos y emociones son vitales para nuestra calidad de vida, y que existe una estrecha relación entre lo que pensamos y lo que sentimos.

Hay una diferencia entre los sentimientos negativos y los positivos. Los negativos incluyen el odio, la ira, el miedo y el desprecio. Los positivos incluyen la alegría, la compasión, la felicidad y el placer. George E. Vaillant es un psicoanalista y psiquiatra de la Universidad de Harvard. En *Spiritual Evolution* establece una sólida defensa de las emociones positivas y su rol en el bienestar humano. Afirma que la ciencia moderna ha acabado aceptando la importancia de las emociones, pero, aun así, sigue insistiendo en las emociones negativas por encima de las positivas. En 2004, «el texto americano más influyente, *The Comprehensive Textbook of Psychiatry*, de medio millón de líneas de extensión, dedicaba entre 100 y 600 líneas a cada uno de estos sentimientos: la vergüenza, la culpa, el terrorismo, la ira, el odio y el pecado; miles de líneas a la depresión y a la ansiedad; pero solo cinco a la esperanza, una al gozo y ni una sola a la fe, a la compasión o al perdón».

Desde el punto de vista evolutivo, las emociones negativas se originan en las partes más antiguas del cerebro humano y están especializadas en la supervivencia individual. Las emociones positivas son las que nos vinculan unos a otros como seres humanos. «Las emociones positivas son más expansivas y nos ayudan a innovar y a construir —dice Vaillant—, amplían nuestra tolerancia, expanden nuestra brújula moral y realzan nuestra creatividad... Los experimentos han demostrado que las emociones negativas restringen la capacidad de atención... mientras que las positivas, especialmente la alegría, flexibilizan los patrones de pensamiento y los vuelven mucho más creativos, integradores y eficientes.»

Obsesionarse con los sentimientos negativos puede dañar nuestro bienestar físico y espiritual. Pueden causar estrés en nuestro cuerpo y angustia en nuestro espíritu. Conectar con las emociones positivas produce el efecto inverso: mejora nuestra salud física y nuestro bienestar espiritual. Vaillant atribuye en parte nuestro sentido de la espiritualidad a la naturaleza única del cerebro humano, y a nuestra capacidad innata para experimentar emociones positivas. Vaillant lleva treinta y cinco años dirigiendo el Harvard Study of Adult Development. «Durante los primeros treinta años dedicados al estudio —dice— aprendí que las emociones positivas estaban íntimamente ligadas a la salud mental. En los últimos diez años he llegado a la conclusión de que las emociones positivas no pueden distinguirse de lo que la gente entiende como espiritualidad.»

Estar en tu Elemento consiste en conectar con los sentimientos positivos que expresan y alimentan tu energía espiritual. Un modo de descubrir las raíces de estos sentimientos y de encontrar tu Elemento es practicar la atención plena. Estas prácticas están basadas en los principios y técnicas de la meditación que ya sugerí en el capítulo uno.

La psicología positivista es un movimiento que defiende la importancia de conectar con nuestros sentimientos positivos. Uno de sus objetivos es promover una mayor concentración. Se trata de ir más allá de la charla diaria con nuestra mente y de la inacabable lista de tareas y ansiedades que a menudo nos dominan para llegar a un sentido más profundo de nuestro ser y nuestro objetivo vital. En *Fully Present: The Science, Art and Practice of Mindfulness*, Susan Smalley y Diana Winston afirman que «aprender a vivir conscientemente no significa vivir en un mundo perfecto, sino llevar una vida plena y equilibrada en un mundo en el que la alegría convive con los desafíos. Aunque la práctica de la atención plena no nos evita los altibajos en la vida, sí puede cambiar el modo en el que experiencias como la pérdida del empleo, el divorcio, las peleas en el hogar o en la escuela, el nacimiento, el matrimonio, la enfermedad y la muerte influyen en nosotros... En otras palabras, el modo en que cambia nuestra relación con la vida».

Se ha demostrado que la práctica de la atención plena ejerce numerosos efectos positivos que incluyen:

- reducción del estrés.
- reducción del dolor crónico.
- fortalecimiento del sistema inmunológico para luchar contra las enfermedades.
- superación de acontecimientos dolorosos, como la pérdida de un ser querido o una enfermedad grave.
- gestión de las emociones negativas.
- incremento de la autoconciencia para detectar pautas de conducta dañinas.
- mejora de la atención y la concentración.
- fortalecimiento de las emociones positivas, incluidas la felicidad y la compasión.
- incremento de las habilidades en la relación interpersonal.
- reducción de las conductas adictivas.
- mejora en la productividad laboral, en el deporte y en el estudio.
- estimulación y liberación de la creatividad.
- cambios en la estructura actual de nuestro cerebro.

La práctica de la atención plena se basa en numerosos antiguos principios de la meditación. Puede ser muy beneficiosa en sí misma, y uno de los instrumentos que nos ayudarán a conectar con nuestra auténtica espiritualidad y nuestras emociones positivas. Puede por tanto ayudarte a encontrar tu Elemento.

Preguntas más frecuentes

Déjame volver a las preguntas que me formulan con más frecuencia con respecto a las pasiones, y que ya mencioné al principio de este capítulo.

¿Y SI NO TENGO PASIONES?

Hay mucha gente que no es consciente de sus propias pasiones, pero es rara la persona que no las tiene. Algunas disponen de una limitada gama de sentimientos. Hay sociópatas y psicópatas a los que les faltan algunas de las emociones más habituales, especialmente la empatía para con los demás. Hay un grupo aún más amplio que, debido a un trauma o a una depresión, ha perdido todo contacto con sus sentimientos positivos. Pero haber perdido la conexión con nuestra emociones, o desconocerlas, es muy diferente de no tenerlas.

El director de la Boston Philarmonic, Benjamin Zander, establece una comparación con la gente que asegura no tener el menor oído musical: «Un sorprendente número de personas piensa que no tiene oído. Suelo oír a menudo el famoso "¡Mi marido es un ladrillo!". De hecho, tal cosa es imposible. Nadie carece de oído musical. Si realmente fuera así... no podríamos distinguir entre alguien de Texas o de Roma. Si tu madre te llama por teléfono y te dice "hola", no solo sabes de quién se trata, sino incluso cuál es su estado de ánimo. Todos tenemos un oído fantástico».

Zander también afirma: «A todos nos gusta la música clásica, solo que muchos aún no lo saben». Yo creo que esto es aplicable a muchas de tus pasiones potenciales. El truco está en seguir buscando.

¿Y SI ME FASCINA ALGO PARA LO QUE NO SIRVO?

Sean cuales fueren tus aptitudes, la pasión es la mayor fuente de éxito. La aptitud es importante, pero a menudo la pasión lo es más. La razón por la que yo no progresaba con el piano o la guitarra es que no sentía la suficiente pasión por ellos. Si realmente te apasiona algo, el afán de perfeccionamiento será constante.

De igual forma que vivimos en dos mundos, también hay dos tipos de motivación: externa e interna. Puedes estar haciendo algo porque es una exigencia externa, porque hay que pagar las facturas, resolver problemas prácticos, o porque lo requiere tu trabajo o tu educación. O puedes hacerlo por tus intensas motivaciones internas, ya sea el placer inherente, el gozo o la plenitud que te ofrece. Sacamos lo mejor de nosotros mismos cuando tenemos fuertes motivaciones internas.

Teresa Amabile es una de las mejores especialistas mundiales en creatividad, y confirma la poderosa relación entre logro y pasión.

«La gente es más creativa cuando se siente apasionada por lo que está haciendo —dice Amabile—, cuando se siente personalmente implicada y emocionada por la tarea y cuando el nivel de disfrute es considerable. Incluso en las fases en las que no puede percibirse la diversión porque hay un arduo trabajo de por medio, el nivel de compromiso sigue siendo muy alto.» Si quieres ser realmente creativo, añade, «no deberías centrarte solo en tu talento, y decidir que no puedes hacer nada creativo en determinado ámbito porque ves a otras personas con más talento que tú.»

Necesitas tener aptitudes para lo que haces, pero la auténtica diferencia viene marcada por la pasión. Después de todo, como dice Amabile: «Hay mucha gente con un talento increíble que nunca consigue nada».

Por cierto, puedes ser mejor de lo que crees en lo que realmente te gusta. Quizá estés subestimando tu talento porque eres demasiado exigente contigo mismo. Eso es bueno, a no ser que el perfeccionismo y la autocrítica constante acaben por paralizarte. Si estás empezando a pintar, no sirve de nada que te compares con la obra de madurez de los grandes maestros del Renacimiento. Llegar a dominar una disciplina exige tiempo y esfuerzo. Si estás en el camino correcto, gran parte del placer está en transitarlo. Deberías sentirte inspirado por los que han avanzado más, y no desanimarte por todo el camino que aún debes recorrer. Si te apasiona lo que haces, debes disfrutar con el viaje de perfeccionamiento y no frustrarte ante lo que tienes por delante.

¿Y SI LO QUE ME FASCINA ES MORALMENTE DUDOSO?

A veces me preguntan si es correcto practicar lo que a uno le apasiona si ello implica algo deshonesto o dañino, como provocar un incendio o ser cruel. Estoy seguro de que se te ocurrirán tus propios ejemplos. No, no lo es. Déjame que justifique mi respuesta. Todos mis argumentos relativos al Elemento deben ser enmarcados en un código moral aceptable. Los preceptos morales varían entre las diversas culturas y con el transcurso del tiempo. Son temas sobre los que debemos reflexionar por nosotros mismos y decidir sobre lo que es aceptable y lo que no. Uno de los propósitos de los valores morales es evitar el daño ajeno y crear las condiciones necesarias para poder vivir en comunidad de forma libre y armónica. En mi universo moral, la pasión se relaciona necesariamente con la compasión. Si tu Elemento implica socavar la felicidad de otros o causarles algún daño, yo no lo aprobaré y no debes esperar que el resto de la gente lo haga. La auténtica felicidad, tal como razonaré más adelante, es un estado interior a menudo reforzado por una mirada que va más allá de nosotros mismos, dirigida al bienestar de los otros.

¿Quién limpiará los servicios y hará el trabajo sucio?

A menudo oigo decir cosas como «Encontrar tu Elemento está muy bien, pero ¿quién recogerá la basura, trabajará en las líneas de montaje y limpiará los servicios?». Tengo dos respuestas. La primera es que las amplias diferencias entre pasiones personales significan que debes pensártelo dos veces antes de juzgar lo que a los demás les gusta hacer. En una firma de libros en Minneapolis, un hombre de unos cuarenta años me dijo que su madre había estado limpiando oficinas durante más de veinte años y que su trabajo le encantaba. Trabajaba por las noches, y se pasaba el día esperando el momento. Le gustaba el propio proceso de limpieza y la satisfacción que obtenía al final cuando todo estaba limpio, organizado y en orden. Para colmo, era la única hora del día en que quedaba liberada de lo que requerían de ella en casa, en la que podía pensar en sus cosas y ser ella misma.

Por supuesto que hay personas a las que no les gusta su trabajo. Recuerda lo que dijo una vez el doctor Schwartz sobre los porcentajes de insatisfacción laboral. Hay gente que quizá no puede ganarse la vida con algo que realmente le interese. Si tu trabajo no te gusta, es incluso más importante invertir una parte de la jornada haciendo algo que te llene y que conecta con tus pasiones. Si bien no todos pueden enriquecerse económicamente siguiendo su Elemento, todos tenemos al menos la posibilidad de sentirnos enriquecidos por él.

¿CÓMO SABRÉ SI HE ENCONTRADO MI ELEMENTO?

Encontrar tu Elemento puede ser algo bastante parecido a enamorarte. El título original que barajé en un principio era *Epifanía*. Una epifanía es una comprensión repentina, un momento de revelación inesperada. Me gustó el título porque el libro trata del descubrimiento de tu propio espíritu y cómo ello puede marcar la diferencia en tu vida. «Epifanía» parecía captar ese sentido de transformación.

Cambiamos el título por dos razones. La primera es que «epifanía» tiene connotaciones religiosas. Aunque mis argumentos tienen una dimensión espiritual, no son religiosos. La segunda razón es más importante.

Para algunas personas, encontrar su Elemento es como un amor a primera vista. Hace un par de años hablé en una conferencia sobre educación en el Medio Oeste de Estados Unidos, celebrada en el salón de banquetes de un casino. (No lo sé seguro.) Estaba explicando que algunas personas se enamoran de otras instantáneamente, cuando un hombre de unos sesenta y tantos levantó la mano para contar lo que le había ocurrido a él. Cuando tenía algo más de veinte años, estaba estudiando ingeniería. Tenía un amigo cuyo padre regentaba un restaurante y había quedado con él allí antes de salir por la noche. Su amigo le pidió que atravesaran la cocina y se dirigieran a la parte trasera del edificio. Nunca había estado en la cocina de un restaurante. Cuando cruzó el umbral, se sintió sobrecogido. Quedó cautivado por la energía, el ruido, la llama de los fogones, los olores, el tránsito constante y, especialmente, el protagonismo de la comida. Allí mismo decidió que aquel era el tipo de vida que quería y empezó a estudiar para chef con la intención de abrir sus propios restaurantes. Cuando lo conocí, llevaba más de cuarenta apasionados años en el negocio de la hostelería. Cualquier otro habría atravesado a toda prisa la cocina para evitar aquel caos. Como se suele decir, si no puedes soportar el calor, sal de la cocina.

Una vez le pregunté a un entrevistador radiofónico cómo empezó en el mundo de las ondas. Su experiencia había sido similar a la del chef. Cuando cursaba el equivalente a tercero de ESO, su clase visitó una emisora de radio local. El resto de sus compañeros disfrutó con la visita, pero él pensó que había sido algo mágico. En cuanto entró en el estudio, quedó hipnotizado, y decidió que aquella sería su vida.

Para personas como estas, encontrar su Elemento es como una epifanía. Pero no todo el mundo experimenta la «conversión de san Pablo». Para otros es como un enamoramiento progresivo.

Conocí a Marsha en una reunión en Chicago. Tenía unos cuarenta años, y me dio las gracias por *El Elemento*, que según ella había releído una y otra vez. En la escuela había tenido dificultades con la lectura. Entonces, uno de los profesores se interesó por ella y empezó a recomendarle libros que supuso que le gustarían. Se sintió gradualmente atraída por la lectura y cada vez pasaba más horas en las bibliotecas. Con el tiempo soñó incluso con convertirse en bibliotecaria. Cumplió su sueño, y adora su trabajo. Su auténtico trabajo, dice, no es ordenar los libros, sino hacer descubrir a los niños los libros que pueden interesarles. No cabe en sí de felicidad desempeñando un trabajo que ella considera el mejor del mundo. Cada día se sumerge en el universo de los libros para inspirar a los niños y hacer que amen la lectura. Está encantada con su vida y consigo misma.

En la búsqueda de tu Elemento puedes topar con algo que nunca has hecho antes y experimentar tu propia epifanía. De igual modo, puedes descubrir que has estado haciendo lo que te gustaba sin darte cuenta, como cuando uno se enamora de una antigua amiga. Por supuesto, descubrir que amas algo que ya estaba en tu vida sin saberlo es una auténtica epifanía.

Mi esposa, Therese, tuvo una experiencia similar. Ha publicado recientemente su primera novela, *India's Summer*. Se ha pasado la vida escribiendo, pero nunca lo había considerado su principal pasión. Era algo que hacía por hobby, junto a sus otras actividades. Los que la conocemos siempre reconocimos su talento, incluso más que ella misma. Finalmente, se dedicó en cuerpo y alma a escribir, y se enamoró. Ella lo explica así:

«He llegado a una nueva y emocionante etapa de mi vida. Por primera vez tengo algo tangible que presentar como trabajo. He escrito una novela, que ha sido publicada. Nunca antes había experimentado una reafirmación tan positiva, ni había recibido tantas felicitaciones, ni disfrutado tanto con mis logros, y sin embargo me parece lo más fácil que haya hecho nunca.

»Que surja una ovación por los años invertidos en enseñar, criar a mis hijos, llevar un negocio, crear un hogar, cuidar a mis padres y apoyar a mi marido en su trabajo. Un aplauso, gracias, por los días que me he pasado limpiando y cocinando, por las idas y venidas al patio de la escuela y por sortear todas las crisis que se han cruzado en mi camino. Oigámoslo en honor a los treinta y cinco años de matrimonio y de las amistades que han sobrevivido al paso del tiempo. Sí, me siento amada y apreciada y, sí, sé que he dado lo mejor de mí misma y que he tenido una vida plena y emocionante. Cada día me siento recompensada por todo ese amor. Aun así, tiemblo cuando pienso que tengo entre manos todo un proyecto personal.

»Escribir una novela ha sido una de las experiencias más satisfactorias, gratificantes y placenteras de mi vida. Me sumergió en mi propio universo creativo, en que el control dependía solo de mí misma. Cuando uno de mis personajes emprendía una aventura, yo lo acompañaba llena de curiosidad por el desenlace. Descubrí que mis limitaciones me las imponía yo misma. Escribí por el simple placer de sumergirme en el mundo de mi imaginación, sin importarme si conseguiría ganar dinero, si podría publicar, o si sería un fracaso. Escribía cuando podía, y seguramente ha sido el período más estresante de mi vida. Escribía en lugar de ir de tiendas o leer, o hacer cualquiera de las cosas que normalmente me proporcionaban un espacio y tiempo para mí misma.

»Cuanto más me sumergía en mi trabajo, mayor era la facilidad con que fluían las palabras. Mi "voz" se fortalecía. Llegó un momento en que quise compartir lo que había escrito, y el resultado fue una mayor confianza en mí misma y en mi trabajo, entusiasmada ante la perspectiva de ver a mis amigos inmersos en el mundo de fantasía que había creado.

»Cuando empecé la aventura, no tenía ni idea de adónde me llevaría, y sigo sin tenerla. Lo único que sé es que, una vez iniciado *India's Summer*, el proyecto cobró vida propia. Antes pensaba que necesitaba tiempo más que cualquier otra cosa. Ahora he aprendido que el tiempo se expande para rellenar el espacio disponible.

»Estoy trabajando en una continuación. Algo me dice que mi protagonista tiene aún asuntos pendientes.»

A veces, encontrar tu Elemento no es más que una inspiración repentina, y a veces aparece gradualmente. El resultado es el mismo. Tu vida se ve transformada por un sentido distinto del compromiso, de la satisfacción, del propósito.

Por cierto, cambiar el título de Epifanía por El Elemento no fue una buena idea en todos los sentidos. En una conferencia pronunciada en el TED en 2006, comenté que estaba trabajando en un libro que se titularía Epifanía. La conferencia fue vista por millones de personas en todo el mundo. La popularidad obró milagros en la venta de todos los libros que llevan ese título, y con los que no tengo absolutamente nada que ver. No deja de tener su moraleja.

Buscando tu camino

De una forma casi tangible, la búsqueda y la exploración de tus pasiones puede adentrarte en un camino que, al hallarse libre de dificultades, puede parecer fácil. Joseph Campbell acuñó la frase «persigue tu felicidad» porque la palabra sánscrita *ananda* capta para él la esencia del salto hacia lo trascendente. Campbell elaboró dicha frase en las famosas entrevistas con Bill Moyers que cristalizaron en el libro y en la serie de la PBS *El poder del mito*. Allí afirmaba que, cuando sigues el camino de tu felicidad, «entras en una especie de sendero que siempre ha estado allí, esperándote, y la vida que deberías vivir es realmente la que empiezas a vivir. Cuando lo percibes, empiezas a conocer gente que está en tu mismo sendero de felicidad, y te abren sus puertas. Persigue tu felicidad y no tengas miedo; las puertas se abrirán en los lugares más insospechados».

He visto este fenómeno en muchas ocasiones: cuando persigues lo que realmente te inspira, se abren ante ti oportunidades que nunca habrías imaginado. Empiezas a entrar en la onda de personas dispuestas a compartir tu pasión, y vuestros esfuerzos combinados crean un estadio superior de energía, y la proximidad con ellas incrementa las posibilidades de acceder a un nuevo nivel: las puertas abiertas de las que habla Campbell, que lo compara con una especie de «mano invisible». Es imposible evitar las connotaciones espirituales, y puedes interpretar el fenómeno de diversas maneras, en función de tus propias inclinaciones. Lo que parece claro, independientemente de cómo lo interpretes, es que perseguir tu felicidad, o explorar tus pasiones (Paulo Coelho lo denomina «leyenda personal») hace que el mundo adquiera más vida, y que tú estés más vivo dentro de él.

En definitiva, las dos preguntas más importantes que deberás hacerte en tu búsqueda serán: ¿qué te apasiona y por qué? Con esta idea en la mente, volvamos al ejercicio que empezaste al inicio del capítulo.

Ejercicio 8: ¿Qué te atrae?

- Observa los tres grupos de actividades que creaste en el ejercicio siete.
- ¿Es posible que coloques las cosas que te apasionan en orden de prioridades, en una lista de cinco o diez?
- Examina cada uno de estos grupos y pregúntate qué te gusta de ellos y lo que no.
- Fíjate especialmente en lo que te encanta hacer. ¿Qué te gusta especialmente de esa actividad? ¿Puedes imaginártelo aplicado a otro ámbito o de otra forma distinta que aún no hayas probado?
- ¿Puedes imaginar hacer lo que no te gusta de una forma distinta que no hayas probado?

Estas preguntas son simples, pero las respuestas pueden no serlo tanto. Aun así, si puedes especificar lo que te proporciona un placer constante, tendrás una buena aproximación a lo que podría ser tu pasión. Y si puedes especificar lo que más te gusta dentro de ese ámbito, aún llegarás más lejos. Aquí tienes algunas preguntas más para reflexionar:

- ¿Qué tipo de actividades elevan tu espíritu y alimentan tu energía?
- ¿Cuáles hacen que el tiempo parezca no existir?
- ¿Has experimentado alguna vez una epifanía?
- ¿Qué fue y qué hiciste entonces?
- ¿Hay cosas que siempre te habría gustado hacer, pero en las que no has insistido?
- ¿Por qué razón?
- ¿Cuándo crees que eres más fiel a tu propio espíritu?

¿Qué te hace feliz?

¿Hasta qué punto eres feliz? ¿Encontrar tu Elemento te hará más feliz? Este capítulo está dedicado a examinar lo que es realmente la felicidad, lo que se necesita para conseguirla y lo fundamental que resulta para este proceso encontrar tu Elemento.

Pregunta a las personas qué esperan de su vida, y la mayoría te dirán que lo que quieren es ser felices, algo extensivo a todos los rincones del globo y a cualquier tipo de cultura. La gente puede decir que persigue otras cosas, como el éxito en su trabajo, una buena salud, estar enamorada, tener más dinero o una familia. Se supone que conseguir todo eso nos hará felices. Es cierto que muchas personas parecen ser desgraciadas por naturaleza, y no están interesadas en descubrir la felicidad. Pero no las creo más de lo que creo a aquellos que afirman no tener pasiones o que no tienen oído para la música. Hay quien, en un momento determinado, puede sentirse muy alejado de la felicidad. Puede estar deprimido, afligido o sufrir por algo. Pero para la mayor parte de la gente, la felicidad permanente es un propósito constante en sus vidas. ¿Cómo puede hacerte feliz estar en tu Elemento, y qué puedes hacer para lograrlo?

Ejercicio 9: ¿Hasta qué punto eres feliz?

Antes de seguir analizando la naturaleza de la felicidad, piensa durante un momento de qué manera defines el concepto por lo que respecta a ti mismo, y hasta qué punto eres feliz en estos momentos. Hazlo mediante un mapa mental de la felicidad:

• Escribe la palabra «Felicidad» en el centro de una gran hoja de papel, y dibuja una nube a su alrededor.
• Piensa en todo lo que asocias con el concepto de felicidad, y escríbelo debajo.
• Dibuja líneas de diferentes colores fuera de la nube para cada uno de los conceptos, y escribe un titular en cada línea. Si asocias la felicidad con la posesión de dinero, puedes trazar una línea con la palabra «riqueza», y así sucesivamente.
• Dibuja ramificaciones en cada una de las líneas principales para mostrar las asociaciones secundarias de cada una de ellas. Si asocias las relaciones con la felicidad, las ramificaciones podrían denominarse «buenos amigos», «formar una familia», etc.
• Cuando lo tengas suficientemente completo, mira el mapa y pregúntate cómo gestionas en estos momentos cada una de dichas áreas. Puedes utilizar expresiones como «muy bien», «normal», «no demasiado bien», o inventar tu propia escala de evaluación. Puedes utilizar colores en lugar de palabras, si así lo prefieres.
• Finalmente, compara tu actual evaluación con la de hace cinco, diez y veinte años, en función de tu edad, claro está.

¿Eres más feliz en unas áreas que en otras? ¿Lo eres más que en otras épocas de tu vida? A partir de tus afirmaciones, ¿qué concepto extraes de la felicidad? ¿Qué crees que necesitarías para incrementarla?

La triste realidad

Aunque la mayoría de las personas dicen que quieren ser felices, la evidencia demuestra que la mayoría no lo son. Una de las paradojas de nuestros tiempos es que, por regla general, la gente parece ser menos feliz que hace veinte o treinta años, pese al incremento en los niveles de bienestar en el mismo período.

En 2003, Dan Baker publicó el libro *Lo que sabe la gente feliz: tomar las riendas del propio destino y vivir una vida plena y satisfactoria*. Basándose en su amplia experiencia al trabajar con adultos de todas las extracciones sociales, en él plantea qué es lo que hace a la gente feliz o infeliz. La auténtica felicidad, dice, es relativamente rara. «La mayoría de las personas piensan que la felicidad es algo común en los demás. En realidad, la felicidad en los Estados Unidos modernos es menor que en tiempos de escaso bienestar. En términos de felicidad, Estados Unidos va cuesta abajo mientras la riqueza crece a la inversa... Cuanto más tenemos, más vacíos nos sentimos.»

Hay varias maneras de evaluar el grado de felicidad, que incluyen índices de falta de compromiso al trabajo o la educación, grados de depresión, consumo de drogas y alcohol y, lo más siniestro, de suicidios. En un extremo del espectro está el enorme número de personas que se sienten crónicamente desafectos al trabajo o a los estudios, porque los encuentran sin sentido, o poco gratificantes. En el otro, está el espectacular número de personas adictas al alcohol, al tabaco o a otras drogas que les permiten estimularse o inhibir sus sentimientos.

Según un estudio, casi la mitad de los adultos en Estados Unidos demuestran escaso entusiasmo por la vida y no están activamente comprometidos con la sociedad. Se barajan cifras igualmente preocupantes para otros países y regiones del mundo, desde Europa hasta Asia. El coste personal, social y económico de estos índices de desafección es extremadamente alto. Sonja Lyubomirsky, una prestigiosa psicóloga y escritora, afirma que estos altos niveles de falta de compromiso ayudan a explicar «por qué el deseo de ser más felices es sentido no solo por los que presentan cuadros depresivos, sino por todos nosotros... desde aquellos que no son tan felices como quisieran, que sienten que las cosas no funcionan, hasta esos otros que no están descontentos, pero querrían más: más alegría, más sentido en sus vidas, más relaciones y trabajos estimulantes».

La depresión se está convirtiendo en un problema cada vez más serio. En el Reino Unido, por ejemplo, las recetas de antidepresivos han aumentado más de un 40 por ciento en los pasados cuatro años. Y el problema no solo se da en Gran Bretaña. Al contrario, la Organización Mundial de la Salud predice que hacia el año 2020 las depresiones serán la segunda causa de mortalidad en el mundo y afectarán a un 30 por ciento de los adultos. Muchos expertos creen que la depresión se ha convertido en una epidemia. Algunas estimaciones afirman que «la depresión clínica tiene diez veces más posibilidades de atormentarnos que hace cien años».

El número de suicidios es alarmante entre los que sufren depresiones y se ha incrementado en los últimos treinta años, especialmente en los jóvenes de entre quince y veinticinco años. Quizá hay veinte veces más intentos de suicidio que los que realmente se producen.

Hay tantas razones para la depresión y la desafección como individuos. Pero existen algunas tendencias generales, que incluyen las elevadas expectativas de poseer bienes materiales y niveles de vida a los que incesantemente dan publicidad los medios de comunicación. La inseguridad económica provocada por la recesión de 2008 ha quebrantado la confianza de la gente en todo el mundo. De igual modo, se han producido profundos cambios en la familia y en la vida en comunidad y se pone un énfasis creciente en los logros individuales. Todo ello contribuye a un aumento en el grado de inseguridad personal y de riesgo. Irónicamente, los llamados medios de comunicación social están añadiendo sus propias presiones. Aunque hay más conexiones online que nunca, muchos jóvenes piensan que tienen relativamente pocos amigos a los que pueden recurrir si es necesario, o con los que se sienten bien.

Para colmo, una de las razones fundamentales por las que la gente se siente infeliz es que el concepto de felicidad suele entenderse erróneamente.

¿Mirando hacia el lugar equivocado?

Hay muchos malentendidos en relación con la felicidad, que se revelan en los muchos «solo con que» que la gente suele aducir cuando habla de ella. «Sería feliz solo con que me tocara la lotería; tuviera una casa grande; estuviera casado; estuviera divorciado; tuviera hijos; no tuviera hijos; tuviera un cuerpo mejor, algunas partes de mi cuerpo más bonitas; una cara diferente; tuviera un oficio distinto.»

No quiero decir con esto que ninguna de estas cosas pueda hacernos felices. Podría confeccionar mi propia lista y estaría encantado si algunos de estos deseos se cumplieran. Pero a menudo nuestras imágenes de la felicidad son ilusiones, no visiones.

Mucha gente piensa que tener más dinero la hará feliz. Cuando inicié mis estudios de posgrado en Londres en 1972, vivía de una beca de tres mil libras al año. Una fortuna comparada con la cantidad con la que vivía como universitario. (En 2013, sería el equivalente a unos 15.000 euros.) Desde luego, no era suficiente, y acabaron rebotándome un cheque. El señor Parminter, el director de mi sucursal del banco, era magnífico, pero, de ser por él, podrías no haber oído hablar nunca de mí. Mi siguiente trabajo fue de cuarenta y ocho libras. Fui a ver al señor Parminter para decirle que nuestras dificultades se habían acabado. Dijo que lo dudaba, y citó un viejo adagio de la banca: que el gasto se elevaba con los ingresos. Por supuesto, tenía toda la razón. La cantidad ideal de dinero que la mayoría de la gente quiere es mayor que la que posee. Como el final del arcoíris, el nivel óptimo de ingresos parece estar siempre más allá de donde nos encontramos.

El dinero es importante, por supuesto. Si dispones de poco dinero para tus necesidades cotidianas, puedes caer en la pobreza. Pero la afirmación inversa —es decir, disponer de un montón de dinero da la felicidad— tampoco es acertada. Estados Unidos es con mucho el país más rico del mundo y a la vez uno de los menos felices. Durante los treinta años transcurridos entre 1973 y 2002, el producto interior bruto (PIB) del Reino Unido creció un 80 por ciento. Durante ese mismo período, el grado de satisfacción permaneció inamovible.

Muchas de las cosas que pensamos que nos harán felices de por vida solo lo conseguirían durante un tiempo. En *Tropezar con la felicidad*, el psicólogo Dan Gilbert dice que «pensamos que el dinero trae grandes dosis de felicidad durante largo tiempo, cuando en realidad proporciona escasa felicidad durante poco tiempo». Dan Baker está de acuerdo: «El mito de que el dinero trae la felicidad es una de las trampas de la felicidad». En un estudio realizado con 792 adultos acomodados, «más de la mitad reconoció que la riqueza no les había traído más felicidad, y la mitad de los que contaban con ingresos de más de 10 millones de dólares decían que el dinero traía más problemas de los que resolvía».

Para mucha gente, una vida de ocio y placer parece el camino a la perpetua felicidad. Hay buenas razones para dudarlo. Para la gente que ha sido activa y productiva, la jubilación puede significar un período de aburrimiento y frustración. Para quienes disponen de los medios necesarios, una vida de constante «ocio» a menudo les reporta una sensación de hastío.

Hay una gran diferencia entre los placeres temporales y ser fundamentalmente feliz. Existen todo tipo de experiencias que pueden hacer que te sientas bien durante un tiempo: tu comida favorita, el chocolate, las fiestas, un gran libro, la música que te gusta, ver cómo tu equipo favorito gana un partido de fútbol, o una velada íntima con tu pareja. Puedes confeccionar tu propia lista. Pero cuando las hormonas se calman y llega el amanecer, puedes sentirte tan vacío y deprimido como antes de empezar la fiesta. Puedes conseguir la felicidad momentánea, pero la felicidad constante depende del sentido de la plenitud. ¿De qué se trata, y dónde y cómo tu Elemento contribuye a una felicidad a largo plazo?

En busca de un objetivo

Yasmin Helal es una jugadora profesional de baloncesto de El Cairo, y muy buena. Jugó con el equipo nacional egipcio durante casi una década. También hizo carrera como ingeniera biomédica, en la que también destacó. Yasmin es muy buena en determinado tipo de actividades, que naturalmente le gustan. Pero no descubrió aquello que la hacía realmente feliz hasta que, volviendo de un festival, iba conduciendo su coche y se le acercaron unos mendigos.

«Llevaba muy bien mis estudios, y también mi trabajo —me explicaba—. Todo era perfecto. Entonces, tres chicos me pararon y me pidieron dinero. Afortunadamente llevaba algo que tenía destinado para otra persona, pero se lo di a ellos. Me pidieron más y les dije que ya no me quedaba, pero que volvería al día siguiente con más dinero. Tenía un sentimiento de culpa, porque vivía en la misma ciudad que aquellos chicos, y no tenía la menor idea de cuáles eran sus necesidades, ni de que un poco de dinero podría cambiar sus vidas. Al mismo tiempo sentía gratitud por la suerte que había tenido al gozar de una buena educación, una casa, padres y otros privilegios.»

Yasmin había vivido toda su vida junto a aquellos chicos bastante menos afortunados, pero la persecución de sus metas la había hecho ignorar este tipo de experiencias. Como muchos otros, recientemente ha leído el libro de John Wood *Leaving Microsoft to Change the World* («Dejando Microsoft para cambiar el mundo»), en el que un millonario de la alta tecnología lo deja todo para crear una fundación que construye escuelas y bibliotecas para los pobres. Cuando volvió al encuentro de los chicos, a los que probablemente dejó sorprendidos, cumplió su promesa y se dejó llevar por la inspiración.

«Decidí poner en marcha una iniciativa para financiar la escolarización de los niños pobres. Durante los siguientes cuatro meses, deambulé por las zonas más deprimidas intentando entender las necesidades de aquella gente. Visité escuelas públicas para averiguar cuánto dinero necesitaría. Finalmente, inicié el proyecto. Más tarde me enteré de que había otro problema, y es que los niños iban a la escuela entre los ocho y los nueve años sin saber leer ni escribir. Las escuelas debían pagar horas extras a los profesores para que les dieran clases de refuerzo. Recibí el apoyo de tres personas sorprendentes. Gracias a ellas pusimos en marcha nuestra propia fundación para dotar al proyecto de un mayor tamaño y solidez. Nos dimos cuenta de que podíamos dar nuestro apoyo a iniciativas similares, desarrollando un programa paralelo a la escuela basado en el desarrollo de las artes creativas. Empezamos por sacar a los chicos de sus lugares de origen para que pudieran conocer el país, y enorgullecerse de él y de sus antepasados.

»Tenía que asegurarme de que el dinero llegaba al lugar adecuado. No se lo dábamos a la gente, sino que pagábamos directamente las matrículas, los uniformes y todo lo demás, y se lo entregábamos.»

Yasmin se dio cuenta de que poca gente de su círculo entendía por qué aquello se había convertido en algo tan importante para ella. «La mayoría pensaban que había tantos chicos necesitados que nunca adelantaría nada. No sabían por qué lo hacía realmente, y pensaban que si realmente quería contribuir siempre podía presentarme como voluntaria a una ONG o hacer una donación. El único apoyo que recibí fue dinero en metálico. Nadie quiso ayudarme de forma personal.»

Todo el apoyo vino de fuera de su círculo, pero eso no le impidió seguir con una misión que le proporcionaría un mayor sentido de la felicidad que cualquier experiencia vivida con anterioridad.

«Tan pronto como empecé el proyecto, encontré un nuevo objetivo. Fue asombroso. Dejé mi trabajo de ingeniería tres meses después de haber iniciado el proyecto. La compañía para la que trabajaba me pidió que aguantara un mes más. Y lo hice físicamente, pero mi mente y mi corazón estaban en otro lugar. Fue entonces cuando decidí que nunca haría nada que no sirviera para ayudar al desarrollo de otras personas.»

Con la ayuda de otros tres empresarios sociales, la idea de Yasmin se convirtió en la ONG The Taleeda Foundation, cuya primera iniciativa fue Educate-Me, «destinada a facilitar que los niños pobres cumplan sus sueños gracias a la educación, los valores y la formación de su carácter». Es un trabajo duro y una batalla contra los elementos, especialmente en un país como Egipto, que está sufriendo profundos cambios. Pero Yasmin no se desanima, porque se siente feliz.

La historia de Yasmin ilustra un importante principio. El poder de estar en tu Elemento se ve reforzado cuando suscita en ti la visión de un objetivo. Los objetivos vitales son la fuente de la eterna felicidad.

¿Qué es la felicidad?

La felicidad no es un estado material, sino espiritual. Es un estado de bienestar interior. Sonja Lyubomirsky lo explica del siguiente modo: «La felicidad es la experiencia del gozo, la satisfacción y el bienestar, combinados con la sensación que la vida es buena y merece la pena vivirla». La auténtica felicidad es muy diferente de los sentimientos efímeros que subyacen bajo un golpe de buena suerte. Según el doctor Andrew Weil, «la felicidad que surge de haber ganado una apuesta o por cualquier otro golpe de suerte es temporal y no altera el estado de tu variabilidad emocional. Además, tal como todos comprobamos, la fortuna es voluble. Si anclamos nuestro estado de ánimo a sus vaivenes, quedamos condenados a todos sus altibajos». Weil defiende que el bienestar emocional es tan importante como el físico, y que debemos crear las condiciones que nos permitan ser felices bajo circunstancias que no escapen a nuestro control. «La felicidad aparece espontáneamente desde nuestra fuente interior —añade—. Buscarla fuera de nosotros mismos es contraproducente.»

Cuando Weil habla de los momentos de auténtica felicidad en su vida, afirma que «tenía la certeza de que yo estaba bien, en el camino adecuado, y haciendo aquello para lo que estaba destinado... Tenía muchos motivos para ser feliz en el sentido más habitual, y tenía buena suerte, pero el sentimiento más profundo es que era consciente de ser la persona que se suponía que debía ser, equipada exclusivamente para navegar por el mundo y enfrentarme a todos sus desafíos». En otras palabras, encontró la auténtica felicidad cuando encontró su Elemento.

Ser feliz supone implicar todas tus emociones positivas, y eso beneficia la totalidad de tu ser, física y espiritualmente. Dan Baker asegura: «En última instancia, los seres humanos solo tienen dos sentimientos esenciales: el miedo y el amor. El primero nos ayuda a sobrevivir, y el segundo a prosperar... Los sentimientos positivos incrementan la dopamina y tienen efectos beneficiosos sobre el cuerpo, especialmente en el sistema cardiovascular. El estrés y la ansiedad provocan el efecto opuesto».

Una de las cosas más importantes que puedes hacer para encontrar tu Elemento es prestar mucha atención a tus estados emocionales. ¿Haces algo que eleve permanentemente tu espíritu? ¿Cuándo experimentas momentos de auténtico gozo? Recuerda que uno de los métodos esenciales con que Brian Schwartz ayuda a sus clientes a escoger sus intereses es identificando su sensación de bienestar cuando emprenden una actividad. Es muy importante lograrlo para saber realmente cómo actuar.

El significado de la felicidad

Es un mito afirmar que ser feliz significa estar constantemente alegre. Martin Seligman es conocido como el padre de la psicología positiva. En 2003 publicó *La auténtica felicidad*, que plantea el caso de una vida de felicidad permanente, y los principios y prácticas necesarios para conseguirla. Seligman identifica tres tipos distintos de felicidad: las emociones positivas, el compromiso y el sentido. Las emociones positivas son lo que sentimos. El compromiso tiene que ver con el fluir: «Ser uno solo con la música, parar el tiempo, y perder la autoconciencia durante una actividad exigente». El tercer elemento de la felicidad es el sentido. «La búsqueda del compromiso y del placer son a menudo esfuerzos solitarios y solipsistas. Los seres humanos... quieren sentido y compromiso en sus vidas.» Esto suele significar que «servir a algo en lo que creemos es más fuerte que el propio ser». Sentir que estás haciendo algo dotado de sentido no garantiza la felicidad, pero suele ser difícil encontrarla hasta que no nos damos cuenta de que lo que hacemos tiene algún sentido.

Quizá nadie ha captado el valor de encontrar un sentido a la vida de manera más efectiva que Viktor Frankl. Famoso psicoterapeuta en los años treinta y cuarenta, el austríaco Frankl permaneció prisionero en un campo de concentración durante más de dos años y medio. Durante ese tiempo tuvo que soportar humillaciones y penalidades —sus padres y su esposa murieron en campos de exterminio—, que habrían acabado con el alma de cualquiera. Vio a centenares de compañeros que habían soportado el mismo infierno que él morir espiritualmente antes de que los nazis los asesinaran.

Frankl se las arregló de algún modo para sobrevivir, quizá porque nunca sucumbió a la completa desesperación.

En su libro más icónico, *El hombre en busca de sentido*, Frankl describió los horrores que padeció en el campo. Pero también describió cómo superó la experiencia con un alto sentido del respeto por la humanidad, y gracias al poder de la esperanza y de las ideas para combatir las peores penurias e inspirar los mayores logros. Al escribir el libro, afirmó: «Solo he querido transmitir al lector mediante ejemplos concretos que la vida tiene un sentido bajo cualquier circunstancia, incluso la más miserable... Y pensé que si se trataba de demostrarlo en una situación tan extrema como la de un campo de concentración, mi libro podría tener repercusión. Me sentí por tanto obligado a escribir aquello que me había sucedido, porque quizá sería de utilidad para todos los que estaban abocados a la desesperación».

Cuando Frankl fue finalmente liberado del campo, fundó la rama de la psicoterapia conocida como logoterapia. El núcleo de la doctrina radica en la búsqueda de sentido como una fuerza motriz en nuestras vidas. «Podemos descubrir el sentido de la vida de tres formas diferentes —escribió Frankl—: (1) Creando una obra o protagonizando una heroicidad; (2) experimentando algo o encontrando a alguien; y (3) por la actitud que adoptamos ante el sufrimiento inevitable.» La logoterapia ha sido utilizada para tratar a los pacientes que habían caído en la depresión, en la ansiedad o en una enfermedad terminal.

Sean cuales fueren tus circunstancias, encontrar tu Elemento es, por encima de cualquier otra cosa, encontrar el sentido y el propósito de tu vida. Si crees que un objetivo tiene sentido, te comprometerás de una forma totalmente distinta. ¿Acaso no resulta más fácil llevar a cabo algo y no transcurre con más rapidez el tiempo cuando crees que hay un auténtico sentido en ello? Si realmente piensas que lo que estás haciendo es importante para ti y para la gente que te rodea, es mucho más probable que disfrutes haciéndolo.

Yasmin Helal disfrutaba jugando al baloncesto y en la ingeniería biomédica. Cualquiera de ambas actividades podría haber sido su Elemento, pero resultó ser una cosa distinta. Desde el momento en que decidió emprender el proyecto Educate-Me, apenas pudo pensar en nada más. Por primera vez en su vida adulta sentía que lo que estaba haciendo tenía auténtico sentido. Estaba convencida de que su destino era ayudar a la gente menos afortunada, y su trabajo con Educate-Me finalmente dio salida a esos sentimientos.

Felicidad y bienestar

Por supuesto que es posible ser feliz en un aspecto de tu vida, y no en otros. Por esta razón, es importante pensar en la felicidad dentro del amplio contexto de tus ideas en general.

En 2011, Martin Seligman publicó *La vida que florece*, una continuación más que esperada de su obra anterior, *La auténtica felicidad*. En *La vida que florece*, afirma que hay serias limitaciones a sus primeros argumentos. Centrándose en el razonamiento de que la felicidad es demasiado restringida, sostiene que esta debería ser vista como parte de un concepto de bienestar más amplio. El bienestar consta de cinco elementos mensurables. A los tres elementos de la felicidad —emociones positivas, compromiso y sentido—, añade las relaciones y los logros. Es el bienestar, no la felicidad, dice Seligman, el auténtico tema de la psicología positiva.

Los científicos de la organización Gallup han estado explorando las exigencias de una vida plena desde mediados del siglo XX. Más recientemente, en colaboración con destacados economistas, psicólogos y otros científicos, han empezado a explorar los elementos comunes del bienestar que se dan en varias culturas de más de ciento cincuenta países, desde Afganistán hasta Zimbabue.

Gallup hizo centenares de preguntas sobre la salud, las relaciones, el trabajo y las comunidades, y obtuvo una muestra de las actitudes hacia el bienestar de más del 90 por ciento de la población mundial. Dedujo que el bienestar abarca cinco ámbitos generales de la vida. No incluyen «cada matiz de lo que se considera importante en la vida, pero representan los cinco marcos globales esenciales para la mayoría de las personas».

- Bienestar laboral: cómo ocupamos nuestro tiempo o simplemente gozamos de lo que hacemos cada día.
- Bienestar social: tener sólidas relaciones y amor en nuestra vida.
- Bienestar financiero: gestionar de forma efectiva nuestras condiciones económicas.
- Bienestar físico: tener buena salud y energía para conseguir cosas en la vida cotidiana.

- Bienestar comunitario: nuestro sentido del compromiso con la zona en la que vivimos.

Gallup llegó a la conclusión de que, mientras el 66 por ciento de la gente consigue resultados satisfactorios en al menos una de dichas áreas, solo un 7 por ciento prospera en la totalidad. En su libro *La ciencia del bienestar: los 5 elementos esenciales*, Tom Rath comenta: «Si luchamos por prosperar en cualquiera de esos ámbitos, tal como hacemos la mayoría, esto puede dañar nuestro bienestar en la vida cotidiana. Cuando fortalezcamos nuestro bienestar en cualquiera de los ámbitos tendremos días, meses y décadas mejores. Pero no extraeremos lo mejor de nuestras vidas a no ser que vivamos de forma efectiva en los cinco». La auténtica y profunda felicidad y bienestar surgen del equilibrio y la plenitud entre los cinco ámbitos.

La investigación llevada a cabo por Gallup subraya la profunda importancia de encontrar nuestro Elemento en el ámbito profesional para lograr el bienestar general. Quizá la pregunta más básica que podemos hacernos a nosotros mismos acerca del bienestar sea, según Rath, «¿Te gusta lo que haces cada día?». En términos generales, dice Rath, todos necesitamos algo que hacer y, de ser posible, algo en perspectiva cuando nos levantamos cada día. Pero solo un 20 por ciento de las personas estudiadas por Gallup pueden dar un sí categórico como respuesta.

«Lo que ocupa nuestra actividad cotidiana da forma a nuestra identidad, tanto si somos estudiantes, padres, voluntarios, jubilados, como si ejercemos un trabajo más convencional. Pasamos la mayoría de nuestras horas de vigilia durante la semana haciendo algo que podemos considerar una carrera, una ocupación, una vocación o un trabajo. Cuando las personas se conocen, lo primero que hacen es preguntarse: "¿A qué te dedicas?". Si tu respuesta a esta pregunta es algo que consideras lleno de plenitud y sentido, seguramente estás triunfando en la carrera del bienestar.»

Si no haces con regularidad algo con lo que disfrutas, aunque no sea remunerado, las posibilidades de encontrar bienestar en otros ámbitos disminuyen rápidamente. La gente que se siente bien con su trabajo tiene el doble de posibilidades de ser feliz en su vida en general. «Imagina que tus relaciones sociales son magníficas, gozas de seguridad económica y de buena salud —dice Rath— pero no te gusta lo que haces cada día. Existen posibilidades de que pases la mitad del tiempo de tu vida social lamentándote de tu trabajo. El estrés que supone acaba pasando factura a tu salud. Si tu bienestar profesional es bajo, es fácil que con el tiempo cause un deterioro en otras facetas de tu vida.»

Por tanto, ¿cuál sería tu puntuación en los cinco aspectos de bienestar? En el ejercicio siete has identificado tus propias categorías. Con ellas en mente, trata de evaluarte en referencia a las cinco que acabo de introducir.

Ejercicio 10: Círculos de bienestar

- Observa cada uno de los ámbitos de bienestar. ¿Añadirías otros?
- Toma una hoja de papel y dibuja un pequeño círculo con tu nombre en el centro. Dibuja cinco (o más) círculos bien espaciados a su alrededor para cada uno de los cinco ámbitos de bienestar.
- Analízalos sucesivamente y piensa en tu propia vida y en cómo la evaluarías en estos términos. ¿Qué palabras o imágenes utilizarías para expresar tus actuales experiencias o sentimientos en cada uno de los ámbitos de bienestar? Colócalos en los círculos.
- Toma por separado cada círculo y redacta algunos párrafos de escritura automática. ¿Qué temas y cuestiones surgen?

Asumiendo que no te habrás asignado puntuaciones demasiado brillantes en algunos ámbitos de bienestar —si no es el caso, felicidades, deberías escribir un libro al respecto—, ¿cuál es tu criterio sobre tu nivel de felicidad en términos generales, y dónde entraría el hecho de encontrar tu Elemento en todo ello? La respuesta puede ser sorprendente.

Aumentar tu felicidad

A lo largo de este libro, hemos hablado de tu vida en términos de herencia biológica, de tus actuales circunstancias y de cómo interactúas con el mundo. En *La ciencia de la felicidad*, Sonja Lyubomirsky argumenta que existen tres factores principales que afectan a tus niveles de felicidad personal: tus circunstancias, tu disposición biológica y tu conducta. Las tres son determinantes para dar forma a tu felicidad. Pero una de ellas importa más.

Circunstancias

Todos los factores que contribuyen a los diferentes niveles de felicidad personal (es decir, nuestras actuales circunstancias: la salud, la riqueza, el estatus y conceptos similares) lo hacen en un 10 por ciento. La ciencia apoya en gran medida este porcentaje. Por ejemplo, «los estadounidenses ricos, aquellos cuyos ingresos superan los 10 millones de dólares anuales, reconocieron niveles de felicidad solo ligeramente superiores a los oficinistas y empleados que trabajaban para ellos». La gente que vive en la pobreza o en entornos difíciles a menudo reconoce niveles de felicidad que difieren poco de los que gozan de bienestar económico. Tal como afirmábamos anteriormente, la felicidad y el bienestar se basan en muchos factores que van más allá de nuestras circunstancias materiales. Un factor aún más significativo es nuestra herencia biológica individual.

Biología

Nuestra capacidad individual para ser felices es en parte heredada. Es un componente de nuestra configuración biológica. Los estudios realizados sobre gemelos monocigóticos y dicigóticos sugieren que todos nacemos con una predisposición distinta para la felicidad, originada en el padre, en la madre o en ambos. «Es un punto de partida o estado potencial para la felicidad al que estamos necesariamente vinculados, y al que volvemos independientemente de nuestros logros o triunfos», dice Lyubomirsky. Estoy seguro de que puedes comprobarlo en tu propia vida y en la de tus conocidos. Algunas personas son optimistas y alegres por naturaleza, y otras parecen sufridoras empedernidas. Y a menudo no hay una relación directa con los acontecimientos a los que se enfrentan.

Mi propio padre sufrió un terrible accidente a los cuarenta y cinco años. Tenía siete hijos. A finales de la década de los cincuenta se había quedado sin empleo, en un período de grave crisis económica en Liverpool. Finalmente encontró trabajo como montador de estructuras de acero en una empresa de construcción. Unas semanas después de volver a trabajar, una gran viga de madera le partió el cuello. Estuvo varios días entre la vida y la muerte. Sobrevivió, pero se quedó tetrapléjico para el resto de su vida, confinado en un lecho quirúrgico y en una silla de ruedas.

Antes de su accidente, era un hombre de gran fortaleza física y con un carácter estupendo, muy amable, cariñoso, divertido y sarcástico. Tras el accidente, todos vivimos la ansiedad por su futuro. Aunque nunca volvió a caminar ni a utilizar sus manos, mantuvo su carácter y su aspecto. Con el amor y el apoyo de mi madre, siguió siendo el cabeza de familia y una constante fuente de inspiración, sabiduría y risas para todos los que lo conocieron.

Sé que tuvo sus momentos duros, y durante los meses posteriores al accidente contempló la posibilidad de suicidarse, al igual que muchos tras sufrir una súbita y devastadora parálisis. Algunos lo superan con éxito. Al estar completamente paralizado, no podía seguir sus impulsos. Transcurridos meses y años, su espíritu volvió a ser el que era antes del accidente. Durante sus últimos dieciocho años pasó muy buenos momentos, disfrutó de su vida y nos enriqueció al resto más de lo que yo sería capaz de expresar.

Una de las razones por las que mi padre pudo recuperar su sentido de la perspectiva y la felicidad de antaño fue la presencia de mi madre, una mujer tan excepcional como él. Estaba cargada de energía y tenía un enorme apego a la gente y a la vida. También pertenecía a una familia con siete hijos, seis chicas y un chico. Había nacido en Liverpool en 1919, justo acabada la Primera Guerra

Mundial. Su padre era fotógrafo de teatro, y había muerto en un accidente de carretera cuando ella era joven. Su madre tuvo que criar a la familia en una época de cierta penuria, como fue el período de entreguerras. Los recuerdos de niñez con mis tías, mis tíos y mis numerosos primos en el Liverpool de las décadas de los cincuenta y sesenta, son de profundas vinculaciones y animadas celebraciones familiares. Mi madre tenía mucha mano para el diseño, le encantaba el teatro, la moda, el cine y el baile. Le encantaba también trabajar con las manos y coleccionaba y decoraba casas de muñecas y miniaturas y hacía muñecas de trapo. Durante un tiempo, el tema favorito de todas las bodas y celebraciones familiares fue una pieza de claqué titulada «Lullaby of Broadway». Mi madre era la primera en levantarse.

Ocurriera lo que ocurriese, siempre miraba hacia delante, ilusionada con el siguiente proyecto, el siguiente acontecimiento, el siguiente viaje o el siguiente encuentro. Y todo ello mientras cuidaba de sus siete hijos sin apenas electrodomésticos, con muy poco dinero cuando éramos pequeños y con mi padre incapacitado durante sus últimos dieciocho años de matrimonio. Además, tuvieron que enfrentarse a mi enfermedad cuando era pequeño y con el resto de los problemas y otras enfermedades que afectan a las familias numerosas, estén donde estén. Pero su espíritu era como el de él, indomable, y su pasión por la vida no tenía límites. Además se amaban, y les encantaba estar juntos. Esta predisposición les garantizaba hasta cierto punto la felicidad, pasara lo que pasase.

¿Hasta qué punto influye tu disposición en tu grado de felicidad y bienestar personal? Las investigaciones sugieren que puede llegar hasta el 50 por ciento en determinados momentos. Así que, si tu disposición biológica tiene un papel tan importante en tu grado de felicidad y no puedes hacer demasiado al respecto, y si tus circunstancias materiales tienen un papel tan relativamente pequeño, ¿qué puedes hacer para ser más feliz? La buena noticia es: mucho. Sean cuales sean tu predisposición y tus circunstancias, tienes más poder del que imaginas para incrementar tu grado de felicidad y bienestar.

Conducta

Las investigaciones sugieren que un 40 por ciento de todo lo que afecta a tu grado real de felicidad es lo que escoges hacer y cómo decides pensar y sentir; en otras palabras, tu propia conducta. La clave de la felicidad no radica en cambiar tu mapa genético, cosa que no puedes hacer, ni tus circunstancias, que quizá sí podrías, sino en tus «actividades cotidianas intencionadas». Encontrar y permanecer en tu Elemento es una parte vital del proceso.

El monje budista francés Matthieu Ricard es un reconocido escritor, protagonista de un estudio sobre la felicidad realizado por la Universidad de Wisconsin-Madison, y alguien apodado en los medios de comunicación como «el hombre más feliz del mundo». En su libro *En defensa de la felicidad*, Ricard señala que la gente suele identificar la felicidad con las cosas triviales, «como la de aquella actriz francesa: "Para mí, la felicidad es comerme un sabroso plato de espaguetis" o "Caminar por la nieve bajo las estrellas", y cosas por el estilo. Las múltiples definiciones de la felicidad que he encontrado se contradicen mutuamente y a menudo resultan vagas o superficiales. A ojos de la ciencia mental analítica y contemplativa con la que me he familiarizado gracias a la amabilidad de los profesores, me embarqué en el intento de desentrañar el significado y el mecanismo de la genuina felicidad y, por supuesto, del sufrimiento».

Ricard sostiene: «He llegado a comprender que, aunque algunas personas son más felices por naturaleza, su felicidad sigue siendo vulnerable e incompleta, y que conseguir la felicidad como estado vital es una auténtica destreza. Requiere un esfuerzo continuado en el entrenamiento de la mente y en el desarrollo de una serie de cualidades humanas, como la paz interior, la autoconciencia y el amor altruista».

Proyectando la felicidad

Hace unos años, la escritora Gretchen Rubin decidió emprender un proyecto para incrementar su felicidad, aunque reconoce (y su marido asegura) que ya era relativamente feliz. Gretchen documentó su viaje en *Objetivo, felicidad*. El subtítulo habla del contenido del libro, o al menos del primer volumen, *De cuando pasé un año de mi vida cantando alegres melodías, ordenando los armarios, leyendo a Aristóteles y, en general, preocupándome menos y divirtiéndome más*. Decidió, pues, centrarse en promover la felicidad en diferentes parcelas de su vida, como el matrimonio, el trabajo, el juego y el dinero. Decidió potenciar una faceta cada mes, durante un año.

«Los estudios contemporáneos demuestran que la gente feliz es más altruista, más productiva, más útil, más simpática, más creativa, más resistente, más interesada en los demás, más amable y más saludable —afirma—. Las personas felices son mejores amigos, colegas y ciudadanos. Yo quería ser una de ellas.» En su sitio web Happiness Project (Proyecto Felicidad), hace una lista con cuatro Espléndidas Verdades. La cuarta, y la más destacada en mi opinión, es: «Nunca serás feliz si no piensas que lo eres. Corolario: Eres feliz si piensas que eres feliz».

Cuando todos los autores que he mencionado hablan de auténtica y profunda felicidad, suelen referirse, a su manera, a la búsqueda del Elemento. De ello habla precisamente Andrew Weil cuando se refiere a sí mismo «sabiendo que era la persona que tenía que ser». Es una de las funciones del «esfuerzo constante» identificadas por Ricard. Está en el punto central del Proyecto Felicidad de Rubin, y en las «actividades intencionales» de Lyubomirsky, así como en los conceptos de bienestar propuestos por Rath y Seligman.

La combinación de felicidad y sentido proyecta nuestra vida hacia una dimensión en la que las tareas parecen más un juego que un trabajo.

Más allá de uno mismo

Si la felicidad es un estado interior, a menudo se ve realzada por la capacidad de trascender la propia realidad y comprometerse con las necesidades de los demás. Dean Cycon se ha dedicado a ayudar a los necesitados desde que era muy joven. «Mi primer encuentro impactante con los desvalidos fue con los New York Mets —me explicaba—. Cuando tenía diez años se formó el equipo de los Mets, que perdió los diez primeros partidos. Estaba repleto de veteranos del béisbol en edad de jubilación que no podían hacer más, pero lo intentaban con toda su alma. Me sentí muy afectado por su voluntad de conseguirlo y por el entusiasmo que demostraban.»

Dean pasó muchos de sus días de escuela defendiendo a niños maltratados por el bullying. A pesar de no ser muy corpulento, se sentía impulsado a luchar —literalmente— por los oprimidos. En la adolescencia, ya tenía muy claro que se puede conseguir un mundo más justo si uno se lo propone con verdadero empeño. Pero fue un programa televisivo que vio cuando iba al instituto lo que le ayudó a encontrar todo el sentido a sus anhelos.

«Estaba viendo las noticias y el presidente Johnson apareció para anunciar el cese de los bombardeos sobre Vietnam del Norte. Me di cuenta de que la única razón para tal decisión era la presión de la opinión pública, que se manifestaba en las calles contra la vergüenza de la intervención estadounidense en Vietnam, encabezada por abogados progresistas como William Kunstler. Fue entonces cuando pensé: esto es lo que quiero hacer.»

Dean estudió derecho, y mientras cursaba la carrera se interesó particularmente por la lucha de los indios americanos por conservar sus tierras y su cultura. Mientras desempeñaba otro tipo de actividades jurídicas para poder pagar sus facturas, pasaba tanto tiempo como podía defendiendo la causa de los nativos, y su reputación fue creciendo. «Se fue divulgando por radio macuto que había un abogado dispuesto a ayudar a las tribus indias en su lucha contra el gobierno y las grandes compañías. Empecé a recibir llamadas desde diversos estados, luego desde Canadá y después de más allá del Atlántico. Empecé a trabajar con los pueblos indígenas de América Latina, y di conferencias en las universidades sobre sus problemas, así como sobre cuestiones medioambientales en los bosques de todo el mundo.»

Tras una de las charlas, un profesor se acercó a Dean para hablarle de un amigo que tenía una tienda de café en Providence. Importaba café de Brasil, pero sabía que los granjeros que lo cultivaban ganaban muy poco dinero por su producto, y vivían en la pobreza.

Quería ayudarlos, pero no sabía cómo. El profesor pensó que una entrevista con Dean podría ser de provecho.

«Me di cuenta de que ayudar a este hombre era una extensión de mi propia pasión. En 1998 fundamos Coffee Kids, la primera organización mundial sin ánimo de lucro destinada a trabajar en las tierras donde se cultiva café. Mi trabajo consistía en acudir a los pueblos, contactar con los granjeros y crear programas para gestionar algunos de los temas más candentes, como el agua, la escolarización o el modo de generar beneficios. El otro socio visitaría a las compañías productoras de café de todo el país para pedirles financiación. Era un trabajo apasionante, pero, transcurridos unos años, me di cuenta de que algo no funcionaba. Estábamos haciendo una gran labor para los granjeros, pero las productoras solo nos apoyaban con unos pocos miles de dólares. No habían cambiado su política respecto a las aldeas productoras, así que el ciclo de la pobreza seguía su rumbo. Además, la publicidad intentaba convencer a sus clientes de que realmente estaban comprometidos con el cambio. Me pregunté qué pasaría si una compañía llegara a pagar cantidades importantes a los granjeros por el café.»

A esas alturas, Dean ya sabía que no le interesaba lo más mínimo seguir siendo abogado. Una gran parte del día a día de la profesión no parecía encajar con su auténtica identidad. Aun así, sabía que tenía que hacer algo más grande y con mayores implicaciones sociales que su proyecto Coffee Kids. Pensando en los granjeros, se preguntó: «¿Qué pasaría si una compañía se implicara realmente en las cuestiones importantes de las aldeas, y adoptara auténticas responsabilidades ante lo que ocurre en las zonas donde adquieren la materia prima a precios tan ventajosos? ¿Sería posible que una compañía combinara ambas actividades y fuera rentable? Si esto fuera posible, habría creado un nuevo modelo que demostrase que la sensibilidad del hombre de negocios no está reñida con el beneficio. Así nació Dean's Beans en 1993».

Dieciocho años más tarde, Dean's Beans es un negocio próspero que vende su café online, al detalle y en cafeterías. La compañía trabaja directamente con los cafeteros en catorce países, estableciendo programas de desarrollo sostenible con todos ellos. Para Dean, se trata de un proceso enormemente directo, sin intermediarios. Él mismo establece los programas, viajando por todo el mundo.

«Si yo fuera una persona tímida no podría hacerlo, porque a veces viajo a lugares peligrosos, que representan un desafío para la salud, con culturas que pueden ser muy diferentes a la nuestra. Amo la aventura, adoro viajar, me atraen las culturas diferentes, y me encanta explorar. Y sí, se trata de justicia social, pero engrana a la perfección con mi personalidad. La gente me dice: "¡Uf!, yo sería incapaz de viajar a Etiopía y vivir en aquellas aldeas" o "Nunca podría viajar a Papúa Nueva Guinea y desnudarme frente a siete mil personas", pero a mí me encanta. Se trata de saber lo que puedes y lo que no puedes hacer. Realmente admiro a los abogados que saben litigar en los juzgados y redactar informes, pero yo soy incapaz. Por eso dejé la abogacía. No sirvo para sentarme en una oficina y rellenar papeles.»

El éxito del modelo de negocio de Dean ha demostrado que el beneficio y la conciencia social son perfectamente compatibles. Hoy día, cuando no está apoyando las reclamaciones de tierra en Sumatra o desarrollando una variedad de café sin emisiones de carbono en Perú, está dando charlas en las que explica su modelo de negocio. «Me encanta que la gente se apasione con lo que yo me he apasionado —me confesó—, y tengo talento para conseguirlo.»

Trabajar con los demás, ayudarles a despegar y concienciar a la gente de lo que puede llegar a conseguir es lo que hace feliz a Dean Cycon. No pudo hacer nada por ayudar a los Mets del 62, pero lo ha compensado con creces desde entonces.

Como Dean Cycon, Craig Kielburger buscaba intensamente un sentido a su vida y esto le llevó a hacer algo que a muy pocos preadolescentes se les habría pasado por la mente. Una mañana de 1995, Kielburger estaba hojeando las páginas de cómics del *Toronto Star* cuando topó con un titular: «Apaleado y asesinado un trabajador infantil de 12 años». El artículo relataba la historia de un niño paquistaní llamado Iqbal Masih vendido como esclavo a los cuatro años, y que se había convertido en una voz influyente en la denuncia de las miserables condiciones de vida de niños como él y en un luchador por sus derechos. Ello provocó su asesinato, y Kielburger —que tenía su misma edad— se sintió conmovido como jamás lo había estado. Decidió aprender todo lo que pudiera sobre los derechos humanos e incluso convenció a sus padres para que lo dejaran viajar al sureste asiático con un activista canadiense. Ver a los niños trabajando bajo deplorables condiciones laborales cambió su vida y la dotó de un propósito. Al volver a casa, enroló a un puñado de compañeros de clase para luchar por los derechos de los niños en todo el mundo. «No fue nada espectacular —confiesa al hablar de sus primeros pasos—. Cursamos un par de peticiones a líderes políticos y a directivos de empresa. Algunos de nosotros dimos charlas en las escuelas y en comunidades religiosas y vecinales, y aquello fue creciendo.»

La organización que estos chicos pusieron en marcha en Thornhill, Ontario, se convertiría en Free The Children, la mayor red mundial de ayuda a la infancia. La organización ha diseñado programas de educación y desarrollo en cuarenta y cinco países con un claro propósito: «Liberar a los niños de la pobreza. Liberar a los niños de la explotación. Liberar a los niños de la idea de que no pueden hacer nada para cambiar las cosas».

Más de un centenar de miles de jóvenes están comprometidos actualmente con Free The Children. Han conseguido reunir dinero para construir cientos de escuelas en los países en vías desarrollo, han enviado millones de dólares en ayuda médica y han desarrollado programas con alternativas que permitirán a los niños de estos países convertirse en algo mejor que trabajadores infantiles o niños soldado.

Kielburger se enfrentó a enormes desafíos en su intento de consolidar Free The Children, pero su determinación no le permitía cejar en sus esfuerzos. «Aunque Free The Children fue fundada para acabar con la explotación y la pobreza infantiles —afirmaba durante una entrevista—, el mayor desafío consistió en demostrar que los jóvenes no eran apáticos ni indiferentes, sino que podían cambiar las cosas. En Free The Children, nos propusimos mostrar al mundo que los jóvenes eran en realidad personas con recursos, creativos y perspicaces, y que tenían una extraordinaria capacidad para transformar la falta de esperanza y la frustración en acciones positivas. ¿Quién puede entender mejor la problemática juvenil que los propios jóvenes?»

«La víspera del regreso del sureste asiático —decía a un reportero en referencia a su primer viaje al exterior—, el presentador de un magacín televisivo de Toronto dijo que a mi edad tendría que estar interesado en las chicas, en el sexo y en los videojuegos, y no en el trabajo infantil. Es desconcertante la cantidad de personas que comparte esa definición de los que es un chico "normal". Lo que hacen es limitar el espíritu y el entusiasmo de los jóvenes. De hecho, he conocido a traficantes de droga con más fe en los chicos que personas normales de Estados Unidos y Canadá en los suyos.»

Kielburger se ha convertido en una voz autorizada, no solo por lo que respecta a su propia causa sino en todo tipo de activismo. Es evidentemente alguien que ha comprendido la importancia de hacer algo significativo para la satisfacción propia, y recomienda que los adolescentes se impliquen en causas que coincidan con sus inquietudes. Incluso ha formulado un plan en siete pasos para que los chicos puedan desarrollar sus propios proyectos sociales:

1. Encuentra tu pasión, escoge tu proyecto.
2. Investiga la realidad.
3. Forma tu *dream team*.
4. Reuníos alrededor de una mesa.
5. Especificad vuestra misión: ¡estableced vuestros objetivos!
6. ¡Poneos en marcha!
7. ¡Poned toda la carne en el asador!

Creo que todos podemos atestiguar la importancia de darlo todo, y aunque yo nunca lo habría expresado de este modo, tampoco podría haberlo dicho mejor.

Estar en tu Elemento es una poderosa forma de incrementar tu felicidad y bienestar pero no garantiza que puedas ser feliz constantemente. Las personas que están en su Elemento también atraviesan malos momentos y tienen que soportar a sus amigos y colegas pesados. También se enfrentan a etapas en las que todo parece ir mal, e igualmente necesitan superar momentos de falta de sueño y exceso de estrés. Pero creo sinceramente en dos cosas. Una de ellas es que estar en tu Elemento incrementa visiblemente las posibilidades de ser feliz con más frecuencia. La otra es que sentir una profunda sensación de felicidad mientras haces algo es un buen indicio de que podrías estar en tu Elemento.

Algunas cuestiones más a considerar:

- ¿Qué diferencias hay entre tu actual sentido del bienestar y el de otras épocas de tu vida?
- ¿En qué momentos te sientes más feliz?
- ¿Sientes que aquello en lo que inviertes más tiempo tiene un sentido real para ti o para otros?
- ¿Encuentras esa actividad especialmente gratificante? ¿En qué sentido?
- ¿Qué te parecería triunfar en algo?
- ¿Qué causas te inspiran?
- ¿Qué incluirías en tu «proyecto de felicidad»?

¿Cuál es tu actitud?

Para estar en tu Elemento debes estar dispuesto a hacer lo necesario. Encontrar tu Elemento no solo tiene que ver con las aptitudes y la pasión, sino con la actitud. En el capítulo cuatro, relacioné el estar en tu Elemento con sentimientos positivos, no negativos, y que ello estaba estrechamente vinculado a un sentido real de felicidad. En el capítulo cinco sugería que los dos factores más importantes para conseguir la felicidad eran tu disposición natural y tu conducta real. En este capítulo vamos a ocuparnos de cómo tus actitudes pueden favorecer o impedir que encuentres tu Elemento, y cómo se relacionan con tu temperamento general, tu disposición y tu tipo de personalidad.

A estas alturas puedes estar más cerca de comprender tus propias aptitudes, y tener una visión más clara de lo que realmente te gusta hacer. Si es así, perfecto. Si no, no te preocupes. Se trata de un proceso, no de un test y, si persistes, estarás más cerca de lo que estás buscando. Todo depende de lo que realmente te importe y de la determinación que pongas en tu búsqueda. Si conoces tu Elemento, necesitas creer en ti mismo y no cejar en tu lucha por él. Si no sabes cuál es, debes sentirte capacitado para buscarlo.

Seguramente encontrarás obstáculos en tu camino. Algunos pueden estar en el mundo que te rodea. Puedes estar limitado por las circunstancias, por tu cultura, por tu trabajo o por la falta de él, por las actitudes de la familia o de los amigos, o por presiones económicas. Volveré sobre el tema en el siguiente capítulo. Pero algunos obstáculos pueden estar en tu interior. Puedes estar demasiado a gusto con tu vida actual para arriesgarte a cambiarla. Puedes sentirte impulsado por las dudas o por tu falta de fe. Para encontrar tu Elemento necesitas preguntarte cuáles son los auténticos obstáculos y dónde se hallan.

¿Vaso medio vacío o medio lleno?

En *El Elemento*, citamos las siguientes líneas de *Hamlet*, de Shakespeare: «No hay nada bueno o malo; es el pensamiento el que lo convierte en tal». Esto es fundamentalmente cierto. He dicho anteriormente que no vemos el mundo ni a nosotros mismos de un modo directo, sino a través de un velo de ideas, de sentimientos y valores. Algunos de ellos los adquirimos en la cultura en la que vivimos, otros mediante nuestras experiencias vitales y el resto a través de nuestra propia personalidad. De igual modo que a alguien le puede apasionar algo que otro odia, todos vemos el mundo a través de diferentes filtros.

A lo largo del libro me he resistido a sugerir o a recomendar diferentes categorías de persona en las que podrías encajar. Como individuos, somos seres infinitamente complejos y vamos cambiando con el transcurso del tiempo y gracias a nuestras experiencias personales. De todos los aspectos que hemos analizado —aptitudes, estilos de aprendizaje y pasión—, ninguno resulta más complejo que la disposición y la actitud. De modo que habrá que trabajar este aspecto.

Ejercicio 11: ¿Cómo ves las cosas?

En este capítulo voy a ofrecer algunas definiciones prácticas para ciertos términos, como personalidad, temperamento, disposición y actitud. También revisaremos los diversos intentos de categorizar a las personas en «tipos». Conforme vayas leyendo:

• Pregúntate de forma crítica si tienen sentido para ti y si se te pueden aplicar. ¿Crees que alguno de ellos sirve para describirte de forma precisa?

• Ten a mano un cuaderno donde puedas apuntar algunas palabras clave (no frases) que puedan describir tus perspectivas en la vida y las que, al menos de momento, descartarías claramente.

• ¿Ves algún modelo o pauta en común? Utiliza cuatro colores diferentes y rodea con un círculo cada palabra, en función de si consideras que:

  • Es positiva.
  • Es negativa.
  • Te estimula para avanzar.
  • Te retrae.

• Observa la totalidad de la lista y cómo la has coloreado. ¿Crees que representa un perfil acertado de tus perspectivas momentáneas? ¿Ves alguna necesidad y margen para el cambio y el desarrollo?

• Cuando hayas acabado de leer el capítulo, haz una consulta rápida por internet y busca «tests de actitud». Encontrarás muchos. Yo he sugerido unos cuantos en las notas de este capítulo y al final del libro. Inténtalo con algunos y compara los resultados.

Antes de que pasemos a las formas de pensar en las actitudes, te presento un ejemplo de hasta qué punto la actitud puede marcar la diferencia.

Ver a través de las barreras

Algunas personas perciben su Elemento de forma fácil y sin resistencia. Otras tienen que luchar duramente contra las actitudes de los demás y a veces contra las suyas propias. Tomemos, por ejemplo, a Jef Lynch. Partiendo de la descripción del anuncio, ni siquiera debería haberse molestado en asistir a la entrevista. General Motors estaba buscando a un instructor de prácticas para furgonetas en la división de Chevrolet, un trabajo que Jef deseaba más que ninguna otra cosa. Se requería una licenciatura universitaria, y Jef jamás había ido a la universidad. También tendría que comprarse un traje y unos zapatos para la entrevista y hacer algo para limpiar sus manos, que él mismo describía como «monstruosas» a causa de todo el trabajo realizado como mecánico en un concesionario local de Chevrolet. Parecía improbable que lo consiguiera.

Pero consiguió el trabajo. Como a mi hermano Derek, a Jef le apasionaban los coches. «He estado montando y desmontando todo lo que pasaba por mis manos desde que empecé a caminar», me dijo. Tenía, además, un compromiso irrenunciable con la excelencia en el trabajo, que traslucía de forma tan evidente que el ejecutivo de GM que lo entrevistó pasó por alto su falta de preparación académica. Una vez conseguido el puesto, Jef tuvo que enfrentarse a la realidad en un entorno totalmente nuevo y distinto al anterior.

«Cuando conseguí el trabajo, toda mi vida cambió. En una semana volé hasta Saint Louis para aprender el oficio de instructor de prácticas para las furgonetas Chevrolet. Nunca había ido en avión. Nunca me había movido de mi zona. Al final de la semana me sentía tan intimidado que dejé el coche en el parking para dirigirme a casa a pie. Pero cuando llegué, me di cuenta. "¡Uf, lo he conseguido!" Nadie podía imaginar lo asustado que estaba.»

Jef lo hizo de maravilla, pero eso no significó que pudiera relajarse y dejar de luchar. La promoción al servicio de reparaciones supuso un nuevo desafío. «Era un trabajo realmente importante porque tenías que autorizar reparaciones por millones de dólares al año y asesorar en el servicio al cliente. Lo odiaba porque, cuando eres tú el que maneja los hilos, todo el mundo quiere dinero y es capaz de mentirte constantemente. No era un buen trabajo para mí. Tenía un amigo que trabajaba en el General Motors Training Center de Dedham, Massachusetts. Yo me había criado en Dedham y siempre me había preguntado al pasar junto al centro cómo sería trabajar allí. Le dije a mi superior en Chevrolet que agradecía todo lo que había hecho por mí pero que odiaba mi trabajo, y que me podría ir bien en el centro de formación. Me ayudó, y conseguí una entrevista.»

La siguiente barrera fue su edad. Era mucho más joven que los otros instructores, en un campo en el que la experiencia es un factor decisivo. Pero le abrieron las puertas, y Jef se convirtió en el instructor más joven de la historia y el único sin titulación universitaria. «La suerte y la oportunidad tuvieron mucho que ver —me explicó, pero lo que añadió a continuación puede ser aún más significativo—: La clave está en prestar atención cuando se presenta la oportunidad y no dejarla pasar de largo.»

La vida iba colocando ante Jef señales de Stop, pero Jef, hábil piloto callejero en su juventud, siguió conduciendo y superándolas. Su nuevo puesto le exigía traducir lo que los ingenieros planteaban —y en un mundo cada vez más informatizado, era casi el equivalente a aprender mandarín—, para ayudar a los mecánicos a hacer su trabajo. En lugar de acobardarse, Jef aprovechó su habilidad innata para los coches y su reciente experiencia como mecánico para interpretar la información de una forma que los instructores veteranos no sabían hacer.

«Empecé a coger los materiales y a rescribirlos, creando así mi propia documentación. Todo el mundo comenzó a utilizarla, así que decidí escribir todo el material para el centro de formación. Supongo que pensaron que sería más fácil dejarme hacer que enfrentarse a mí. Acabé escribiendo un puñado de libros que imprimí por mi cuenta, y que la gente compraba como loca. Fundí tres de mis libros en uno solo y se vendió por todo el mundo.

»Cuando la informática se introdujo en el mundo de la automoción, acabé de entenderlo todo. Nos tenían analizando datos por ordenador en un escáner manual. El escáner se actualizaba tan poco que surgían todo tipo de problemas intermitentes. Decidí que necesitaba tener un auténtico osciloscopio de diagnóstico. En Burlington, Massachusetts, había un outlet de Tektronix. Los osciloscopios cuestan un dineral, así que me dirigí a la puerta principal y me presenté. Les dije lo que quería hacer, vino el jefe y le expliqué lo que necesitaba. Me remitió a un técnico, que a su vez se puso en contacto con el jefe de servicio, y lo último que recuerdo es a la gente de la oficina haciendo llamadas.

»Conseguí el equipamiento gratis porque les hablé de forma inteligente, sin adoptar un tono o una actitud pedante, y también porque les hice ver que se trataba de una excelente oportunidad de vender aquel tipo de equipamiento de un modo que nunca habrían soñado. Al final acabé con un aparato Tektronix viajando durante dos semanas por todo Estados Unidos y mostrando a la gente cómo utilizar los osciloscopios mientras la empresa los suministraba gratis. Incluso escribí un libro sobre cómo utilizar el osciloscopio de Tektronix. Y eso me llevó a otro negocio. Acabé dando conferencias en las universidades y escuelas profesionales. He pertenecido a la junta directiva de un par de escuelas de formación.»

Un auténtico salto cualitativo para alguien que un día se sintió tan intimidado por su falta de calificación que casi le hicieron desistir de aprovechar su primera gran oportunidad. Lo que Jef Lynch aprendió relativamente pronto es que los obstáculos a veces existen solo en la mente. «Yo no veo las barreras que otros ven. Con Tektronix me limité a cruzar la puerta y empezar a hablar con la gente. Todo lo que hago, lo hago así.»

Jef ya está jubilado, pero eso no le ha impedido escalar otras montañas. Regenta una compañía que construye y repara coches de altas prestaciones, y en su tiempo libre se dedica a diseñar un nuevo y revolucionario motor. Supongo que tendrá éxito en sus nuevos retos, como lo ha tenido en los anteriores, porque Jef siempre ha entendido dónde estaba en cada momento, y adónde quería llegar.

La historia de Jef es un poderoso ejemplo de cómo la actitud puede ser decisiva en el descubrimiento de tu Elemento. Tiene una aptitud natural para lo que hace, pero también le apasiona. Otros podrían haber desistido de dar el paso debido a su falta de calificación académica. Jef no. Tal como él dice, no ve las barreras que otros ven. Su historia ofrece una elegante prueba de que, si no ves las barreras, en realidad no existen.

¿Quién eres?

En el capítulo cuatro hice una distinción general entre mente, conciencia y personalidad, y afirmé que la «personalidad» es tu disposición general hacia ti mismo y hacia el mundo que te rodea. Por supuesto, la personalidad tiene muchas facetas. Permíteme que insista en tres aspectos especialmente importantes en estas líneas: tu temperamento, tu disposición y tu carácter. Como las diversas palabras utilizadas para describir el amor, estos tres términos se usan a veces superponiéndose e incluso como sinónimos, pero cada uno de ellos apunta en realidad a diferentes aspectos de la personalidad.

Por temperamento entiendo tus típicos patrones de conducta, tus sensaciones y tus respuestas. Tu temperamento natural afecta a tu manera de ver el mundo, de actuar en él, y a lo que atrae tu interés y estimula tus pasiones. Es lo que queremos decir cuando afirmamos que algunas personas tienen un temperamento artístico, científico o religioso.

Por disposición me refiero a tus habituales estados de ánimo y actitudes: si eres alegre por naturaleza, por ejemplo, cínico, optimista o pesimista, es decir, si tiendes a pensar que tu vaso está medio lleno o medio vacío.

Por carácter aludo a tus cualidades morales, que incluyen la honestidad, la lealtad, el coraje, la determinación y sus opuestos y variaciones.

Tu herencia biológica afecta a tus niveles de felicidad porque influye sobre tu temperamento, tu disposición y tu carácter. Pero no los determina. Una manera de distinguir el temperamento de la disposición es afirmando que el temperamento es aquello con lo que naces, mientras que la disposición evoluciona gracias a tus experiencias vitales. Aunque algunos rasgos de tu temperamento son relativamente inalterables, tu disposición cambiará conforme tus experiencias aumentan y vas madurando. Esto es especialmente cierto por lo que respecta a tus actitudes contigo mismo y a lo que eres capaz de conseguir.

El temperamento y la disposición son tu orientación general en el mundo. Las actitudes son expresión de tu temperamento y de tu disposición, pero son más específicas. Una actitud física es una toma de posición para abordar la realización de algo práctico: sacar jugando al tenis, levantar un peso o prepararte para correr o reforzarte para las dificultades. Una actitud mental también es una postura que tomamos, por ejemplo, ante una situación, un tema o una relación.

Una actitud es un punto de vista. En geometría analítica una actitud es un ángulo de inclinación. También en tu conciencia, donde la actitud es el ángulo o perspectiva desde la que percibes algo. Dos personas enfrentadas a la misma situación pueden verla de forma distinta, tal como reconocerán todos los abogados de litigios. Pueden verlo incluso desde posiciones físicamente distintas, que afectan a lo que ven. Incluso pueden verlo desde la misma posición física, pero desde «puntos de vista» completamente distintos.

La buena noticia es que, como tu disposición general, tus actitudes particulares también pueden cambiar. Nuevas ideas e información, nuevas percepciones y experiencias pueden reformular tu modo de ver las cosas. El hecho de ver el vaso medio lleno o medio vacío es a veces una cuestión de elección y experiencia. Puede afectar de forma decisiva al modo en que encontrarás tu Elemento. Por ejemplo, veamos la historia de Sue Kent.

Causar buena impresión

Susan Kent vive en Swansea, Gales, y es masajista profesional. En 2012 era masajista oficial del equipo paralímpico británico en Londres. Tiene su propia consulta en Londres y Swansea, y enseña sus técnicas a otros masajistas. Lo que hace que sus logros sean tan especiales es el hecho de que Sue nació con una minusvalía en los brazos. Sus brazos miden solo algo más de 20 centímetros de largo, y solo tiene siete dedos. No puede dar masajes con sus manos; los da con los pies. Sus clientes se tienden en el suelo y ella les da masajes mientras se sienta en un banco.

Los brazos de Sue no se desarrollaron con normalidad porque a su madre le habían prescrito talidomida cuando estaba embarazada. Durante varios años de la década de los setenta, la talidomida fue ampliamente recetada para aliviar las náuseas del embarazo. Luego se averiguó que interfería con el desarrollo normal del feto y causaba numerosos defectos de nacimiento. Entre enormes controversias médicas y legales, la talidomida finalmente fue retirada. Más de diez mil niños se vieron afectados, muchos de los cuales nacieron con graves minusvalías físicas, entre ellos Sue.

Sue, de cincuenta años, ha intentado siempre superar los múltiples desafíos a los que se ha tenido que enfrentar desde su niñez. Con el tiempo ha ido practicando la natación, la equitación, el surf y el ballet. «Siempre he trabajado haciendo las cosas a mi manera», dice. Cuantas más personas conozcan su enfermedad, «más normal resultará, y menos gente se comportará de forma estúpida».

Sue se casó y tuvo sus propios hijos. Cuando abandonó «la burbuja» de criar a sus niños, decidió que debía continuar desafiándose a sí misma y a los demás. Trabajó durante un tiempo en marketing y publicidad, pero lo dejó al tener que hacerse cargo de sus padres cuando estos enfermaron. Ya en casa, su hijo se lesionó la espalda navegando, y empezó a darle masajes para aliviarle el dolor. La cosa fue tan bien y Sue disfrutaba tanto que empezó a preguntarse si podría ganarse la vida con aquello. Finalmente, se matriculó en la Universidad de Gales para obtener una diplomatura en masaje deportivo. Algunos de sus tutores se mostraron escépticos respecto a la posibilidad de que pudiera dar masajes con los pies. Realmente fue duro y necesitó más de un año para desarrollar sus propias técnicas y adaptar los músculos de la pierna y del pie para poder hacerlo de forma efectiva.

Los pies de la mayoría de las personas se endurecen con el uso cotidiano. Los de Sue tienen que ser sutiles y sensibles. Tras una serie de tratamientos de pedicura y acondicionamiento, encontró una solución. Encargó a un fabricante de guantes que le confeccionara unos guantes para pie de goma suave para protegerlos «mientras caminaba durante el día y realizaba sus otras actividades».

Sue demostró que sus detractores estaban equivocados y fundó su propia compañía, Enjoy Feet. Se ha convertido en la única terapeuta masajista del Reino Unido autorizada para utilizar esta técnica con sus clientes. La mayoría de ellos se muestran desconcertados al principio, pero luego dicen que lo que sienten es como una mano grande y que es mejor, porque la superficie tratada es mayor. «Los estiramientos son divertidos, porque tengo que colocar los pies del paciente bajo mis axilas. Trato a muchos hombres y he tenido que hacer levantamiento de pesas para darles masajes firmes. La fortaleza de mis piernas me permite manejarme bien con los músculos.»

Fue seleccionada para el equipo paralímpico tras tres años de práctica como terapeuta profesional. Fue un apasionado reto personal. «Quería comprobar si podía entrar en el mundo del deporte de alto nivel —dijo—. Para los atletas paralímpicos, poder hacer lo que hacen es algo fenomenal. No podía resistirme a formar parte del proyecto.» También quería desafiar los estereotipos a los que se enfrenta la gente con minusvalías. «Espero inspirar a otras personas con minusvalías y mostrarles que no tienen por qué conformarse con un trabajo que consista en sentarse tras una mesa frente a un ordenador.»

Sue Kent es un impresionante ejemplo de lo que Carol Dweck llamaría «mentalidad en crecimiento».

Cambiar tu mentalidad

Carol Dweck es una psicóloga de la Universidad de Stanford. Durante más de veinte años, sus investigaciones se han centrado en analizar cómo la disposición y las actitudes de las personas influyen en sus logros. «La visión que tienes de ti mismo —asegura— puede determinar si te convertirás en la persona que quieres ser y si conseguirás las cosas que valoras.» En su libro *La actitud del éxito*, Dweck describe dos actitudes radicalmente diferentes, que ella denomina «fija» y «de crecimiento».

Las personas con mentalidad fija tienden a pensar que las cualidades personales como la inteligencia y el talento son innatas y no pueden cambiarse. Simplemente están «talladas en la piedra». Una mentalidad fija suele «crear una urgencia de ponerte a prueba una y otra vez». Si piensas que solo tienes determinada cantidad de inteligencia, cierta personalidad y cierto carácter moral, «quizá será mejor que demuestres poseer una dosis saludable de todo ello. Simplemente no quedaría bien sentirse deficiente en estas características tan básicas».

La mentalidad fija se ve reforzada constantemente, dice Dweck, por ciertas formas de educación, y también por las populares imágenes de los tests de CI, que ofrecen cifras dadas para cualidades como la inteligencia. Muchísimas personas con mentalidades fijas están obsesionadas con «el agotador objetivo de ponerse a prueba» en la clase, en sus trabajos o en sus relaciones. ¿Tendré éxito o fracasaré? ¿Pareceré brillante o estúpido? ¿Seré aceptado o rechazado? ¿Me sentiré como un ganador, o como un perdedor? La gente con mentalidad fija tiende a pensar que las aptitudes y disposiciones «son simplemente las cartas con las que te ha tocado jugar en la vida». Si opinas igual, puedes estar siempre «intentando convencerte a ti mismo y a los demás de que tienes una escalera de color cuando secretamente estás preocupado porque solo dispones de un par de dieces».

La mentalidad de crecimiento es totalmente diferente. Se basa en la creencia de que puedes desarrollar tus aptitudes y posibilidades mediante tu propio esfuerzo. Aunque la gente difiere en su herencia genética, los que tienen una mentalidad de crecimiento creen que «todos podemos cambiar y crecer a través de la aplicación y la experiencia».

Uno de los más antiguos debates sobre el desarrollo humano se centra en la relación entre naturaleza y crianza. Tus habilidades y logros ¿dependen más de la biología o de la experiencia? El punto de vista científico y filosófico dominante hoy día es que existe una relación dinámica entre naturaleza y crianza y que su influencia es mutua. Como el resto de tu cuerpo, tu cerebro continúa evolucionando a lo largo de tu vida, y las nuevas experiencias y habilidades generan nuevos caminos y redes neuronales.

El enfoque de Carol Dweck se basa en el principio del crecimiento y la evolución. En sus propias palabras, «cada persona presenta una dotación genética única. Se puede partir de diferentes temperamentos y actitudes, pero está claro que las experiencias, la formación y el esfuerzo personal llevan las riendas el resto del camino». La mentalidad de crecimiento tiene su raíz en la idea de que es imposible saber si las personas son realmente capaces de obtener logros siguiendo el camino correcto y con el esfuerzo y la dedicación que se requieren. «La pasión por darte a ti mismo incluso, y especialmente, cuando las cosas no parecen ir bien, es el sello distintivo de la mentalidad de crecimiento.»

Déjame darte un ejemplo más de cómo la mentalidad de crecimiento permitió a alguien encontrar su Elemento luchando contra todo tipo de obstáculos.

Ya mencioné en el capítulo tres que si vives alejado del océano y nunca has puesto el pie en un barco, no sabrás si estás dotado para la navegación. A no ser que te llames Ellen MacArthur. Ellen experimentó un viaje muy poco común, en todos los sentidos de la palabra. A los veintidós años poseía ya el récord de velocidad en la vuelta al mundo en solitario sin etapas. Pero su carrera como patrona de navegación no pudo haber tenido un inicio menos prometedor. Había nacido lejos del mar, en un barrio obrero de Inglaterra, y no podría haber estado más alejada del mundo de la competición a vela. Pero desde joven, Ellen se sintió atraída por el océano, y se propuso atravesarlo.

«Navegar alrededor del globo fue un sueño para mí desde el momento en que estuve por primera vez en un barco a los cuatro años —me explicaba—. Mi tía Thea se había comprado uno, en el que estuvo trabajando dos años hasta dejarlo listo para navegar, y mis abuelos maternos nos llevaron a mi hermano mayor y a mí por la costa del sureste para navegar unos cuantos días. Recuerdo perfectamente la emoción al ver el barco por primera vez, cuando subí a bordo y le eché un vistazo a la diminuta cabina; era como una casa en miniatura. Pero lo que aún recuerdo como si fuera ayer es cuando se izaron las velas por primera vez. Mientras el barco se movía, yo sentí la mayor sensación de libertad que jamás había experimentado. Para una niña criada tierra adentro en el Derbyshire, era una experiencia alucinante.

»A partir de aquel momento, la navegación se convirtió en mi vida, pese a no tener amistades con las que compartir mi pasión. Mis escuelas estaban situadas en una ciudad minera con escasa actividad en aquella época, y alcanzar las estrellas con la mano no era precisamente algo que estuviera en el ambiente. Si hubiera dicho que mi sueño era circunnavegar el globo, todos habrían pensado que me había vuelto majareta. Así que lo guardé para mí.»

Cuando aún estaba en la escuela, Ellen empezó a ahorrar el dinero del cumpleaños y de la Navidad para comprar un barco, y finalmente consiguió reunir la cantidad necesaria. Pero aún se vio obligada a posponer su sueño para iniciar una carrera universitaria. Quería ser veterinaria, pero las notas bajas y una fiebre glandular lo convirtieron en una posibilidad remota. Ahora considera aquel revés como «lo mejor que me pudo haber pasado».

«Cuando llevaba ya tres semanas de enfermedad, un día, a las dos de la madrugada, vi un programa de televisión sobre la Withbread Round de la World Race. Conforme iba viéndolo, me pareció que mi sueño de navegar alrededor del mundo era posible. Las imágenes de los navegantes en plena carrera surcaban la pantalla, y de pronto me di cuenta de que podía dar la vuelta al mundo sin tener que comprar un barco. Podía buscar un patrocinador.

»Al cabo de una semana ya me había recuperado y dos meses más tarde dormía en el suelo de una escuela náutica en Hull, en la costa este de Inglaterra, aprendiendo vela y navegación. Me quedaba hasta altas horas de la madrugada aprendiendo el funcionamiento de las luces en un programa por ordenador, o paseando por la orilla del río identificando barcos. Doce meses más tarde salía de aquel puerto para aventurarme en mi primer viaje en solitario alrededor de Gran Bretaña. Era el año 1995. Tenía dieciocho años, y aquel fue el principio de un viaje de cuatro meses y medio. ¡El futuro se desplegaba ante mí!

Durante aquel año atravesó dos veces el Atlántico, y durante los dos siguientes llevó a cabo tres travesías más, incluidas dos enteramente en solitario. Buscó patrocinadores, un auténtico desafío, porque no era conocida en el mundo de la navegación, pero a los veintidós años encontró el apoyo de Kingfisher PLC para dar la vuelta al mundo.

«En el mar yo estaba en mi Elemento. Tenía que procesar datos procedentes de un millón de fuentes y traducirlos en velocidad, teniendo cuidado de no cometer un error que pudiera acabar allí mismo con mi vida. La primera vez que piloté mi yate Kingfisher pensé que estaba en el cielo. Me sentía tan feliz que atravesé con él medio mundo solo para entrenarme. Dos semanas más tarde ganaba con él mi primera carrera contra los mejores navegantes en solitario del mundo. A finales de aquel año emprendí la Vendée Globe, la carrera en solitario sin etapas alrededor del mundo, y quedé segunda. Cuatro años más tarde, tras construir un trimarán de veintitrés metros de eslora, conseguí el récord de velocidad en la vuelta al mundo en solitario y sin etapas. Estaba haciendo realidad mi sueño. Entonces supe que todo era posible.»

Encontrar tu Elemento depende del descubrimiento de tus aptitudes y pasiones. Ellen descubrió el suyo a temprana edad, y en circunstancias bastante inverosímiles. Pero, como Sue, para encontrar realmente su Elemento tuvo que poner a prueba sus propios límites y creer firmemente en sus posibilidades. Para ellas y para ti, es una cuestión de actitud y de personalidad.

Clasificar la personalidad

¿Qué tipo de personalidad tienes? El hecho es que nuestras personalidades individuales se diferencian tanto entre sí como nuestras apariencias físicas. Del mismo modo que tienen distintos conceptos del amor, las culturas han intentado también clasificar los tipos de personalidad, que van desde la científica hasta la metafísica y la oculta. Ninguna de ellas es universalmente aceptada, por la simple razón de que los seres humanos son infinitamente variables. Aun así, puede resultar útil pensar en tu propio temperamento, disposición y aptitudes en relación con los diferentes conceptos de los tipos de personalidad.

Uno de los sistemas de clasificación más antiguos fue desarrollado en el primer milenio a. de C. por los astrólogos de la actual región de Oriente Medio. No entraré aquí en detalles sobre los diversos tipos astrológicos, porque son bien conocidos. Pero es interesante conocer sus fundamentos. Se basan en los cuatro elementos: el agua, la tierra, el aire y el fuego. Cada uno de ellos está asociado a tres signos del zodíaco:

- Agua: Piscis, Cáncer y Escorpión
- Aire: Acuario, Géminis y Libra
- Tierra: Capricornio, Tauro y Virgo
- Fuego: Aries, Leo y Sagitario

Según la astrología, tu personalidad depende de la constelación bajo cuyo signo has nacido. Si te interesan los estereotipos, es interesante saber que los signos de aire y fuego se consideran positivos, extrovertidos y masculinos; los signos de agua y tierra son negativos, introvertidos y femeninos.

Los signos de las estrellas continúan influyendo en lo que la gente opina sobre su personalidad y su «sino» en la vida. Los astrólogos siguen prediciendo los acontecimientos de la vida basándose en su lectura de las cartas astrológicas. Hay buenas razones para mantenerse escéptico al respecto, tal como mencioné en la introducción cuando hablaba del efecto Forer. Mi padre fue escéptico toda su vida con respecto a los signos de las estrellas y a las predicciones astrológicas. Siempre me gustaba decirle que no se tomaba esas cosas en serio porque era Virgo, y que los Virgo no creen en ellas.

Sentido del humor

Otro sistema casi tan antiguo como los signos astrológicos, aunque muy en desuso, es la confusamente desagradable teoría de la personalidad basada en los humores corporales. Aun así, puedes reconocerte en ella de algún modo. El médico griego Hipócrates (460-370 a. de C.) creía que la personalidad se veía afectada por los fluidos o humores corporales: la sangre, la bilis amarilla, la bilis negra y la flema. Ya te he dicho que no era agradable. Cinco siglos después, el médico romano Galeno (131-200 d.C.) combinó la teoría de los humores con la de los cuatro elementos para sugerir diversos tipos de temperamento: sanguíneo, colérico, melancólico y flemático. Cada uno de ellos se consideraba el resultado del exceso del humor correspondiente.

A los sanguíneos les encanta salir y suelen ser extrovertidos, carismáticos y confiados. También pueden ser sensibles, compasivos, reflexivos, y necesitan tiempo para sí mismos. Los coléricos son ambiciosos y felices cuando llevan la voz cantante. Tienden a enfocar la vida de forma extrema, y son proclives a oscilar entre el entusiasmo y la depresión.

El melancólico es esencialmente introvertido y reflexivo. Los melancólicos son sensibles a los sentimientos de los demás, y pueden sentirse especialmente afectados por las tragedias y las crisis.

A menudo les interesa el arte, especialmente la literatura y la pintura. Prefieren trabajar solos, y a veces pueden llegar a recluirse.

Los flemáticos son tranquilos y relajados, tienden a ser amables con los demás, y normalmente se sienten contentos y satisfechos. Se adaptan lentamente a los cambios. Les gusta la rutina y estar entre la gente y las cosas que les resultan familiares. Son persistentes y metódicos, les gusta hacer bien el trabajo y llegar hasta el final.

La teoría de los humores dominó el pensamiento sobre los tipos de personalidad hasta la eclosión de la ciencia moderna en los siglos XVIII y XIX. Cuando la psicología se desarrolló como disciplina, se llevaron a cabo nuevos intentos de clasificar las innumerables manifestaciones de comportamiento y relación del ser humano.

Desde el interior

En 1921, Carl Jung publicó *Los tipos psicológicos*, obra que ejerció un importante impacto en la psicología y en la cultura popular, y sigue siendo una de las teorías sobre la personalidad más influyentes. La obra de Jung se basaba en más de veinte años de estudios psicológicos. No se centraba tanto en la clasificación de patrones de conducta como en la comprensión de cómo se relaciona la gente con el mundo. Fue Jung quien desarrolló la idea de la introversión y la extroversión, tema de tantas conversaciones contemporáneas.

Según Jung, la introversión y la extroversión son modos de atención y compromiso. El introvertido se orienta más hacia el mundo interior, y el extrovertido hacia el mundo exterior. La introversión se caracteriza normalmente por una naturaleza «dubitativa, reflexiva y retraída que se encierra en sí misma»; la extroversión, por «una naturaleza acomodaticia, ingenua y expansiva que se adapta con facilidad a una situación dada, forma vínculos con facilidad y, dejando de lado posibles momentos de duda, a menudo se aventura hacia el futuro con despreocupada confianza hacia situaciones desconocidas». Pese a su declarada objetividad, es fácil tener la impresión de que Jung no sentía excesiva simpatía por los extrovertidos. No obstante, afirmaba que nadie es exclusivamente extrovertido o

introvertido. «Aunque cada uno de nosotros depende invariable-
mente de una actitud más que de otra en el proceso de seguir nuestras inclinaciones naturales, la actitud opuesta sigue estando latente.»

Además de estas dos actitudes, Jung identifica cuatro modos de
orientación:

- Pensamiento: el proceso de razonamiento consciente.
- Sensación: la percepción del mundo a través de los sentidos
  físicos.
- Sentimiento: el proceso de evaluación subjetiva.
- Intuición: el proceso de percepción inconsciente.

Jung combinó las dos actitudes y los cuatro modos para sugerir ocho
posibles tipos de personalidad. Tuvo buen cuidado en puntualizar
que este sistema de clasificación no explicaba todas las diferencias
psicológicas individuales y que no lo había concebido como un método para etiquetar a la gente. Lo vio ante todo como una manera de
entender las similitudes y las diferencias entre la gente, con vistas al
análisis y al tratamiento. Tampoco tenía en mente un esquema general de aplicación práctica.

Sea como fuere, el sistema jungiano ha sido ampliamente utilizado
como base de diversos sistemas de clasificación de los tipos de personalidad, y hoy en día es usado en los negocios, la educación, la formación y el coaching y la consultoría profesional. El más conocido es el
indicador Myers-Briggs de tipos de personalidad (MBTI). El sistema
fue desarrollado en la década de 1940 a partir de los escritos de Jung
por Catherine Cook Briggs y su hija, Isabel Briggs Myers. El MBTI
utiliza la teoría de Jung y combina los conceptos de atributos y preferencias para generar dieciséis tipos de personalidad diferentes. El
sistema de test MBTI ha sido diseñado para ayudarte a descubrir tu
propio tipo mediante un autoanálisis basado en cuatro dimensiones:

- Extroversión (E) - Introversión (I)
- Sensación (S) - Intuición (In)
- Pensamiento (P) - Sentimiento (Se)
- Calificador (C) - Perceptivo (Pe)

Los resultados generan uno de entre dieciséis códigos de cuatro letras, que configuran tu tipo de personalidad. (Si te interesa saberlo, el mío es INFP). El MBTI asegura que los dieciséis tipos de personalidad cubren todas las posibilidades, al menos con la amplitud suficiente para resultar útiles y fiables. Esto no significa que no seamos todos realmente únicos. «Un centenar de personas con el mismo tipo de personalidad en una habitación serían todas diferentes, porque tienen padres, genes, experiencias e intereses diferentes. Pero también tendrían gran cantidad de cosas en común.»

El MBTI está basado en la suposición de que la elección de tu vida y de tu carrera debería basarse en la comprensión precisa de tus habilidades, intereses y valores. Lo que a veces los técnicos de MBTI llaman «los tres grandes». Estas características pueden evolucionar con el paso del tiempo. Conforme ganas en experiencia laboral, adquieres nuevas habilidades. «Al vivir más, puedes experimentar nuevos intereses y descartar los antiguos. Los objetivos suelen cambiar con el paso del tiempo.» Tu tipo no tiene por qué determinar tu habilidad o predecir el éxito, sino que está concebido «para ayudarnos a descubrir lo que realmente motiva y carga de energía a cada uno de nosotros, y nos capacita para buscar estos elementos en el oficio que elegimos desempeñar».

En El Elemento comentaba que todos los sistemas de clasificación tenían deficiencias, incluido el MBTI. Tu enfoque debería ser crítico y no intentar amoldarte a ellos. Si los utilizas como un modo de generar preguntas e ideas sobre ti mismo, pueden resultarte útiles. Si lo haces para etiquetarte y autolimitarte, no lo serán.

Una cuestión de temperamento

En ese mismo espíritu, encuentro particularmente interesante el siguiente sistema de clasificación, basado en estudios a largo plazo realizados con niños y padres. Todos hemos sido niños y tuvimos padres de uno u otro tipo. Por tanto, es un marco de referencia aplicable a todos nosotros. Me gusta porque no sugiere un número establecido de tipos de personalidad; sugiere dimensiones de la personalidad que se combinan de muchas formas distintas en cada uno de nosotros.

El doctor Alex Thomas y la doctora Stella Chess eran marido y mujer y formaban un equipo de psiquiatras en Nueva York. Mostraban un interés particular en la idea de temperamento, que definían de una forma que lo relacionaba con los conceptos de actitud y pasión, tal como los utilizo aquí. El temperamento, decían, debe distinguirse de otras dos cualidades presentes en los individuos:

- Lo que puedes hacer: tus habilidades y talentos
- Por qué lo haces: tus motivaciones y propósitos
- Temperamento: tus estilos de conducta

A través de estudios de la conducta de los niños a largo plazo, Chess y Thomas identificaron nueve atributos de conducta, y sugirieron que todos los niños (al igual que los adultos) se diferenciaban en cada uno de dichos rasgos en una escala que iba de bajo a alto. Puedes aplicártelo a ti mismo y a la gente que conoces.

La sensibilidad se refiere a la cantidad de estímulos que un niño necesita para provocar una respuesta. ¿Se ve perturbado el niño por estímulos externos como ruidos, texturas o luces, o parece ignorarlos? «Algunos niños —dice la doctora Chess— parpadean ante la luz del sol, mientras que otros gritan. Algunos apenas notan un ruido fuerte, mientras que otros son especialmente sensibles a él.»

La intensidad se refiere al nivel de energía de la respuesta de un niño. «Un niño de alta intensidad puede reír en voz alta y gritar; un niño de baja intensidad tendrá una sonrisa tranquila. En un estado de ánimo negativo, el niño de alta intensidad chillará y llorará en voz alta; el de baja intensidad gimoteará y protestará levemente.»

La actividad se refiere a la energía física del niño. «Un niño de baja actividad puede estar horas mirando tranquilamente la tele. Un niño de alta actividad tenderá a saltar a menudo y a moverse para ir a buscar una bebida o cualquier otra cosa. Algunos niños prefieren juegos de intensa actividad y un movimiento continuo, cualquiera que sea el juego.» Un niño muy energético puede tener dificultades para permanecer sentado en clase, mientras que un niño de baja energía puede tolerar un entorno muy estructurado. El primero puede utilizar habilidades motoras de gran actividad, como correr y saltar con frecuencia. Un niño de bajo nivel de actividad preferirá los sistemas motores más sutiles, como dibujar y hacer puzzles.

La adaptabilidad se refiere al tiempo que el niño necesita para ajustarse al cambio con el paso del tiempo, en contraste con la reacción inicial. ¿Se ajusta a los cambios de su entorno con facilidad, o se resiste? Un niño que se ajusta fácilmente puede adaptarse con rapidez a una nueva rutina; un niño reacio puede tardar más en ajustarse a la situación.

Acercamiento o retraimiento se refieren al modo en que el niño responde a los estímulos, incluidas personas y situaciones nuevas. «Algunos niños tienden a sentirse a gusto ante una nueva situación de forma inmediata. Otros se sienten molestos y se retraen hasta que se sienten más cómodos.» Un niño audaz tiende a aproximarse con rapidez a las cosas, como si no pensara, mientras que un niño precavido prefiere observar durante un tiempo antes de comprometerse en nuevas experiencias.

Período de persistencia y atención se refiere a la cantidad de tiempo invertida en una tarea, y a la capacidad de seguir con ella a pesar de las frustraciones. Un niño altamente persistente continuará con la actividad y volverá a ella pese a las distracciones e interrupciones de que sea objeto. Un niño de baja persistencia perderá el interés más rápidamente y puede dejar la tarea sin acabar.

Regularidad se refiere a los ritmos biológicos, que incluyen el sueño, el hambre y las deposiciones. «Algunos niños son muy regulares en sus funciones biológicas y duermen, se despiertan y comen a la misma hora cada día.» Otros pueden irse a dormir a diferentes horas, tener pautas de sueño irregulares y comer a distintas horas durante el día.

Falta de atención se refiere a la facilidad con que el niño se retira de determinada actividad. Algunos niños estarán jugando o aprendiendo algo sin darse cuenta de que alguien pasa por su lado; otros pueden distraerse con facilidad y encontrar difícil centrarse en lo que tienen entre manos.

Estado de ánimo se refiere a la tendencia general de los niños a ser positivos o negativos en sus perspectivas, es decir, a la frecuencia con la que el niño se muestra feliz, alegre y complacido, o lo contrario. «Algunos niños son felices la mayor parte del tiempo y es un placer estar con ellos. Otros suelen mostrarse más infelices y pueden convertirse en un problema para sus padres.» En este marco particular, el estado de ánimo estaría más cerca del concepto al que yo me refiero como disposición.

Todos los niños poseen los nueve rasgos y muchos más. La forma en que se combinan estos atributos determina el estilo de comportamiento y la conducta del niño. La palabra castellana «temperamento» procede del latín *temperare*, que significa «mezclar». La conclusión es que el temperamento es un equilibrio entre diferentes elementos, y no una característica en sí mismo. ¿Cómo calificarías tu propia mezcla de atributos?

Ajustando la actitud de los demás

A veces, los desafíos a los que te enfrentas no radican en tus propias actitudes, sino en las de la gente que te rodea. Que se espere de ti la consecución de determinados objetivos, de determinada forma y en determinado período de tiempo no significa que ese sea el único camino a seguir. A veces, tener una actitud positiva implica infringir las convenciones. Por ejemplo, si quieres triunfar como actor cinematográfico, la mayoría de la gente de esta industria te aconsejará que lo intentes mientras aún estás entre los veinte y los treinta años. Cualquiera que pretenda iniciar una carrera cinematográfica a los sesenta tendrá más éxito si intenta volar.

Si ese es el consejo que Mimi Weddell recibió de los expertos, afortunadamente hizo oídos sordos. Hasta los sesenta y cinco años, Weddell había trabajado en diarios y en publicidad, hizo de modelo en un anuncio de prensa escrita, crió a dos hijos y apareció en alguna obra del circuito off-Broadway. Cuando su marido murió en 1981, Weddell decidió hacer de su carrera una prioridad. Apareció en una decena de films, entre ellos *La rosa púrpura de El Cairo*, de Woody Allen, y *Hitch: especialista en ligues*, de Will Smith; también fue artista invitada en *Sexo en Nueva York* y *Ley y orden*. Fue también protagonista del aclamado documental *Hats Off*, un homenaje a los más de ciento cincuenta sombreros que coleccionaba y exhibía habitualmente.

«Los papeles cinematográficos de Mimi Weddell podrían ser calificados de modestos, algunos incluso minúsculos, aunque solo para quienes se toman las cosas literalmente —dijo *The New York Times*—. Durante los escasos minutos en que el cámara se recreaba en ella, Mimi irradiaba un resplandor estelar al estilo Norma Desmond.»

Durante las siguientes tres décadas, en un momento en que muchos contemplan seriamente la jubilación, Weddell catapultó su carrera a niveles que habrían dejado exhausto a cualquiera, independientemente de la edad. Era un rostro habitual en las audiciones masivas («cattle-call») conocidas por su exhaustiva duración de hasta una jornada. Siguió practicando ejercicios extenuantes y rutinas de danza, y todo ello con un sentido del estilo y la gracia que, a sus noventa años, hizo que la revista *New York* la reconociera como una de las personas más maravillosas de la ciudad.

Weddell inspiró de paso a un vasto número de personas que de otro modo se habrían considerado demasiado viejas para hacer lo que deseaban hacer. Jyll Johnstone, el director de *Hats Off*, comentaba que Mimi recibía numerosas cartas de gente que, gracias a su ejemplo, se sentía motivada para cumplir sus sueños. «Es sorprendente que su ejemplo haya influido en tantas vidas», declaraba Johnstone a *Los Angeles Times*.

A lo largo de sus noventa y cuatro años, y especialmente durante el último tercio de su vida, en el que se enfrentó a todo lo establecido sobre lo que una mujer de su edad debía hacer, Mimi Weddell se aferró a la idea de que nos enfrentemos a los desafíos con una actitud de posibilidad. «Lo que hacemos es elevarnos sobre las dificultades —afirmaba en *Hats Off*—. No podemos estar felices, felices, felices y saltando de alegría a cada segundo.» Pero incluso aunque no seamos felices, Weddell pensaba que nuestro objetivo debía ser vivir una vida que nos emocionara. «Caminas por la vida bailando. Si no lo haces, por el amor de Dios, no te despegas de la Tierra.»

Jef Lynch, Ellen MacArthur, Sue Kent y Mimi Weddell nos muestran, cada uno a su manera, que la búsqueda del Elemento no depende solo de la aptitud y la pasión, sino también de la actitud. Tu biología y tu contexto pueden definir tu punto de partida, pero no tu destino. Sea cual sea tu situación, siempre es más fácil esgrimir excusas que actuar. Como el activista político Antonio Gramsci dijo una vez: «El hombre que no quiere actuar dice que no puede». Pero si te sientes inclinado a actuar, la creencia en ti mismo y la determinación pueden ser un antídoto contra los comienzos menos prometedores y las circunstancias más desafiantes.

Tu forma de responder al mundo que te rodea afecta profundamente a cómo el mundo responde ante ti. Si actúas de forma diferente, verás entrar a nuevas personas en tu vida, y las que conoces se redefinirán. Se presentan nuevas oportunidades. Si las aprovechas, producirás también cambios en la vida de los demás, no solo en la tuya. Así evoluciona la naturaleza orgánica de la vida humana. Si entras o no a formar parte del proceso es una cuestión de actitud.

Algunas cuestiones a considerar:

- ¿Cuánto deseas estar en tu Elemento?
- ¿Qué esfuerzos estás dispuesto a hacer para conseguirlo?
- ¿Crees que mereces estar en tu Elemento?
- ¿Qué puedes hacer para elevar tu fe en ti mismo?
- ¿Cómo afecta tu temperamento a tus proyectos?
- ¿Qué puedes hacer para cambiar la actitud de los que te rodean?

¿Dónde estás ahora?

Tal como hemos visto en el último capítulo, algunos obstáculos para encontrar tu Elemento pueden ser más imaginarios que reales. Por supuesto, las situaciones de cada uno son distintas, y algunos obstáculos pueden ser muy reales. En este capítulo analizaremos las restricciones y las oportunidades a las que puedes enfrentarte. Te sugiero algunas formas de evaluar dónde te encuentras ahora, los recursos de los que ya dispones y los que podrás necesitar. Es importante reconocer, en primer lugar, que todos tenemos puntos de partida diferentes. El tuyo en particular puede influir en la dirección inicial, pero en sí mismo no determina necesariamente tu destino. Volveremos sobre tu situación actual en unos instantes. Pero, antes, déjame ilustrar el argumento con algunos cambios abruptos en mi propia vida.

Abandonar Liverpool

Cuando estaba en la escuela elemental en la década de 1950, a nadie se le habría ocurrido, excepto a mí mismo, que acabaría viviendo en California y dedicándome a lo que me dedico. De adolescente, solía acudir a un club de Liverpool en el que se interpretaba música folk, y me incorporaba al coro de roncas cantinelas marineras, que para mí acababan en whisky y mujeres fatales. Bueno, yo no me movía en exceso, y tampoco había conocido a ninguna mujer fatal, al menos que yo sepa, lo cual no me impidió prometer dejarlo todo por ellas. Uno de los clásicos del repertorio era un tema titulado «The Leaving of Liverpool», que empezaba así:

> Adiós a Princes Landing Stage,
> adiós al río Mersey.
> Me voy a California,
> un lugar que conozco bien.
> Así que adiós a mi único amor,
> volveremos a estar juntos a mi vuelta.
> No me duele dejar Liverpool,
> sino pensar en ti.

En aquella época yo no conocía demasiado bien California, y no tenía la menor idea de que sería mi destino. Nada parecía más improbable, pero el caso es que aquí estoy. Como todos los viajes, el mío se inició paso a paso, y atravesó diferentes fases. A veces, una llevaba a otra de forma natural pero en ocasiones eran conflictivas encrucijadas, y la decisión sobre qué camino seguir habría podido llevarme a una vida totalmente distinta.

En el verano de 1972 me encontraba en una de esas encrucijadas. De hecho, estaba sentado en un bar de Wakefield, Inglaterra. Me estaba tomando una pinta de cerveza mientras reflexionaba sobre mi futuro. Tenía veintidós años, era increíblemente atractivo... y había acabado la universidad. Me había graduado en Inglés, Arte Dramático y Educación y obtenido un certificado de aptitud pedagógica. No tenía responsabilidades ni compromisos. Había tenido una intensa relación de dos años con una chica de la universidad, pero lo habíamos dejado. (Increíble: había roto ella. Sé que es difícil de creer, pero así fue...) No tenía presión por parte de mis padres para tomar una u otra decisión. Si yo era feliz en lo que hiciera, ellos también lo serían. ¿Qué decisión tomar?

Yo barajaba dos opciones bastante distintas: aceptar trabajo como profesor en Suecia, o estudiar un posgrado en Londres. Me gustaba enseñar, y lo hacía bastante bien. También viajar, así que solicité trabajo como profesor de inglés para adultos en Suecia. Me seducía la idea de vivir en Estocolmo, por el salario (nunca lo había

tenido), y por solucionar el terrible drama de tantas jovencitas sue-
cas que no sabían hablar mi lengua.

También solicité una beca en el Institute of Education de la
Universidad de Londres para un doctorado en Filosofía y Letras.
No me planteaba hacerlo a corto plazo. La idea misma me resultaba
atractiva. Sonaba a terrible desafío, como escalar el Annapurna.
Además, si tenías éxito podrías presentarte como doctor, y me gustaba como sonaba. El colegio universitario, Bretton Hall, en el York-
shire, tenía un estimulante director, el doctor Alyn Davis. Era el
primer doctor que conocía que no podía extender recetas. Estaba
impresionado. Me animó a continuar por aquel camino, y me indicó
cómo y dónde solicitar mi ingreso.

Allí estaba, sentado en el pub mientras esperaba noticias de Estocolmo y de Londres. No estuve seguro de qué opción prefería
hasta el día en que tuve que decidirme. Recibí una oferta en firme
de Suecia, y me pedían una respuesta en una semana. Cuando se
agotó el plazo, aún no sabía nada de mi beca. Entonces me di cuenta de que aquello era lo que realmente quería y descarté la opción
sueca. Fue unas cuantas semanas antes de que me llamaran para una
entrevista en Londres, y unos meses antes de que aceptaran mi ingreso. Me dirigí a Londres para adentrarme en el camino que me ha
llevado, entre muchas otras cosas, a escribir este libro y a vivir en
California, que, ahora sí, conozco bastante bien.

Conseguir más

A mis veintidós años no tenía trabas para tomar las decisiones que
deseara. Esa puede ser también tu situación, y deberías felicitarte
por ello y sacarle todo el provecho posible. Aunque también puedes
haberte comprometido en una determinada decisión, y pensar que
tus opciones son mucho más limitadas. Aun así, los cambios radica-
les de dirección siempre son posibles. Mucha gente cambia de país
para cambiar sus perspectivas. Ahora vivo en Estados Unidos, y este
país está lleno de gente de otros países que vinieron aquí resuelta-
mente, superando a menudo tremendas dificultades, para cambiar

sus circunstancias y mejorar sus vidas. No todos cumplieron sus sueños: pero sí estaban preparados para aceptar el reto.

Con *El Elemento*, nuestra intención fue mover a la gente. Y lo conseguimos, a veces hasta físicamente. En 2008, Lisa y Peter Labon vivían en San Francisco con sus cuatro hijos, un lugar que Lisa califica como «nuestra ciudad favorita», cuando presenciaron mi primera charla TED y consiguieron una copia de *El Elemento*. Poco a poco se fueron dando cuenta de que tenían que hacer algo muy diferente con sus vidas y el libro sirvió para proporcionarles un nuevo impulso. «Fue como un néctar salvador que nos ayudó a salir de un profundo pozo —me confesó Lisa—. No solo no queríamos escuelas que ahogaran la creatividad de nuestros hijos sino que reconocimos que habíamos abandonado nuestros sueños y arrojado nuestras pasiones a la papelera de las exigencias de los logros modernos.

»Peter trabajaba muchas horas. Tras quince años como gestor de fondos, estaba muy quemado. Yo luchaba por mis preciosos hijos intentando guiar su crecimiento, llevar el hogar y encargarme de las obligaciones sociales como si trabajara en un circo de tres pistas. Estábamos agotados y aislados en una ciudad llena de gente haciendo malabarismos con las mismas agendas de locura.

»Uno de los momentos más decisivos para mí fue asistir a una conferencia en la escuela Sacred Heart. La conferenciante preguntó a la audiencia qué era lo que quería para sus hijos. La gente decía cosas como «queremos que sean felices», «queremos que tengan salud» o «queremos que tengan buenas relaciones sociales». Entonces nos constó que los hijos decían que sus padres querían para ellos una casa grande, un coche caro y un trabajo bien remunerado. Es evidente la desconexión entre lo que comunicamos, deseamos y plasmamos y el mensaje que realmente estamos transmitiendo. Llegamos a un punto en el que queríamos integridad para cada aspecto de nuestras vidas, y decidimos que había que cambiarlo todo. Nos encantaba la escuela a la que iban, pero empezamos a darnos cuenta de que sería saludable para nuestros hijos que se enfrentaran a diversos desafíos, y que salieran de la confortable burbuja que habíamos creado para ellos. Fue un momento muy liberador para nosotros como familia.»

Lo que siguió a continuación fue lo que tanta gente comenta que querría hacer, pero que no tiene suficiente fuerza para llevarlo a cabo. Los Labon lo abandonaron todo y comenzaron de cero. «Toda la familia despertó al unísono —comentaba Lisa—. Les pregunté a los niños si eran felices en su escuela, galardonada con la triple A, y se encogieron de hombros. Les pregunté si les gustaría viajar y sus rostros se iluminaron como hogueras. Así que, llevados por la inspiración, abandonamos nuestro hogar, en el que llevábamos quince años, en dirección a lo desconocido. Vendimos la casa en plena caída libre del mercado, hicimos las maletas, y nos pusimos en marcha.»

A Lisa le encantaba hacer surf, así que se dirigieron a Sayulita, México, porque unos amigos les habían dicho que allí las condiciones eran ideales. Peter quería vivir en una ciudad con instalaciones de esquí, así que alquilaron una casa en Aspen para la temporada. Y a ello siguieron otros lugares, mientras Lisa daba clases a los chicos en casa. «Tuvimos que hacerlo porque no íbamos a permanecer suficiente tiempo en el mismo lugar para que fueran a un colegio. Daba un poco de miedo, pero era estimulante. Mi hija mayor, que entonces estaba en cuarto de primaria, me introdujo en la educación por internet. Era un mundo nuevo. Volvería a hacerlo con los ojos cerrados, pero fue un trabajo duro.

»Al principio teníamos intención de viajar durante unos años. Había tantos lugares por visitar, cosas que ver y experiencias por compartir… El gusto por viajar pronto abrió paso a la necesidad de mantener la seguridad y las condiciones de salud de la familia, por no hablar del constante hacer y deshacer. Viajamos durante un año, pero en ese tiempo yo le pedía a Peter que pensara en dónde iba a estar nuestro "hogar" definitivo.»

Conforme viajaban por Norteamérica, seguían pensando en ello. Lisa identificó una serie de cualidades para el futuro hogar: una población pequeña, saludable, con excelentes recursos educativos y abundancia de naturaleza, sol y actividades al aire libre que pudieran interesar a toda la familia. Aprovecharon su experiencia, sondearon a los amigos, consultaron sitios web como city-data.com, y se reunieron para reflexionar. La conclusión final fue que su lugar ideal para vivir estaba a unos mil kilómetros al noreste de San Francisco, en Park City, Utah.

«Una de las cosas que me llamaban la atención era el compromiso y la devoción de la gente que vive en pueblos de montaña. Tienen muy claro lo que valoran en la vida y a menudo se sacrifican para conseguirlo. No solo en el aspecto climático, sino también económico. Muchos artistas, intelectuales y creativos del mundo de la cultura renuncian a su modo de vida en las industrias turísticas para compartir con sus conciudadanos la vida y el aire fresco de las montañas. La pasión por la vida se palpa en estas comunidades creadas conscientemente.»

Los Labon adoran su nuevo hogar, y han conseguido hacer amistad con «gente extraordinaria». Cuando vivían acomodados en San Francisco, ni siquiera habrían podido imaginar que su hogar definitivo estaría en las montañas, lejos del océano y del mundo de las finanzas. Observando dónde estaban y dónde realmente deseaban estar (tanto física como emocionalmente), dieron el mayor salto al vacío de sus vidas.

Averigua dónde te encuentras

Los Labon descubrieron que nunca se está tan «enraizado» como uno puede pensar. Peter tenía un puesto de responsabilidad. Lisa había echado profundas raíces en la región de la bahía de San Francisco. Los niños iban a la escuela, tenían amigos y un estilo de vida al que se habían acostumbrado en una ciudad que ofrece enormes posibilidades. Cuando se dieron cuenta de que sus vidas no eran las que realmente deseaban vivir, podrían haber razonado, como hace mucha gente, que sus compromisos eran demasiado profundos y que su modo de vida estaba demasiado consolidado para cambiarlo. En su lugar, escogieron algo exponencialmente más complicado, desafiante y enriquecedor.

Tenían todas las excusas para quedarse en San Francisco; la vida les sonreía en muchos sentidos. Pero su Elemento estaba en otro lugar.

También se dieron cuenta de que los puntos de partida pueden ser arbitrarios. Empezar en San Francisco fue algo absolutamente circunstancial. Podrían haber iniciado su viaje en Nueva York, Malí, Liverpool o cualquier otro lugar. De igual modo, podrían haberlo hecho cuando los niños eran muy pequeños, cuando uno de ellos hubiera empezado la universidad, o cuando algunos estuvieran aún por nacer. Lo instructivo de su historia no es dónde o cuándo se inició, sino que algo les hizo darse cuenta de que debían empezar su búsqueda. Esto es aplicable a todos los que quieran encontrar su Elemento: es importante observar los obstáculos que nos rodean y ser conscientes de nuestra situación, pero hay que moverse en dirección a la vida que deseamos, sea cual sea el punto de partida. Un primer paso esencial es saber dónde nos encontramos en estos momentos.

¿Cuál es tu situación?

Una forma habitual de medir el punto donde nos hallamos es el análisis SWOT, cuyas iniciales significan Strengths (fortalezas), Weaknesses (debilidades), Opportunities (oportunidades) y Threats (desafíos). La estructura del sistema SWOT fue desarrollada en la década de los sesenta por Albert Humphrey, un consultor de empresas estadounidense. Aunque fue diseñado para el mundo de los negocios, hoy día es utilizado por entrenadores y mentores para ayudar a los individuos a establecer sus propias circunstancias y desarrollar sus planes de desarrollo personal y profesional. Un análisis SWOT ayuda a delimitar los factores externos e internos que pueden facilitar o entorpecer la búsqueda del Elemento.

Ejercicio 12: ¿Dónde estás ahora?

Para llevar a cabo tu propio análisis, dibuja un gran cuadrado en un trozo de papel, y divídelo en otros cuatro cuadrados del mismo tamaño. Escribe «fortalezas» en el cuadro superior izquierdo, «debilidades» en el superior derecho, «oportunidades» en el inferior izquierdo, y «desafíos» en el inferior derecho. A grandes rasgos, los dos cuadrados superiores —fortalezas y debilidades— se refieren a tus cualidades y características personales, es decir, a factores internos. Los cuadrados inferiores describen tus circunstancias prácticas, es decir, los factores externos. No se trata de categorías exclusivas. Puedes percibir fortalezas en tus circunstancias, por ejemplo, y desafíos en tus actitudes. Pero es útil tener en mente este énfasis general mientras desarrollas el ejercicio.

Observa en primer lugar los dos cuadrados superiores. Basándote en todos los ejercicios que has hecho hasta ahora, haz una lista de las fortalezas y debilidades que encuentres. Empieza con tus aptitudes. Escoge un color diferente y haz una lista de las fortalezas y debilidades en el ámbito de tus pasiones. Con un tercer color, añade tus fortalezas y debilidades en términos de actitud. Fíjate a continuación en los dos cuadrados inferiores, y haz una lista de las oportunidades y desafíos a los que te enfrentas en tus circunstancias actuales. Abajo aparecen algunas cuestiones más que pueden ayudarte a completar los cuadrados.

Piensa en tu situación básica:

- ¿Qué edad tienes?
- ¿Cuáles son tus responsabilidades personales?
- ¿Cuáles son tus responsabilidades económicas?
- ¿Dispones de una red de seguridad en términos familiares y económicos?
- ¿Qué habilidad tienes para manejarte ante los riesgos, a la luz de tus experiencias en la vida?

El próximo paso va de lo básico a los aspectos que presentan más matices:

- ¿Hasta qué punto te molesta sentir que no estás haciendo lo que se supone que deberías hacer?
- Si estás leyendo este libro, quizá es porque aún no has encontrado tu Elemento. ¿Hasta qué punto te importa realmente? ¿Crees

que estaría bien tenerlo, como un regalo sorpresa, depositado de pronto en el umbral de tu casa? ¿Es quizá un quebradero de cabeza, como el que decía sentir Randy Parsons cuando hablaba de su vida antes de dedicarse a la fabricación de guitarras? ¿O es quizá algo más persistente, como una voz que te recuerda regularmente que no estás donde deberías estar?

Ahora, piensa en los principales obstáculos que hay en tu vida:

- ¿Qué te impide hacer lo que realmente quieres hacer?
- ¿Qué necesitarías para superar esos obstáculos?
- ¿Qué consecuencias tendría el hecho de superarlos?

Piensa seriamente en estas preguntas. A veces, nuestros obstáculos son auténticamente graves, como un miembro de la familia enfermo, que depende de tu tiempo y de tu ayuda económica, o la necesidad de permanecer en determinado lugar porque tus seres queridos no pueden moverse de allí. Pero, a menudo, abordar un cambio significativo tiene menos consecuencias de las que imaginas. ¿Te dejaría tu pareja si abandonaras tu trabajo para hacer algo totalmente distinto, incluso por menos dinero? Si es así, es una consecuencia significativa.

Examinar las auténticas consecuencias de superar tus obstáculos es un ejercicio tremendamente importante. ¿Qué sucedería realmente si decidieras perseguir tus sueños? La respuesta suele ser menos dramática de lo que parece a primera vista.

Piensa ahora en los recursos de los que dispones:

- ¿De qué ayudas dispones en estos momentos para perseguir tus pasiones?
- Si realmente haces el esfuerzo definitivo para hacer lo que realmente quieres, ¿qué caminos están realmente a tu alcance?

El siguiente paso consiste en pensar en cada uno de los puntos de la lista de forma más detallada, y preguntarte cómo puedes desarrollar y sacar el máximo partido a tus fortalezas:

- ¿Quizá necesites más tiempo para desarrollarlas? ¿Ejercitarte más?
- ¿Necesitas diferentes oportunidades para descubrirlas o desarrollarlas?
- ¿Qué hay de tus debilidades? ¿Están de acuerdo otras personas con lo percibes?
- ¿Cómo sabes que son debilidades?
- ¿Hasta qué punto importan y, si es así, qué puedes hacer para remediarlo?

Una puerta se cierra, otra se abre

Averiguar dónde te hallas es fundamental para obtener una nueva perspectiva de dónde quieres estar. Esa fue la experiencia de Mariellen Ward. Tras una serie de pérdidas y traumas, encontró un nuevo sentido a su vida tras un intenso proceso de búsqueda interior. «Me había pasado la mayor parte de mi vida adulta decidiendo cuál era mi propósito en este mundo en lugar de trabajar y engrosar mi cuenta corriente —me explicaba—. Hice de ello mi misión en la vida. Creo que es importante dedicarte en cuerpo y alma a este proceso. Aparte de mi salud, dejé de lado todo lo demás para ir en su busca. Ganar dinero era secundario para mí. Había estudiado periodismo y trabajaba en el ámbito de la comunicación. Siempre había acariciado la posibilidad de ser escritora. Cuando miro hacia atrás ahora me doy cuenta de que siempre quise serlo, pero no tenía suficiente confianza. Y siempre buscaba trabajos que se hallaban en la frontera de lo que realmente quería hacer.»

Mariellen tenía dos considerables obstáculos por superar. Uno es que había pasado con demasiada rapidez por el sistema educativo. Era brillante, y se saltó dos cursos enteros. Si bien estaba a la altura del desafío intelectual, no lo estaba desde el punto de vista emocional, porque se encontraba rodeada de gente con niveles de madurez distintos del suyo. «Mi educación fue una chapuza —afirmaba—. He pasado toda mi vida adulta recuperándome de mi deficiente educación.»

El otro tema trascendental era que, como adulta, vivió una serie de pérdidas traumáticas que fueron un duro golpe en su vida. «Mi padre se arruinó y perdimos el chalet familiar. Unos meses más tarde, mi madre murió repentinamente y yo descubrí el cuerpo. Fue un shock terrible. Poco después, mi prometido me dejó. Luego, mi padre murió de cáncer. Me levantaba, y volvía a caer.»

Cuando finalmente pudo sobreponerse lo suficiente para pensar en su salud, encontró consuelo en el yoga. «Iba a clase sobrecogida por todos mis sentimientos de dolor, y mi profesora me ayudó a enfrentarme a ellos. Daba tres clases por semana y yo asistía a todas. Empecé a respirar, a moverme. Tardé un par de años, pero finalmente empecé a salir de la depresión. Mi cuerpo me decía que era hora de perseguir mis sueños.»

Finalmente, tras décadas de hacer cosas distintas a las que realmente sentía que debía hacer, Mariellen empezó a buscar sus oportunidades. Cuando se centró en lo que debía hacer, surgió un abrumador impulso de ir a la India. «Fue la voz interior más intensa que jamás había oído. Cuando algo así te sucede, debes seguir tu instinto. No puedes hacer nada, porque todo tu ser se pone en marcha hacia ese objetivo. Me pasé un año planificando, ahorrando, almacenando mis cosas y preparándome para dejar el apartamento.»

A finales de aquel año, Mariellen se dirigió a Oriente sin saber qué le esperaba. Había oído muchas historias sobre las dificultades del viaje a la India, y aunque su voz interior había sido intensa, no había sido especialmente clara. Estaba segura de que debía ir, pero no de lo que la esperaba allí. Incluso empezaba a preguntarse si no iría a morir.

«Imaginaba que el viaje sería como una penosa y prolongada noche oscura del alma. Pero lo que ocurrió fue exactamente lo contrario. Fue una experiencia absolutamente sorprendente. Me sentí bendecida y protegida durante todo el viaje, y las experiencias maravillosas se sucedían una tras otra. Me arrojé al precipicio para ver si aparecía la red y no solo apareció sino que se transformó en alfombra mágica.»

Durante su estancia en la India, Mariellen redescubrió su pasión por la escritura. Y aunque era canadiense de origen británico, se sintió impelida a escribir sobre la tierra de acogida.

«Todas las piezas empezaban a encajar. Recordé que desde niña me había sentido fascinada por el misterioso Oriente. Los sueños se habían difuminado pero no habían desaparecido. Por primera vez en mi vida empezaba a escribir. Me di cuenta de que aquello era lo que me encantaba y lo que quería hacer, y la respuesta entusiasta de la gente no hizo sino confirmármelo. Cuando escribo sobre la India, me conecto a algo mucho más grande que yo misma. Ha valido la pena dedicar toda mi vida a descubrirlo.»

Mariellen escribe constantemente. «Ni siquiera puedo imaginar qué es el bloqueo para un escritor.» Ha creado un blog, Breathe-DreamGo (RespirarSoñarIr), subtitulado «Cuentos de viajes y transformación», una página muy visitada y elogiada. Recientemente ha sido nominada para los premios Canadian Weblog Awards. La próxima frontera para Mariellen es reunir sus materiales en un libro. Sigue intentando vivir de su trabajo de forma estable, pero no alberga la menor duda sobre lo que debe hacer y lamenta menos aún los pasos que ha debido dar para perseguir sus sueños.

Para entender mejor su viaje exterior, primero tuvo que emprender el viaje interior. Sus horas de yoga la ayudaron a asimilar sus traumas y el dolor de los años anteriores, y a emprender la salida del pozo de la depresión que la atenazaba ante el futuro. Estas experiencias podrían haberla inmovilizado. En lugar de ser así, le proporcionaron un mayor sentido de la resiliencia.

Tal como afirma Joseph Campbell, si te mueves en dirección a tus pasiones aparecerán ante ti oportunidades que ni habías imaginado, y que de otro modo habrían permanecido ocultas. Déjame añadir una salvedad. Hay personas que necesitan el asesoramiento personal y la terapia. Poco después de la publicación de *El Elemento*, yo estaba en Seattle para dar una conferencia y firmar ejemplares del libro. Había varios centenares de personas entre el público y, durante el turno de preguntas, un joven se levantó y me preguntó, nervioso, cómo podía encontrar su Elemento. Estaba claramente tenso, y le pedí que me explicara algo de su situación personal. Me dijo que acababan de licenciarlo del ejército estadounidense y se mostró enojado por el hecho de que la gente como él no recibiera ayuda para integrarse de nuevo en la vida civil. Sentía que él y sus compañeros habían sido de algún modo «abandonados a su suerte». Me di cuenta de que realmente necesitaba hablar y le sugerí que nos reuniéramos unos instantes una vez acabada la sesión. Lo hicimos y me explicó que había estado en Irak, y que lo habían entrenado como interrogador.

Tenía veintidós años, se había alistado a los dieciocho cuando su madre murió, y tuvo que arreglárselas solo. La pérdida lo había destrozado, y pensó que en el ejército encontraría seguridad. No puedo ni imaginar las experiencias que tendría como interrogador, lo que había visto y lo que le habían ordenado que hiciera. Se hallaba claramente en un estado de gran tensión emocional, me dijo que se había sentido profundamente afectado por los argumentos que yo manejaba en *El Elemento*, y que eso le había proporcionado una visión positiva de su futuro. Espero que así fuera. También comprobé que necesitaba ayuda permanente para enfrentarse a una experiencia tan traumática. Los ejercicios y herramientas que aparecen en este libro pueden servir de complemento a tales programas, pero no son un sustitutivo. Sirven para que comprendas y decidas lo que realmente necesitas en tu situación particular.

¿Dónde quieres ir?

Es muy probable que la búsqueda de tu Elemento no te lleve a la India. Lo más seguro es que ni siquiera te haga abandonar tu propia casa. Para mi colaborador Lou Aronica, por ejemplo, su búsqueda se tradujo en dejar de pasarse tres horas al día yendo y viniendo del trabajo, y en su lugar entrar en el despacho de su casa donde pudo proseguir su carrera como escritor. Independientemente de la distancia, una vez que sabes dónde te hallas y dónde quieres ir, es esencial que pienses en cómo llegar.

Parte del problema se reduce a la mentalidad. ¿Qué necesitas hacer para prepararte emocionalmente? Mucha gente se pasa gran parte del tiempo imaginándose a sí misma siguiendo un objetivo específico sin pensar en cómo esto les hará sentirse en la vida cotidiana. Por ejemplo, si tu sueño ha sido siempre enseñar, ¿estarás preparado para la plétora de cambios de humor que te deparará un solo día de actividad laboral, desde la emoción de conseguir hacer avanzar a un alumno hasta la frustración provocada por el estrés y el frenético ritmo de una clase hiperactiva? Si tu nuevo proyecto requiere que operes en un entorno totalmente distinto, ¿estás preparado para un cambio tan drástico? Tener un centenar de compañeros de trabajo implica una dinámica muy distinta a la de trabajar en solitario. De igual modo, si estás acostumbrado a pasar gran cantidad de tiempo en tu coche, ¿estarás preparado para permanecer en un lugar durante seis o siete horas seguidas?

No subestimes la necesidad de una preparación previa. Suelo hablar con gente que ha empezado a hacer lo que realmente deseaba hacer, pero que está preocupada por la posibilidad de cometer un error provocado por la falta de preparación psicológica. Cualquier situación nueva necesita un tiempo para realizar ajustes, pero te encontrarás mucho mejor si comprendes de antemano cuánto necesitas adaptarte.

Otra de las claves es identificar qué tipo de experiencia necesitas antes de poder cumplir realmente tu sueño. A menudo se da por sentado, por ejemplo, que para tener éxito hay que ir a la universidad. No tiene por qué ser así. Muchas personas han obtenido éxito y la felicidad sin preparación universitaria. Hay quien lo ha dejado antes de finalizar sus estudios. No estoy recomendando que no vayas a la universidad, o que abandones. Mucha gente se ha beneficiado de la educación universitaria adquirida y para algunos trabajos resulta esencial. Por regla general, los que tienen títulos universitarios suelen ganar más dinero, pero no siempre es así.

Lo que intento decir es que no debes pensar que la universidad es una garantía de futuro y que no asistir a ella aboca al fracaso. Conozco a muchos estudiantes que pasaron del bachillerato a la universidad sin haber entendido realmente por qué lo hacían o qué pretendían obtener. Ellos, sus padres y sus profesores simplemente dieron por hecho que era el siguiente paso. Muchos estudiantes universitarios llegan a graduarse sin tener una idea más clara de lo que querían hacer con sus vidas que cuando se matricularon.

Estos son los hechos. Algunos caminos no dependen en absoluto de tener o no una carrera universitaria. Hay quien prefiere entrar en el mundo laboral enseguida, después del instituto. Además, muchas personas sacan más provecho de la universidad si han tenido experiencias laborales antes de asistir a ella. Yo daba clases en una universidad de Inglaterra y a menudo me daba cuenta de que los llamados «estudiantes maduros», es decir, los que llegaban a la universidad después de haber trabajado, se esforzaban más que los que acababan de salir del instituto. Y eso era así porque tenían muy claro que querían sacar todo el jugo a la licenciatura. Si estás en el instituto y piensas en ir luego a la universidad pero no estás seguro de lo que quieres estudiar, considera la posibilidad de ampliar tus experiencias fuera del marco educativo durante un año o dos, y darte así un poco de tiempo a ti mismo.

Ben Strickland, un astrofísico de la Universidad de Oklahoma, está de acuerdo:

> Los que ingresan en la universidad una vez acabado el instituto pueden perder tiempo intentando diseñar un plan de estudios e intentando conocerse mejor a sí mismos… Yo soy un firme partidario de las pausas educativas. No quiero decir que sea lo mejor para todos, pero desde luego tampoco lo es empezar en la guardería y seguir ininterrumpidamente hasta la licenciatura universitaria, y más allá.

> Mucha gente le teme a la idea de tomarse un año sabático entre el instituto y la universidad. Tenemos prácticamente grabado en el cerebro que la gente que toma esa decisión no está capacitada para acudir a la universidad. Los que no añaden un «certificado de asistencia» a su nombre como graduados a menudo se considera que son poco idóneos. Se da por supuesto que los dieciocho años son la antesala de la madurez, pero no tiene por qué ser así para todos.

> Yo mismo no estaba preparado una vez acabado el instituto, aunque todo apuntaba a lo contrario. Había sacado muy buenas notas, excelentes resultados en los exámenes AP, o Advanced Placements (clases de nivel universitario a cuyos exámenes pueden someterse los estudiantes cuando aún están en el instituto), en el SAT/ACT (exámenes en los que se valora la capacidad de razonamiento, el nivel de análisis crítico y de solución de problemas matemáticos, y las aptitudes de escritura del estudiante), y tenía dieciocho años. Una lista muy corta para evaluar

a un aspirante a universitario, ¿no? Bien, entré, intenté aparentar que estaba muy ocupado sin tener mucha idea de lo que estaba haciendo y me las arreglé para pasar allí tres años que, la verdad, me parecieron muy largos.

Tras unos tres años sabáticos en los que me dediqué a un muy satisfactorio trabajo manual, volví. Esta vez tenía un propósito y comprendía los conceptos de trabajo duro y responsabilidad para con mis congéneres. Hay muchos que, como yo, fracasan en su primer intento, se abren al mundo, crecen y vuelven dispuesto a cualquier desafío.

Una de las personas más compasivas y genuinas que he tenido la suerte de conocer hizo una pausa de un año, porque tuvo la suficiente madurez para percatarse de que lo que hacía no tenía sentido. «Iba cuesta abajo, sin razón aparente ni rumbo fijo —me confesó—. Tuve que abandonar la facultad para darme cuenta de que quería ser terapeuta. Después de conocer el objetivo, solo tuve que visualizar el camino que debía seguir.» Ahora, en la escuela de trabajadores sociales, dice que se ha percatado «de su pasión por ayudar a la gente».

Tengo otro amigo que hizo lo mismo entre el instituto y la universidad, y se embarcó en un viaje por el sur en furgoneta junto a un puñado de «hooligans del skateboard». A su regreso trabajó en una tienda de materiales metálicos durante varios meses y, tras conseguir cierta estabilidad económica, recordó: «¡Vaya! Creo que debería ir a la universidad». Y ahí lo tenemos, navegando entre la física y los cuadrantes matemáticos, quemándose las cejas mientras desmenuza fórmulas matemáticas y ahonda en los confines del universo.

La verdad es esta: hay mucho que ganar dedicándose a otras actividades que no tienen que ver con el estudio. La universidad no es, ni de lejos, la única fuente de educación en la vida. Y aunque seas afortunado por poder permitírtelo, puedes tomarte un año para descubrir el mundo; a tu regreso, la facultad seguirá allí y, quién sabe, quizá entonces le encuentres el sentido.

Mi tercer razonamiento es que existen muchas opciones en la educación superior más allá de los programas académicos convencionales. Las llamadas facultades vocacionales —diseño, artes interpretativas, industrias y comercio, por ejemplo— tienen muchísimo que ofrecer a los estudiantes de todas las edades. La cultura academicista ha tendido siempre a menospreciar estos estudios, cuando nuestras economías dependen de ellos, y mucha gente encuentra allí su verdadera vocación.

A veces, los requisitos para encontrar tu Elemento son muy sutiles. Cuando Lou se embarcó en su carrera literaria, sabía que cumplía con todos los requisitos previos. Después de todo, como editor, había estado trabajando con escritores desde hacía dos décadas, y escribía constantemente. No obstante, sus primeros intentos con la prosa fracasaron. Necesitó algo de tiempo para darse cuenta de que todo lo que escribía sonaba como un memorándum de oficina. Estaba tan imbuido de esta forma de comunicación que su estilo se infiltraba en todo lo que escribía. Tuvo que reciclarse para redactar como un escritor y no como un empleado corporativo.

Otro punto a considerar es el modo de hacerlo. ¿Te vas a sumergir, o te limitarás a meter el dedo en el agua? ¿Puedes empezar tu viaje mientras conservas tu antiguo trabajo, como Yasmin Helal cuando empezó con Educate-Me, o será necesaria una ruptura total, tal como hicieron los Labon cuando se dedicaron a viajar? Todo dependerá de una serie de factores que probablemente ya habrás considerado al llegar a este punto; tu sentido del confort variará, al igual que tu red de seguridad económica, el apoyo de amigos y familiares, o el grado de desesperación con el que afrontes tu viaje.

Finalmente, es importante que tengas un plan para gestionar los previsibles desafíos (en contraste con los que no puedes prever y a los que todo el mundo se enfrenta). ¿Cómo manejarás a los detractores? ¿Cómo navegarás entre dificultades económicas? ¿Qué harás la primera vez en que tu falta de experiencia eleve un muro frente a ti?

Como ves, hay muchos aspectos en movimiento que no hacen sino confirmar un extremo que subyace a todas las historias de este libro: no hay una sola ruta para llegar a tu Elemento. La vida no es lineal. Es orgánica.

He aquí algunas preguntas finales que puedes plantearte mientras averiguas dónde te encuentras ahora, y hacia dónde te gustaría dirigir tus próximos pasos:

- ¿Con qué facilidad puedes correr riesgos?
- ¿Cuáles son los mayores obstáculos?
- ¿Qué necesitarás para superarlos?
- ¿Qué pasará si lo consigues?
- ¿Qué pasará si no lo consigues?
- Tus allegados, ¿te apoyarán, o se opondrán a tus planes?
- ¿Cómo lo sabes?
- ¿Estás listo?

¿Dónde está tu tribu?

Nadie en el mundo es exactamente como tú, y nadie más puede vivir tu vida. No obstante, puede haber mucha gente que comparta tus intereses y pasiones. Uno de los requisitos de estar en tu Elemento es averiguar en qué mundo quieres vivir, qué tipo de cultura te gusta y cuáles son tus «tribus». En este capítulo analizaremos el poder de las tribus en la búsqueda de tu Elemento, y sugeriremos cómo puedes encontrar la tuya y conectar con ella.

¿Qué es una tribu? Para lo que nos ocupa, una tribu es un grupo de personas que comparten los mismos intereses y pasiones. Una tribu puede ser grande o pequeña, puede existir virtualmente, en forma de red social o en persona. Las tribus pueden ser muy diversas, y extenderse entre culturas y generaciones. Pueden atravesar el tiempo e incluir a gente que ya no está con vida pero cuyo legado sigue siendo fuente de inspiración. Puedes pertenecer a varias tribus a la vez o en diversas etapas de tu vida. Lo que las define son sus pasiones compartidas.

Conectar con las personas que comparten tu Elemento puede reportar enormes beneficios para ti y para ellas, incluida la afirmación, la guía, la colaboración y la inspiración. Analizaremos cada una de ellas más adelante, añadiendo una serie de ejemplos procedentes de diversas actividades. Empecemos con el ejemplo de una tribu que ilustra una aparente paradoja.

Dale Dougherty comprendió el poder de las tribus cuando decidió lanzar una revista para personas solitarias, es decir, las que tienden a pasar bastante más tiempo recluidas en sótanos y garajes que en contacto con sus compañeros de viaje. La revista, *Make*, está dirigida a inventores y manitas.

«Cuando pusimos en marcha la revista —me explicaba Dale—, la idea era observar cómo la gente utilizaba Google para su propósito. Estaba fascinado con cosas como la tecnología TiVo, que permitía a la gente desmontar y actualizar sus propios TiVos. Empecé a interesarme por cosas como esta, y me di cuenta de que tenemos una generación de personas que han crecido con la tecnología, les encanta jugar con ella y analizar cómo funciona. Pensé que podría editar una revista sobre lo que se puede hacer con la tecnología. En muchos aspectos es como una reinvención de *Popular Mechanics* y *Popular Science*, dos revistas estadounidenses de divulgación dedicadas a temas de ciencia y tecnología en la década de 1950. Pensé que era algo que estábamos perdiendo en nuestra cultura actual.»

Make encontró de inmediato a su tribu. Mientras escribo estas líneas, el semanario va por su trigésima edición, tiene una fuerte presencia online, y es una voz autorizada del *maker movement*, una subcultura del hágalo-usted-mismo tecnológico.

«La idea que subyace a la revista *Make* es que la gente quiere controlar la tecnología y lo quiere para conseguir algo específico. A veces lleva a invenciones originales y a veces a aplicaciones puramente funcionales. El concepto que lo vincula todo es la participación. Es una de las formas de decir a la gente quién eres. Cuando haces algo puedes compartirlo y así la gente puede encontrarte y tú a ella.»

Esta idea de las personas encontrándose mutuamente a través de sus inventos llevó a la creación de la Feria Maker. Conocidas como «El mayor festival mundial de DIY», las Ferias Maker reúnen a inventores e innovadores de todo el mundo para que muestren sus creaciones, se entretengan con las creaciones de los demás y se sumerjan en una atmósfera de creatividad sin límites. Hay Ferias Maker en el norte de California, en Nueva York y en Detroit, y miniferias en ciudades de toda Norteamérica. En enero de 2012 se celebró la primera Feria Maker de Australia. La expansión de las sedes viene acompañada por una explosión de las cifras de concurrencia: la Feria de 2011 en California atrajo a setenta mil visitantes.

El espíritu de comunidad del movimiento maker va más allá de la revista *Make* y de las Ferias Maker. La web rebosa de vídeos de gente que muestra sus inventos, o la forma en que han actualizado o reprogramado sus aparatos. «Los niños lo ven como una forma de expresión personal —asegura Dougherty—. Pueden colgar un vídeo sobre cómo se construye algo, o cómo funciona. No creo que la gente lo haga para ahorrar dinero. Lo hacen porque le encuentran un sentido. No solo cuenta el resultado final; lo importante es el proceso. Al hacer algo como a ti te gusta, en realidad estás creando valores.»

Lo más fascinante es que, por amplia y solidaria que sea la comunidad, los que la integran suelen verse a sí mismos en la periferia de la sociedad. Dougherty señala: «Hace poco estuve en una conferencia de emprendedores y oí a algunos comentar que se consideraban marginados y que gran parte de su fuerza procedía precisamente de esa condición y de no desear un mayor grado de integración. Para mí, la energía y el interés que procede de los makers está en el exterior, no en el centro. Creo que es más interesante seguir desplazando los márgenes para ver qué hay más allá.»

La cultura de las tribus

Estar en tu Elemento no se limita a tu actividad profesional. Algunas personas no pueden ganarse la vida haciendo lo que les gusta y otras prefieren no hacerlo. Como muchos otros en este movimiento, prefieren hacer de su Elemento una experiencia de ocio. Si estás pensando en convertir tu elemento en tu modo de ganarte la vida, debes tener en cuenta que no solo tendrás que amar lo que haces; también deberás disfrutar de la cultura y de las tribus que lo integran.

A los veinte años, siendo aún estudiante, me encantaba dirigir obras de teatro, y, como no lo hacía mal, algunos de mis amigos daban por sentado que me dedicaría profesionalmente a ello. Pero yo no. Me encantaba dirigir, pero nunca pensé que la vida en el teatro fuese para mí. Admiro a intérpretes y a directores, pero hay algo en su ritmo y en su dinámica vital que no acaba de encajar conmigo.

He dicho anteriormente que mi padre tenía claro, cuando yo era pequeño, que acabaría convirtiéndome en jugador de fútbol, y que incluso ficharía por el equipo local, el Everton. No lo hice, pero mi hermano menor, Neil, sí. Mi otro hermano John y él fueron fichados como juveniles y ambos demostraron tener un extraordinario talento. Neil llegó a dedicarse profesionalmente, pero a John, que tenía el mismo talento, no le gustaba la cultura que rodeaba el fútbol profesional. Continúa siendo un hincha incondicional y ha seguido jugando y ejerciendo de entrenador durante años, pero nunca llegó a conectar con el ritmo y los rituales de la vida de un canterano. En lugar de hacerlo, se centró más en su trabajo con la gente y desde siempre le interesó la comida y la nutrición. Tanto él como Neil son vegetarianos desde su adolescencia, en parte a causa de uno de mis primeros tanteos con la *haute cuisine*, un incomestible pastel de conejo. Para Neil, ser vegetariano supuso un elemento más de tensión con la cultura dominante del fútbol profesional. Las tribus no siempre son el receptáculo perfecto. Solo deben ser lo suficientemente buenas para ti para que mantengas la vinculación.

¿Cuál crees que es tu tribu? ¿Qué tipo de comunidades te atraen y qué tienes en común con ellas? Para explorar estas preguntas, intenta realizar el siguiente ejercicio.

Ejercicio 13: Imagina tu tribu

Confecciona un mural de visión de las personas y las comunidades que atraen tu interés:

- ¿A quiénes asocias con tu elemento?
- ¿Qué hay en ellos que encuentres interesante?
- ¿Estás pensando en algún tipo de personalidad en concreto?
- ¿O te centras más en lo que hacen?
- ¿Qué es para ti lo importante de una tribu?
- ¿El espíritu lúdico, el humor, la intensidad, la irreverencia?
- ¿Son todas estas y algunas más o un conjunto de rasgos totalmente distinto?

Afirmación: crecer juntos

Somos criaturas orgánicas y muchas de las dinámicas propias de otras formas de vida orgánica son aplicables al ser humano. Por ejemplo, diferentes tipos de plantas a menudo crecen mejor cuando están próximas entre sí. En jardinería, este fenómeno se conoce como asociación de cultivos. En un artículo aparecido en la revista *Flower and Garden*, Jeffrey S. Minnich explica: «Las plantas, como la gente, se relacionan entre sí de muchas formas. A veces, dos plantas diferentes se llevan bien como vecinas. A veces, dos plantas que crecen una junto a otra no se llevan bien. En ocasiones, se ayudan unas a otras a crecer».

De igual modo, los miembros de las tribus, por muy diferentes que sean, se ayudan unos a otros a florecer. Encontrar tu tribu es una poderosa reafirmación de tus propios intereses y pasiones. Afirma y refuerza tu compromiso con lo que estás haciendo, y puede aliviar el sentimiento de soledad que se siente a veces cuando no existe tal conexión. Si estás en la tribu equivocada puedes empezar a marchitarte y notar cómo absorben tu savia. Es lo que le ocurrió a Neroli Makim. Tuvo que abandonar las tribus en las que se movía para encontrar una cultura diferente en la que sus talentos pudieran florecer.

No siempre es posible encontrar el Elemento allí donde uno se encuentra. A veces te será necesario viajar calle abajo. Para Neroli, esa calle empezaba en una granja de ganado en Australia. «Crecí en un lugar muy aislado —me explicaba— y eso significaba que no disponíamos de las comodidades de la gente corriente. No teníamos televisión, ni electricidad todo el día. Disponíamos de motores Diesel que apagábamos por la noche. Las carreteras eran muy malas, y podías quedarte aislado durante tres meses al año. Así que teníamos que ser creativos. No existían estímulos externos y teníamos que usar la imaginación. Tuve que hacer mil cosas para combatir el aburrimiento. Escribía historias acompañadas de ilustraciones.»

Finalmente, Neroli se fue a vivir más cerca del resto de la civilización. Fue a un internado y más tarde a la universidad. Es curioso, pero por muy lejos que fuera y por mucha gente que conociera, se daba cuenta de que el dibujo, la escritura y las demás expresiones de creatividad que había desarrollado cuando tenía escaso contacto con el mundo exterior seguían siendo su principal interés. Como suele suceder, había encontrado su pasión a temprana edad, pero no se dio cuenta de ello hasta que la comparó con otras actividades.

«La escuela fue muy divertida durante los primeros años. Había recibido clases en casa hasta los doce años. Luego fui al internado, y por vez primera conviví con un montón de chicos de mi edad. Fue una gran aventura, aunque pronto decidí que la escuela era "un régimen opresivo". Tras la graduación, intenté de vez en cuando buscar un trabajo regular, y pensé, literalmente, que eso me mataría. Habría preferido tirarme desde lo alto de un puente. Nunca he sido capaz de permanecer en ambientes con un exceso de control. Necesito hacer lo que me gusta sin que me controlen.»

Finalmente se dio cuenta de que su pasión era precisamente la creatividad y que compartirla con otros sería el trabajo de su vida. Fundó una compañía denominada Creative Success (éxito creativo), y publicó un libro titulado *Your Inner Knowing: Unlocking the Secrets to Creative Success* (Tu conocimiento interior: desvelando los secretos del éxito creativo); sus pinturas y esculturas han sido expuestas internacionalmente y suele dar conferencias sobre el tema de la creatividad.

No es que adore todos los aspectos de su trabajo —poca gente en el mundo puede afirmar tal cosa—, pero el balance es claramente positivo. «Aquello que me hace sentir bien, claramente supera lo que me hace sentir mal. Haga lo que haga, creo que tiene sentido, que es importante e interesante para mí. Cuando trabajaba en otros ámbitos, sabía que la cosa no funcionaba porque lo que hacía no me importaba. No me sentía inspirada, y no creía en ello.»

Qué tribu se adapta a ti

Tal como he dicho más arriba, una de las cosas que debes comprobar antes de sentirte en tu Elemento es si disfrutarás del modo de vida que va unido a él. Probar «qué tribu se adapta a ti» es una forma de descubrir si realmente puedes pertenecer a ese mundo durante un buen trecho. Cuando empieces a pasar tiempo en compañía de personas que hacen exactamente lo que consideras tu pasión, ¿te sentirás más o menos apasionado? ¿Estarás descubriendo un lastre que va unido al objetivo, que no habías tenido en cuenta y con el que no te sientes del todo a gusto? Y a la inversa, ¿estarás vislumbrando oportunidades que no habías percibido antes y que te harán desear con más pasión aun formar parte de ese mundo? Descubrir tu tribu y formar parte de ella puede arrojar una luz muy reveladora sobre tu Elemento.

Craig Dwyer tuvo que recorrer un largo camino para encontrar su tribu: de Toronto a Japón y del mundo de las finanzas al de la educación. «Estaba trabajando en los servicios financieros de un banco, hipotecas, mutualidades, líneas de crédito y cosas así —me explicó—. No es que me desagradara el trabajo ni tampoco mis jefes. Eran muy buenos conmigo, me pagaban bien y llevaba una vida buena, pero algo no funcionaba. No podía desplegar mi creatividad ni hacer lo que me gustaba. Realmente me aburría. Soy el tipo de persona que necesita sentirse comprometido con lo que hace y no lo estaba. Rellenaba formularios y no me relacionaba personalmente con la gente. Tenía reuniones dos o tres veces por semana y el resto del tiempo lo invertía en papeleo. Metía datos en el ordenador, los enviaba y esperaba el mensaje automático de respuesta.»

Una noche Craig estaba viendo una película japonesa, y se le encendió una luz. La idea de vivir en Japón siempre le había subyugado y empezó a considerar las posibilidades de encontrar trabajo allí. Cuando vio un anuncio en el que pedían auxiliares de profesores de inglés, envió una solicitud, aunque no tenía experiencia en la enseñanza. No conocía a nadie en Japón y apenas sabía algo del ámbito en el que quería entrar, pero la sensación que tenía era buena.

«Estuve trabajando en una escuela elemental como profesor asistente de inglés. A veces me dejaban ser creativo y el resto del tiempo hacía lo que me ordenaban. Un profesor me asignó un proyecto y monté un gran mercado en el gimnasio que era como un festival japonés. Los niños lo pasaron en grande y me dijo que teníamos que hacer más cosas por el estilo. Fue él quien me animó a hacer cosas nuevas y no ceñirme solo al libro de texto. Y aquello fue lo que realmente me interesó.»

En Japón se casó y formó una familia. Para entonces ya era un apasionado de la enseñanza, y decidió sacarse la licenciatura necesaria para ser profesor titular. Volvió a Canadá para asistir a clase en la Universidad de Toronto, y de nuevo a Japón; se dio cuenta de que su pasión no solo era enseñar, sino específicamente enseñar allí.

«El primer viaje a Japón fue por sí solo un cambio en mi estilo de vida. Había dejado atrás un trabajo increíblemente seguro, que me prometía numerosas compensaciones económicas si permanecía en él. Pero no me gustaba. Y creo que mi nueva pasión acabará finalmente por proporcionarme el mismo tipo de vida que llevaba. No solo enseño, sino que hago un montón de cosas. Trabajo con personas desarrollando planes de estudio y libros de texto. Hay tantas posibilidades en este ámbito y tantas maneras de entrar en él... La educación es mucho más que enseñar.»

En el caso de Craig, tuvo que recorrer una enorme cantidad de kilómetros para confirmar su pasión. Pero de hecho aquello había estado siempre allí, esperando a que se diera cuenta. Como en el caso de Neroli, había estado flirteando con su pasión desde pequeño. «Cuando era joven hacía snowboard, y vivíamos cerca de la colina de Toronto en la que se practicaba esta especialidad. Y di clases a cambio de un pase gratis para la temporada. Cada fin de semana estaba allí, enseñando a los niños, y me encantaba. Pero nunca até cabos, ni llegué a pensar que la enseñanza sería mi futuro profesional. Cuando la recuerdo, pienso que aquella fue mi mejor época y me doy cuenta de que estoy usando un montón de recursos que ya utilizaba entonces.»

Guía: comprender tu camino

Las tribus pueden ser una poderosa fuente de orientación. Cuando nuestro hijo James tenía trece años, desarrolló un profundo interés por el budismo. Leía todo lo que caía en sus manos. Estudió los principios y preceptos del óctuple sendero y meditaba varias veces al día. Coleccionaba figuras budistas, y montó un pequeño santuario en su habitación que era el centro de su práctica diaria. Todo evolucionó cuando se obsesionó por el baloncesto, por la música, y por otros temas típicos de la adolescencia.

Tras varios meses de inmersión en el budismo, nos preguntó si existía algún templo budista en los alrededores para poder visitarlo. En aquella época vivíamos en una casa aislada en la Inglaterra rural, a unos seis kilómetros de Stratford-upon-Avon, lugar de nacimiento de William Shakespeare. La zona tenía muchos atractivos y la gente acudía desde todos los puntos del globo para visitarla, aunque el budismo no era uno de ellos. Para eso la gente suele ir a Tailandia. No pensé que encontraríamos un templo budista, pero estaba equivocado.

A unos tres kilómetros de nuestra casa, en línea recta atravesando los campos pero al doble de distancia por carretera, había una vieja y preciosa granja restaurada a la que se accedía por un estrecho sendero. A menudo habíamos pasado frente a sus puertas de madera, preguntándonos qué habría tras ellas. Lo que había era un templo budista conocido como Forest Hermitage, un centro nacional del budismo theravada.

James y yo fuimos a visitarlo y hablamos con el abad, Ajan Khemadhammo, un inglés maravilloso y perspicaz, figura influyente en su ámbito durante más de treinta años. El templo organizaba cada semana reuniones de meditación abiertas al público, e invitó a James. Se inició así una serie regular de visitas, dos por semana, que continuaron hasta que nos trasladamos a California.

Una tarde, mi esposa Therese y yo nos sentamos detrás del templo mientras James recibía sus primeros preceptos en pali. Luego se convertiría en un devoto miembro de la comunidad. Pero, a no ser por su interés, jamás habríamos sabido de la existencia del centro. Sin la bienvenida del abad, James no habría desarrollado una devoción tan profunda. Sus conexiones con los monjes nos demostraron el gran poder de las tribus para validar e inspirar los compromisos personales y su papel en la orientación y el apoyo. El descubrimiento del templo fue además una clara ilustración de los recursos que pueden aparecer en los lugares más insospechados si nos esforzamos por encontrarlos.

Colaboración: prestar apoyo

Las tribus surgen donde confluyen intereses comunes. A veces sirven como piedra fundacional y como sistema de apoyo, como la tribu de magos de Matthew Lee en Filipinas. En otras ocasiones, como en el caso de los makers, son un punto de contacto, un camino para compartir los intereses comunes sin que ningún miembro de la tribu ejerza una excesiva influencia sobre otro. Las tribus que colaboran pueden llegar más lejos que las personas actuando en solitario, porque estimulan la creatividad de todos y las posibilidades de conseguir objetivos. En *El Elemento* lo denominamos «la alquimia de la sinergia».

Estar en tu Elemento requiere dedicación, determinación y un profundo grado de autoconocimiento. Puede ser duro mantener la energía y la inspiración necesarias para seguir adelante. Una de las cosas que una tribu puede ofrecer es el apoyo y la evaluación de los iguales. Esto es lo que Kimberley Spire-Oh descubrió cuando se introdujo en una rama muy especializada del ámbito legal.

Una diagnosis de TDAH puede ejercer un efecto devastador en la carrera profesional de una persona. A veces, tal como descubrió Kimberley, puede tenerlo también en la carrera profesional de su madre. Esto es lo que sucedió cuando en la escuela de su hijo le dijeron que este tenía una «minusvalía».

Hasta aquel momento, la carrera profesional de Kimberley en el ámbito jurídico había sido poco motivadora. «Volví a la escuela de leyes en 1991 —me explicó— pero no encontré exactamente lo que quería hacer. Empecé trabajando en una firma de abogados y creo que no se adaptaba a mis expectativas. Aunque mi escuela de leyes me formó para representar a grandes corporaciones y negocios, yo siempre buscaba actividades relacionadas con los servicios sociales. A veces, cuando hacía entrevistas de trabajo se me consideraba excesivamente cualificada, pero cuando me conocían pensaban que mi talento podría aportar algo de lo que necesitaban en su firma. A veces, se trataba de actividades que no existían en el ámbito laboral, y no habían pensado en crear ese puesto de trabajo hasta entonces. A mí me iba bien esa circunstancia, porque hay muchos temas que me interesan y mi carrera profesional no ha seguido una línea recta. Quizá lo que ando buscando no es muy común. Hasta ahora, he sido una operación en curso.»

Todo ello cambió cuando la escuela de su hijo empezó a marcar su destino. Al principio lo habían considerado un alumno dotado que solo presentaba algunas dificultades para adaptarse a la media. Kimberley sabía que su hijo era muy inteligente y podía entender el razonamiento. Pero de pronto, la postura de la escuela dio un giro radical. No solo pensaban que tenía TDAH, sino que también presentaba problemas de procesamiento sensorial y de habla. Esto iba a suponer un cambio total en el tipo de escolarización y en el entorno en que se desarrollaría, algo absolutamente inaceptable para Kimberley. Y ahí es donde entró en acción su formación como abogada.

«Tuve que defenderlo contra el sistema educativo. Empecé pensando que las escuelas sabían manejar cualquier situación y pronto me di cuenta de que no conocían en absoluto a mi hijo y que tenía que hablar en su nombre y ayudarles a proveerse de todo lo necesario para ayudar a mi hijo a que pudiera ser quien tenía que ser. Empecé a aprender sobre la legislación aplicada a las escuelas especiales. Tuve que buscar asesoramiento cuando me enfrenté al sistema educativo y me di cuenta de que en la parte del sur de Florida donde yo vivo no se estaba haciendo lo correcto.»

Kimberley fue capaz de marcar la diferencia por lo que respecta a su hijo, consiguiendo para él el tipo de educación que necesitaba. Al mismo tiempo, encontró lo que realmente la apasionaba de su profesión.

«Cuanto mejor gestionaba la defensa de mi hijo, más gente se ponía en contacto conmigo, al igual que sus médicos u otros familiares, que me decían: "Eres abogada; realmente debes hacerlo". Y era lo que realmente quería hacer.»

Kimberley montó su propia firma de abogados. Antes del problema con la escuela de su hijo, había abandonado por completo su labor como abogada para trabajar con una editorial de textos jurídicos. Ya había pensado en establecerse por su cuenta pero no se decidía porque le faltaba experiencia como litigante. Cuando empezó a defender a su hijo se hizo la luz, y una conversación con la que se convertiría en su socia la convenció de que reunía todos los requisitos necesarios. Ahora se dedica a la defensa del consumidor y a los procedimientos civiles, pero se ha especializado en jurisprudencia sobre escuelas especiales y sobre la ley de dependencia.

«Aunque algunas personas trabajan ya en este ámbito, muchas de ellas son, como yo, padres de niños discapacitados que están muy molestos por lo que sucedió, y enfocan el problema de forma muy distinta a como lo haría un mediador. Sé que me estoy enfrentando a un problema del que nadie se había ocupado con anterioridad. No me voy a ocupar solamente de gestionar casos. Estoy en contacto con asociaciones sin ánimo de lucro para formar a otros padres. Estoy intentando educarlos para que no se queden al margen pensando que la escuela sabe lo que hay que hacer. Pueden defender a sus propios hijos y hacer que las escuelas se adapten a sus auténticas necesidades. Se trata de un tema de extrema importancia para mí, y creo que las cosas que he hecho hasta ahora van a ayudarme a ser más efectiva. Intento trabajar con la gente y voy a llegar hasta donde sea necesario, pero la perspectiva adoptada, basada en la mediación, me ha ayudado a conseguir ese grado de efectividad.»

La clave de su éxito y maduración fue sin duda la conexión establecida con una tribu muy especializada: los abogados que ya se dedicaban a lo que ella estaba intentando hacer. Esa tribu le ofreció mucha más colaboración y apoyo de los que nunca pudo imaginar.

«Me sorprendió la cantidad de gente dispuesta a ayudarme y a responder preguntas, aunque yo creía que me veían como una competidora. Esto parece ser especialmente cierto en un ámbito en el que estás intentando ayudar a la gente; quieren a más personas dispuestas a ayudar. Harán todo lo posible por ayudarte a triunfar. El resto de los abogados especializados se han comportado extraordinariamente.»

Esto es algo que oigo decir con frecuencia a la gente que quiere encontrar su tribu, sobre todo si se trata de un ámbito muy específico. Hay algo estimulante en las personas que comparten la misma pasión: se ayudan entre sí, incluso aunque estén rivalizando por la misma clientela. Se trata de uno de los rasgos más valiosos de una tribu: el amor por el objetivo tiende a pesar más que el instinto de proteger el propio territorio. En el caso de Kimberley, había clientes de sobra para todos y el apoyo de la tribu es una mejora para cada uno.

Chris Bird experimentó el poder de colaboración de las tribus cuando descubrió que tenía que volver al trabajo. Se había pasado dieciocho años en el mundo de la publicidad, y acababa de dar a luz a su hija. Su plan era quedarse en casa cuidando de la niña en el barrio residencial de Denver donde vivía, pero cuando su marido enfermó gravemente, el plan requirió algunos ajustes. Estar presente para cuidar de su familia era algo innegociable. Fue a ver a un orientador profesional para buscar inspiración. Le gustaba escribir, la tecnología y el diseño —habilidades todas que había utilizado en su carrera como publicista— y esperaba generar ingresos gracias a esos talentos. El orientador le sugirió que considerara la posibilidad de trabajar en las redes sociales, especialmente en el mundo de los blogs. Chris no había pensado en ello antes, pero la sugerencia tenía sentido. Diseñó uno para madres y pronto se dio cuenta de que para tener éxito tendría que formar su propia comunidad.

«Busqué una red de mamás blogueras como yo —me explicó—, y encontré Mile High Mamas, una red online que había montado *The Denver Post*. Llevaban a cabo eventos locales donde los blogueros podían reunirse y promover negocios a escala local. Me encontré con mamás como yo que querían quedarse en casa con sus hijos, pero que también querían usar su talento para hacer algo.»

Chris estaba empezando a conectar con su tribu. Uno de sus miembros era Barb Likos, que gestiona una serie de sitios bajo la etiqueta de Chaotic Communications, y que permanece activa prácticamente desde los inicios del blogging. «Ya lo hacía cuando yo aún estaba en HTML», me dijo Chris, lo que en términos de redes sociales era el equivalente a utilizar una tabla de piedra y un cincel. Chris le daba vueltas a la idea de dar clases en casa a su hija, y Barb, que había sido profesora, lo estaba haciendo con su hijo. Ambas tuvieron una larga conversación telefónica. Finalmente, la conversación derivó hacia el terreno del blogging, y Barb la hizo partícipe de algunas de sus ideas. Chris se percató pronto de que había encontrado a su anhelada mentora.

«Barb trabajaba con un grupo llamado Mom It Forward, que

promueve el trabajo y la colaboración entre madres. También estaba en contacto con las redes sociales y me dijo que podía llamarla siempre que quisiera. Me confesó que su política era la de compartir sus conocimientos, porque es algo que acaba beneficiándola a ella, ya que los demás también la hacen partícipe de sus conocimientos.»

Y así, de una pequeña tribu construida en torno a Mile High Mamas, surgió una tutoría que, bajo la guía de Barb, ha visto el negocio de Chris crecer más allá del blogging, hacia varias formas de redes sociales. Chris gestiona actualmente una compañía llamada BirdBanter Media, que asesora a diversos clientes en sus necesidades de comunicación social. También ha perfeccionado su blog, descubriendo que es capaz de simultanear su amor como madre con su pasión de viajar. Su marido, piloto, vuelve a gozar de buena salud, lo que resulta de gran ayuda. Uno de los sitios donde aparecen con regularidad sus correos es TravelingMom.com.

Chris sigue estrechamente vinculada a su tribu. «Barb decidió crear un grupo en Facebook con las mamás blogueras que conocía y en las que confiaba, para poder compartir sus conocimientos, y a la inversa. Resultó ser un grupo fantástico. Lo compartimos todo. Compartimos lo que escribimos al respecto. Hablamos sobre el negocio de las redes sociales, sobre cómo lanzar compañías de RP, sobre software o sobre apoyo tecnológico y emocional. Podemos conectar de inmediato en tiempo real. Promovemos nuestros respectivos trabajos, y lo llamamos "post pimping". Hablamos de lo que una y otra cobran por sus servicios. Compartimos clientes potenciales e información de nuestros contactos. Nos citamos para jugar, u organizamos salidas para las mamás. Podemos discrepar, pero nos respetamos porque es un lugar seguro.» Chris continúa aprendiendo cosas valiosas de su tutora, y su tribu de «mamiemprendedoras» continúa creciendo y promoviendo el crecimiento mutuo.

Inspiración: elevar el listón

Encontrar tu propia tribu puede ser una fantástica fuente de inspiración. Ver lo que pueden conseguir quienes comparten tu pasión puede animarte a forzar los límites de tu propio trabajo y a elevar el listón de tus aspiraciones. Las tribus pueden ayudar a mejorar el nivel de todos sus miembros. Un ejemplo es el movimiento de la Nueva Cocina Nórdica, que se inició en Escandinavia y se está extendiendo de forma imparable por el mundo.

Existen excelentes restaurantes en Escandinavia desde hace mucho tiempo. La región goza de una potente y característica tradición culinaria aunque rara vez ha ejercido alguna influencia en la cultura gastronómica mundial. Pero todo empezó a cambiar cuando el afamado chef y restaurador Claus Meyer reunió a un elenco de chefs escandinavos tras el denominado *Manifesto for the New Nordic Kitchen*.

«Como chefs nórdicos —comienza el manifiesto— pensamos que ha llegado el momento de crear una Nueva Cocina Nórdica que, en virtud de su sabor y de su especial carácter, pueda compararse ventajosamente con los estándares de las grandes cocinas del mundo.» El manifiesto establecía exigentes objetivos para los chefs, desde imponer elevados estándares de frescura y estacionalidad hasta promover el bienestar de los animales, y desarrollar «potenciales nuevas aplicaciones para los alimentos nórdicos tradicionales».

El manifiesto sirvió de punto de encuentro para los chefs de toda la región, entre los que destaca el danés René Redzepi. Juntos, Meyer y Redzepi inauguraron Noma, el establecimiento de Copenhague proclamado mejor restaurante del mundo en 2010 y 2011 por San Pellegrino. Pero Noma no es más que el mascarón de proa del movimiento. Esta tribu está expandiendo la cultura culinaria por toda Escandinavia mientras sus miembros se promocionan entre sí. Aunque en muchos aspectos compiten por el mismo mercado, parecen tener claro que llegarán más lejos si se apoyan mutuamente. Y los hechos lo demuestran. Copenhague se ha convertido en una de las mecas del turismo gastronómico mundial.

En un reciente MAD Foodcamp, las estrellas culinarias —muchas de las cuales compiten en la misma ciudad por la misma sofisticada clientela— participaron en un simposio sobre la Nueva Cocina Nórdica, aprendiendo técnicas y filosofías para aplicarlas en sus propios restaurantes. Mientras, la tribu continúa creciendo y los chefs de todo el mundo participan en el movimiento.

Los beneficios de encontrar tu propia tribu pueden aplicarse a cualquier ámbito o actividad. El mundo de la cocina nórdica puede parecer muy alejado del mundo de la novela de suspense. Y lo está. Pero el poder de conexión es igual de fuerte. Ethan Cross es actualmente un escritor de bestsellers de suspense, autor de thrillers como *The Shepherd*, *The Prophet* y *The Cage*. Hace unos pocos años, Ethan deambulaba por el ThrillerFest de Manhattan, un festival internacional de escritores de novelas policíacas, escasamente convencido de poder desarrollar su carrera como escritor. Pero lo que descubrió de modo casi instantáneo es que había encontrado su propia tribu.

«Era realmente increíble estar sentado en clases y aprender de tipos que habían vendido cientos de miles, incluso millones de ejemplares —me comentaba—. Una de las cosas de las que me di cuenta cuando empecé a escribir un libro es que existen multitud de reglas no escritas que no se aprenden en una clase de literatura, como lo que hay que evitar, o lo que ayuda al lector a introducirse en la trama. En ThrillerFest aprendí un montón de cosas que podía aplicar, y eso me dio mucha más confianza.»

Una de las sesiones a las que asistió Ethan, a cargo de dos respetados autores, trataba de cómo presentarse ante los agentes. Una información valiosísima, puesto que Ethan tenía una reunión con agentes al día siguiente. Su nueva tribu le prestó apoyo. «Aquella noche había un cóctel al que asistirían todos los autores en ciernes para practicar presentaciones entre ellos.» Las prácticas fueron de gran utilidad para Ethan; le dieron confianza y capacidad para creer en su propio talento.

Al día siguiente se celebraba la PitchFest. «Es básicamente como tener citas rápidas con diferentes agentes. Te meten en una gran sala con los agentes sentados en sus mesas, y tú vas pasando por delante. Dispones de tres minutos, tras los cuales tienes que levantarte, aunque estés a media conversación, y cambiar de mesa. Si al agente le ha gustado la presentación, te pedirá que le envíes algo.» Algunos agentes manifestaron su interés por la obra de Ethan.

El mayor espaldarazo vino después de la reunión. Varios de los escritores consagrados que Ethan había conocido en el primer ThrillerFest le pidieron que les enviara un capítulo de su novela para hacer una crítica. Los comentarios que recibió fueron de gran ayuda, pero aún tuvo más valor para él la seriedad con la que lo trataron, como un «auténtico» novelista.

Los lectores europeos y americanos no han hecho sino confirmar esas primeras impresiones: *The Shepherd* fue un superventas tanto en el Reino Unido como en Estados Unidos, y ha sido traducido a media docena de idiomas. Pero el primer indicio que tuvo Ethan de que estaba haciendo lo que debía provino de la tribu que descubrió en la conferencia de escritores en Nueva York.

Encontrar tu tribu

Si aún no has encontrado a tu tribu, ¿cómo puedes conseguirlo? He aquí algunos consejos prácticos.

Usa internet

Internet se ha convertido en el sistema de comunicación más completo y dinámico de la historia de la humanidad, proporcionando oportunidades sin precedentes para conectar con la gente que comparte tus intereses. Por supuesto, deberás recordar todas las advertencias habituales sobre los riesgos de entablar relaciones por internet y actuar con cierta cautela. Dicho esto, utilizar internet de forma creativa y certera puede generar enormes cantidades de pistas e informaciones que te ayudarán a conectar con otras personas que comparten tu Elemento.

Pasar demasiado tiempo en las redes sociales comporta ciertas desventajas. Puede que no sea del todo una coincidencia que «Twitter» rime con «fritter» «desperdicio» en inglés. Pero existen extraordinarias herramientas para encontrar almas gemelas. Escribe la frase «hablar en público» en Facebook, por ejemplo, y comprobarás que decenas de miles de miembros de la red la tienen marcada como *trending topic*. Clica y verás cómo algunos de tus amigos o colegas forman parte del grupo. Haz clic en «Me gusta», e inmediatamente te convertirás en parte de la comunidad. De igual modo, si escribes #hablarenpublico en Twitter generarás una gran cantidad de tweets y un número igualmente elevado de gente a la que puedes seguir y te podrán seguir. ¿Quiere esto decir que ya formas parte de la tribu? No del todo, al menos de momento, pero sí que estás empezando a conectar con una comunidad que comparte tus pasiones.

Un motor de búsqueda también puede ayudarte a introducirte en tu tribu. Si escribes «hablar en público» en Google, obtendrás más de 430.000 resultados. En castellano, exactamente 427.000 resultados. *Public Speaking* ofrece en estos momentos, en el buscador Google, 260 millones de resultados. Evidentemente no puedes revisarlos uno a uno —de todos modos, ya sabemos que las páginas que sobrepasan los primeros quinientos mil resultados son pura redundancia—, pero si navegas por las primeras páginas podrás hacer algunos descubrimientos interesantes: organizaciones, conferencias, cursos y tutores. Busca en particular blogs, clubes, sociedades y comunidades online que compartan tus intereses.

Es evidente que tu tribu puede estar dispersa por varios continentes. Para las generaciones anteriores esto suponía un problema, pero hoy día no es así, y es posible sacar provecho de ello. Puedes obtener apoyo e inspiración en las comunidades online, así como hacerte miembro de tribus virtuales. Si escribes «hablar en público» y a continuación el nombre de tu ciudad, podrás incluso acercarte más a una tribu con la que puedas conectar de inmediato.

Y es esta última parte de la búsqueda la que puede proyectarte más allá del mundo de las tribus virtuales para hacerte contactar físicamente con una de ellas.

Déjate ver

Busca clubes y asociaciones que puedas visitar en persona. Por muy valiosas que sean las comunidades online, el nivel de energía y conectividad que surge de compartir el mismo espacio físico con gente que tiene tus mismos intereses es muy diferente. Busca especialmente eventos y convenciones en los que intervengan conferenciantes invitados o se organicen talleres y exposiciones que sirvan de punto de encuentro para el contacto y la conversación. Es posible que exista un grupo de este tipo cerca de ti. Quizá vaya a celebrarse un simposio local dentro de un par de semanas. Tantear este terreno te permitirá encontrar gente que hable tu mismo idioma, a quien le apasione lo que te apasiona y que comparta tus objetivos.

Una de las cosas que escuchamos de las personas a las que entrevistamos para este libro fue que no tenían la menor idea de que existieran organizaciones que respondieran a sus intereses. Tener acceso a ellas podría suponer un cambio radical para ti.

Inscríbete

Puedes inscribirte en cursillos o talleres. En la mayoría de los países hay todo tipo de instituciones educativas que ofrecen cursillos, clases vespertinas o de fin de semana, conferencias, programas y eventos. Averigua cuáles se ofrecen en tu zona, y matricúlate en los que consideres de mayor interés. Y recuerda, el solo hecho de ir e inscribirte no te obliga a nada. Eres tan libre de ir como de dejar de hacerlo si lo que has visto no te convence. Tu corazón debe permanecer tan abierto como tu mente.

Hazte voluntario

En el capítulo cinco afirmaba que la genuina felicidad a menudo surge de la colaboración con los demás. Donde hay una comunidad humana aparece gente que necesita ayuda, y con ella organizaciones de todo tipo que la canalizan. Son instituciones centradas en todo tipo de necesidades personales o sociales que, en la gran mayoría de los casos, dependen del voluntariado, actividad que proporciona un doble beneficio a quien la practica. La gente que necesita ayuda se beneficia de ella, y el voluntario consigue a la vez ampliar su abanico de actividades y su red de contactos. El principio siempre es el mismo: creas nuevas oportunidades aprovechando las que te ofrecen los demás.

Busca trabajo de becario

Introdúcete en el mundo en el que quieres estar. Una forma de hacerlo es hacer prácticas. Hay muchas organizaciones que aceptan becarios y, si te muestras escéptico sobre las razones que pueden inducir a alguien a hacerlo, puede que tengas razón. Durante los últimos años se ha producido un constante incremento en el número de becarios y en algunos casos el fenómeno se ha convertido en una vergonzosa fuente de trabajo no remunerado. Las tareas son a menudo aburridas y rutinarias. Tendrás que analizar a fondo el trabajo que te interesa y los términos en que lo harás. Las prácticas a corto plazo pueden ser una buena forma de adquirir experiencia sobre diferentes entornos laborales y las culturas que subyacen a cada uno de ellos. Si tu edad y tus circunstancias te lo permiten, es una posibilidad que debes considerar seriamente.

Encuentra un tutor

Si puedes permitírtelo, dedica algunas horas a realizar sesiones con un acreditado *life coach* o entrenador de vida. Durante los últimos años ha surgido una profesión enteramente nueva, que ofrece apoyo práctico y técnicas que te ayudarán a clarificar tus propósitos en la vida. Como en todas las profesiones, desde la medicina hasta la abogacía, hay excelentes profesionales y otros no tan buenos. También existen multitud de sistemas. Escoge bien a tu coach. Visita sus páginas web y sus libros, si los tiene. Pregunta a sus clientes. Si encuentras a la persona adecuada, la inversión en tiempo y dinero habrá valido la pena.

Encuéntrate a ti mismo

Ya sea cambiando de país o de trabajo, conectando exclusivamente por internet, mostrándote físicamente en reuniones de grupo, asistiendo a cursos o eventos, o haciéndote voluntario, el valor de ampliar tu esfera de actividades no se limita a la experiencia más inmediata. Su importancia está en las puertas que se abren hacia nuevas experiencias y personas. Encontrar tu Elemento, y a aquellos que lo comparten, puede ofrecerte una nueva perspectiva sobre quién eres realmente.

Keith Robinson (no somos parientes) es animador e ilustrador. Siempre fue bueno en la escuela desde los puntos de vista académico y social, pero todo cambió en el tercer curso de secundaria, cuando empezó a ser víctima del bullying. «Primero fui marginado por mis compañeros —me explicaba— y la circunstancia fue aprovechada por los acosadores. Durante los dos años siguientes, hice lo que pude por desaparecer por completo. Mi estrategia consistía en tomarme a broma las travesuras del patio, si podía, y por lo demás, permanecer invisible. Este obligado período de introspección me obligó a analizarme de forma crítica y a plantearme las razones de mi cambio de suerte. Me di cuenta de que mi antigua confianza en mí mismo me había convertido en una especie de odioso bocazas presumido. Decidí que la mejor estrategia para la rehabilitación era permanecer tranquilo y discreto, lo cual, irónicamente, no resultó nada bueno para mis calificaciones.»

Mientras Keith aprendía a lidiar con sus circunstancias, se fue interesando cada vez más por el arte y durante el proceso descubrió a una nueva tribu. «Las clases de arte en la escuela fueron un refugio para mí. Estaba con un grupo de alumnos distintos, ni mis compañeros habituales, ni los acosadores. Podía ser una persona diferente (o, quizá, simplemente yo mismo), y con el tiempo hice un grupo de amigos que se relacionaban conmigo sin prejuicios y quizá con una pizca de admiración, porque sabía dibujar. Vi que esa capacidad me daba un prestigio especial en la escuela, un poco como ser buen deportista (que en absoluto era mi caso).»

Formar parte de aquella nueva tribu permitió a Keith redefinirse a sí mismo de una forma más natural que de cualquier otro modo. El bullying cesó y su círculo de amigos se amplió, en parte gracias a su nueva comunidad de artistas. «A través del arte encontré una forma de reinventarme. El arte simbolizaba lo que quería hacer y lo que quería ser. Me dio lo que todos los adolescentes andan buscando: una identidad.»

Aquello permitió a Keith conectar con una tribu aún mayor.

«Hice del arte mi objetivo en la escuela, en gran parte gracias a los ánimos de mi profesor, quien reconoció mi talento y mi entusiasmo, y me convenció de que aquella podría ser mi profesión. Organizó una semana de trabajo con una firma local de arte gráfico que pertenecía a un tutor del colegio de arte y aquello fue una revelación. El estudio estaba montado en un granero magníficamente rehabilitado, nadie llevaba traje y, lo mejor, la gente se pasaba el día con su rotulador y su bloc de dibujo, dando rienda suelta a su creatividad.

»Desde aquel momento no pensé en hacer ninguna otra cosa. Me encantaba la escuela de arte. Estaba completamente en mi Elemento. Era una especie de campo de entrenamiento creativo. Arrinconé todo lo que creía saber y me dediqué a intentar ver las cosas desde una perspectiva completamente nueva. Nunca tenía bastante. Y sigue siendo así.»

Al igual que en la búsqueda de tu Elemento, si estás buscando tu tribu es imposible planificar todo el proceso. Ahí está la clave. Encontrar tu tribu no es un proceso lineal cuyo resultado puedas predecir. Es orgánico, y solo puedes cultivarlo y propagarlo. Si lo haces bien, obtendrás una cosecha de nuevas oportunidades que ni siquiera podías imaginar.

Aquí tienes algunas preguntas para continuar reflexionando:

- ¿Qué tipo de personas asocias con tu elemento?
- ¿Te sientes atraído por ellas? ¿Sabes por qué?
- Si ya sabes cuál es tu Elemento, ¿querrás ganarte la vida con él?
- Si lo haces, ¿qué opinas de la cultura profesional que va ligada a él?
- ¿Qué cursos prácticos y programas de estudio te interesarían?
- ¿Qué palabras clave utilizarías en internet para encontrar tu tribu?
- ¿Qué opinas de unirte a grupos o comunidades online?
- ¿Qué te parecería ser miembro de grupos que organizan encuentros personales?
- ¿Qué tipo de grupos o eventos te interesarían?
- ¿Qué cualidades valorarías en un coach o tutor?

¿Y ahora qué?

Si te has implicado intensamente en la lectura de este libro, a estas alturas ya tendrás una idea concreta sobre tus aptitudes y pasiones, sobre tus actitudes y tu situación actual. ¿Cuál es el siguiente paso?

Cuando planifiques tu viaje hacia el futuro, es importante que recuerdes los tres principios esenciales de mi argumento. Primero, tu vida es única. Puedes aprender de las experiencias de otras personas, pero no puedes, ni debes, intentar reproducirlas. Segundo, tú creas tu propia vida y puedes recrearla. Para hacerlo, tus mejores recursos son tu imaginación y tu sentido de la posibilidad. Tercero, tu vida es orgánica, no lineal. No puedes planificar la totalidad del viaje, y tampoco necesitas hacerlo. Lo que debes planificar son los siguientes pasos que vas a dar.

Un viejo chiste cuenta que alguien conducía por el campo en busca de un pueblo. Paró y le preguntó a un aldeano por el camino. El hombre frunció el ceño y contestó: «Si yo intentara llegar a ese pueblo, yo no empezaría por aquí». Si estás buscando tu Elemento, debes empezar justo donde estás. Solo encontrarás tu camino si sintonizas con tu auténtico norte y sigues el impulso de tu energía. Muchas personas empezaron sus vidas siguiendo un camino para cambiar radicalmente de dirección más adelante.

Volver atrás para seguir adelante

Como escritor y conferenciante, recibo todo tipo de inesperadas invitaciones. En 2011, fui invitado a hablar en el centésimo aniversario de la United States and Canadian Academy of Pathologists (USCAP) en San Antonio, Texas. Por cierto, no entiendo nada de patología y, afortunadamente, los organizadores eran conscientes de ello. Estaba allí para hablar de la innovación y la creatividad, tan importantes en el ámbito de la patología como en cualquier otro.

Fue la mayor reunión de patólogos del mundo, con una asistencia de casi cuatro mil profesionales. Mi invitación para pronunciar un discurso como no profesional en el terreno de la patología fue única en la historia de la Academia. Se produjo porque el comité de planificación pensaba que la creatividad y el descubrimiento de las propias pasiones eran esenciales en el proceso de selección y formación de los patólogos en un futuro cuya evolución desconocemos.

La invitación para hablar ante el USCAP procedía del doctor Jeffrey Myers, una autoridad en el campo de la patología. Tras obtener la licenciatura en biología y graduarse en medicina, obtuvo posteriores nombramientos en la Washington University School of Medicine y en la Universidad de Alabama. Se trasladó más tarde a la prestigiosa Mayo Medical School, donde durante dos años dirigió un equipo destinado a promover la innovación. En 2006 recaló en la Universidad de Michigan, donde actualmente es uno de los responsables del Medical Innovation Center de dicha Universidad. Ofrece conferencias por todo el mundo sobre temas científicos y médicos, y es miembro de diversas sociedades profesionales. Ha publicado además numerosos artículos en revistas especializadas y ha recibido varios galardones y honores por sus destacadas contribuciones en este ámbito.

Cuando estaba en la universidad, el doctor Myers no tenía la menor idea de que esa sería su posterior trayectoria profesional. De adolescente, nada más lejos de sus inquietudes que una carrera de medicina, y menos aún en el campo de la patología. Su pasión era la música rock y sus planes, formar parte de una banda. Y lo hizo durante un tiempo. Cantaba y tocaba la guitarra, en parte porque le apasionaba, y en parte porque aquello venía a llenar un vacío en su vida, que en aquel momento no vislumbraba ninguna otra dirección. En la escuela no le iba mal, pero el proceso educativo no le convencía.

Me dijo que en realidad tenía poco de «"estrella del rock"; más bien era un chico sin rumbo fijo que no lo hacía mal en la escuela, pero cuya cabeza y corazón se hallaban en otra parte. Si le hubieras dicho a cualquiera de mis compañeros de clase o de banda que algún día sería médico en la clínica Mayo, se habría partido de risa».

Finalmente decidió que no triunfaría en el mundo de la música, y se puso a estudiar biología en la universidad. Continuó después su carrera en la patología, que le entusiasma, y en la que ha ejercido un enorme impacto.

«Si me paro a reflexionar sobre los primeros signos de mi vocación en patología, y en cómo se expresan actualmente, veo una rica mezcla de experiencias íntimamente asociadas que me mantienen vinculado con mi Elemento. ¡Cuando llevaba dieciséis años en la clínica Mayo, descubrí que unir mi pasión por la patología diagnóstica con el campo del liderazgo y la innovación sería como un viaje a la luna! En 1992 acepté un cargo de liderazgo y fui jefe de anatomía patológica durante diez años. Fue una época en la que aprendí cometiendo muchos errores. Yo era impaciente e impulsivo. Fue entonces cuando me convertí en un férreo defensor de la seguridad del paciente y de la lucha contra los errores en nuestra disciplina. Finalmente me tranquilicé y fui capaz de empezar a cambiar prácticas clínicas, de un modo que afectó directamente a la calidad de la atención médica y en el servicio que ofrecemos a nuestros proveedores y pacientes.

»Transcurrida una década, fui jefe de anatomía patológica y dirigí el grupo de trabajo responsable de expandir la cultura de la innovación en la clínica Mayo Rochester. Poder influir en el futuro de mi disciplina, al menos a escala local, es parte de lo que me mantiene unido a mi Elemento. En cierto modo estoy esperando el próximo desafío, porque me siento insatisfecho con las soluciones actuales. Mientras pueda combinar la patología diagnóstica con las oportunidades para introducir mejoras, la excelencia en el servicio y la innovación sanitaria, ¡ahí estaré!»

Hay un interesante epílogo a la historia de Jeffrey Myers, motivado en parte por nuestro encuentro en San Antonio. Unos meses después de mi charla en la convención, Jeffrey acudió a un concierto de Jeff Beck, tras el cual cogió la guitarra por primera vez en treinta y siete años. Se dio cuenta entonces de que no había nada malo en volver al Elemento de su adolescencia. Se dirigió a una tienda de música, se compró una Stratocaster con la firma de Eric Clapton (la «Blackie»), y un amplificador Marshall. «Una de las ventajas del camino que escogí —me dijo— es que ahora puedo permitirme este tipo de guitarras y de equipo. ¡En mi juventud, no podía ni soñarlo!» Junto a dos miembros de la misma quinta de su departamento, ha formado una banda que interpreta rock/blues de los setenta y ochenta, con temas de Cream, Lynyrd Skynyrd y los Allman Brothers. «De momento nos llamamos Lost in Processing. Ya no tengo que decidir entre la medicina y la música. Quizá pueda simultanearlas. Me he dado cuenta de que la música no afecta a mi carrera de medicina, ¡y también que no soy mucho mejor como músico ahora que en mi adolescencia!»

La experiencia de Jeffrey Myers confirma que puedes tener más de un Elemento, y amarlos todos por igual. También que, a veces, la mejor manera de avanzar un paso es volver a recorrer un sendero que ya creías haber dejado muy atrás. Como ya he dicho, la vida no es lineal.

Sigue tu espíritu

Cualesquiera que sean tus circunstancias, siempre tienes opciones. Tal como han demostrado muchas de las historias narradas aquí, puedes hallarte en las circunstancias más extremas, pero siempre puedes elegir pensar, sentir y actuar de modo diferente. La clave está en iniciar el movimiento necesario para abordar el siguiente paso. Para hacerlo, debes mirar hacia el interior y hacia el exterior. Debes sintonizar contigo mismo y permanecer alerta ante la dirección a la que apunta tu espíritu.

Una de las mejores maneras de saber que no estás en tu Elemento es sentir si tu espíritu está endurecido. Algo así le ocurrió una vez al fotógrafo Chris Jordan. Cuando trabajaba como abogado corporativo, cada día se sentía «como si estuviera sentado haciendo divisiones largas, algo que me aterra». Tan pronto como empezó con la abogacía, me explicaba: «Tuve esa horrible impresión. Probablemente ya la había sentido antes, pero no quise darme cuenta».

La ironía de la historia de Jordan es que se dio cuenta de lo que realmente le apasionaba cuando estudiaba derecho y, desgraciadamente, no era la abogacía. Tomando la decisión que tantos toman, enterró sus deseos para poder licenciarse. «Había tenido toda una serie de comienzos fallidos y fracasos, pero quería demostrarme a mí mismo y a los que me rodeaban que era capaz de enfrentarme a lo que fuera. Pero escogí la peor forma de hacerlo. Me pasé once años como abogado corporativo en un estado muy parecido a la depresión clínica. Desde el principio fue algo incapaz de llenarme. No solo sentía que no podía aportar nada al mundo, sino que, en muchos aspectos, aquello era totalmente contrario a mis principios.»

La jornada laboral de Jordan era deprimente, pero su vida fuera del trabajo era cada vez más plena. Empezó a explorar lo que realmente sabía hacer con cámaras de gran formato por las tardes y durante los fines de semana y cada vez le atraía más. Colocó en la oficina algunas de sus fotos y la firma colgó otras en la sala de conferencias. «De vez en cuando, la gente entraba en mi oficina y decía: "Chris, ¿lo has hecho tú? Podrías ser un magnífico fotógrafo. ¿Por qué te dedicas a esto?" Y yo me reía como si estuvieran bromeando, cuando en realidad me invadía el miedo ante el riesgo.»

Finalmente, Jordan se dio cuenta de que estaba corriendo un riesgo aún mayor, que amenazaba con expulsarlo del falso confort en el que lo instalaba su latente desesperación. «Conforme me acercaba a los cuarenta, empecé a temer que no iba a vivir mi vida, que me estaba haciendo viejo y me invadía el pesar de no haberme arriesgado a vivir. Aquel miedo, en lugar de convertirse en un muro, era como una bota de cowboy gigante que me estaba dando puntapiés. Me di cuenta de que si no corría ese riesgo, el fracaso estaba garantizado. En la oficina había presenciado cómo algunos compañeros decidían seguir aquel camino mientras se sentaban para comentar con amargura lo terribles que eran sus vidas. Yo pude apretar el botón del avance rápido y emprender la huida. Pensé que si abandonaba la abogacía, mis posibilidades serían al menos del 50 por ciento.»

Jordan dejó la firma a finales de 2002 con el compromiso personal de triunfar como fotógrafo. Para asegurarse de que no habría vuelta atrás si las cosas iban mal, presentó la dimisión en el colegio de abogados en 2003. Vivió de los fondos destinados a la carrera de su hijo de cinco años, pensando que los restituiría mucho antes de que los necesitara, y se lanzó en pos de su pasión. No fue fácil. Fotografiar con cámara de 8 × 10 era extremadamente caro —25 dólares por toma— y el material complementario era muy costoso. El dinero del fondo destinado a su hijo se acabó en otoño, la capitalización de su retiro no duró mucho más, y la de su esposa se había fundido en el verano de 2004. Alguien más cauto en cuanto a sacar partido de su Elemento habría buscado una ocupación en negro o, en último caso, un trabajo a tiempo parcial en Starbucks. Pero Jordan siguió pensando que algo iba a ocurrir.

«Yo estaba contra las cuerdas, y la cuenta iba ya por el dos. Fue entonces cuando recibí la llamada de un galerista llamado Paul Kopeikin, de Los Ángeles. Me dijo que había visto mi trabajo y me preguntó si tenía intención de pasarme por Los Ángeles en breve. Aquel mismo día reservé un vuelo.» Kopeikin admiraba la obra de Jordan, y le dijo que montaría una exposición en cuanto tuviera la oportunidad. Finalmente se fijó para febrero de 2005, y la espera no habría sido tan angustiosa si Jordan no hubiera estado al borde de la ruina. La oportunidad era demasiado buena para dejarla pasar, así que Jordan y su esposa contrataron algunas tarjetas de crédito. «Simplemente me dejé llevar. Sabía que mis fotografías tendrían un público, así que me puse en marcha. Atravesé el país en avión para tomar fotos de cabinas telefónicas. Cuando se acercaba febrero, mis deudas con la tarjeta de crédito ascendían a 80.000 dólares.»

El punto de inflexión con el que Jordan había soñado se materializó en la exposición organizada por Kopeikin, donde vendió suficientes fotografías para pagar sus deudas de crédito. La siguiente exposición tuvo lugar en una galería de Nueva York, lo cual proporcionó a Jordan cierto colchón económico, aunque la mayor parte de los beneficios se disiparon en una serie benéfica sobre las consecuencias del huracán Katrina, en Nueva Orleans.

Con el espaldarazo provocado por las ventas y los elogios de la crítica, Jordan decidió obedecer a su instinto y buscar metas más ambiciosas. En otoño de 2006 inició una serie titulada *Running the Numbers*. Tal como él la describe «*Running the Numbers* es una visión de la cultura estadounidense a través de las austeras lentes de la estadística. Cada imagen reproduce una cantidad específica de algo: quince millones de hojas de papel de oficina (cinco minutos de uso); 106.000 latas de aluminio (30 segundos de consumo), y así sucesivamente. Mi esperanza es que las imágenes que representan tales cantidades tengan un efecto diferente al provocado por una simple cifra».

Esta obra era totalmente distinta a lo que había hecho hasta entonces y, para su sorpresa, su círculo íntimo no se sintió impresionado. «Las primeras personas que vieron las imágenes me dieron respuestas horribles. Uno de mis críticos de mayor confianza dijo: "Esto no es fotografía. No es arte. Es un callejón sin salida"». No obstante, siguiendo el camino que suelen transitar los que están en su Elemento, Jordan no cedió. Las colgó en su página web, y la popularidad de su trabajo subió como la espuma en un tiempo récord. En la primavera de 2007 tenía ya cientos de miles de visitas. Tuvo que contratar a un ayudante para que respondiera a los correos. La serie cambió por completo su perfil como fotógrafo, llegando a una audiencia infinitamente mayor.

«Me he acostumbrado a oír la voz de alarma cada vez que me siento a gusto haciendo algún tipo de trabajo. Se enciende la luz roja, y entonces sé que ha llegado el momento de volver a explorar territorios desconocidos. Ahora vuelvo a estar en esa etapa. La serie *Running the Numbers* es ya algo así como mi trabajo cotidiano. Quiero seguir explorando, porque hay muchas cosas que me gustaría fotografiar, pero ya no lo veo como un riesgo creativo. Así que me desplacé hasta la isla de Midway para fotografiar cadáveres de crías de albatros rellenos de desechos de plástico. Es un riesgo creativo, puesto que el mundo del arte no demanda precisamente imágenes de crías de pájaro muertas. Cuando colgué la serie en mi página web, fue un bombazo aún mayor que la serie anterior.»

Chris Jordan encontró su Elemento cuando decidió que arriesgarlo todo era la mejor salida. Para él, estar en su Elemento es ponerse constantemente a prueba a sí mismo. Ha conseguido así una vida totalmente gratificante, aunque no necesariamente cómoda.

«Este tipo de vida va acompañado de mucha ansiedad, y si tengo que dar un consejo a quien quiera arriesgarse a perseguir lo que le apasiona es que sepa gestionar su ansiedad.» Es el precio que hay que pagar por obtener la respuesta a la pregunta: «¿Y ahora qué?». Aunque pagar ese precio puede llevar a niveles de plenitud totalmente distintos.

Tal como muestra la historia de Chris Jordan, puede haber riesgos si tomamos la ruta principal hacia nuestro Elemento. Pero ignorar la llamada del espíritu puede entrañar otro tipo de riesgos. Si sabes cuál es tu Elemento, puedes ignorarlo silenciando las partes interiores hacia las que va dirigido. El resultado puede ser un sordo dolor espiritual que te retiene cuando debería manifestarse como un impulso de energía que te lleva hacia delante. Como la de Jeffrey Myers, la historia de Jordan ilustra el principio de que tu punto de partida no determina el curso ulterior de tu vida.

Ejercicio 14: tu plan de acción inicial

Si has desarrollado los trece ejercicios anteriores, habrás acumulado materiales, imágenes, ideas y sensaciones y más de cincuenta preguntas. Por supuesto, me resulta imposible saber en qué etapa te hallas tras reflexionar sobre tu Elemento. Puede que tengas perfectamente clara la dirección que quieres tomar y el lugar a donde quieres ir. De igual modo, puede que aún estés barajando toda una gama de posibilidades y que tengas algunas cosas más claras que otras. Puede que estés más seguro de tus aptitudes que de tus pasiones, o viceversa. Sea cual fuere la etapa en la que estés, tómate tu tiempo para revisar los ejercicios que has hecho, y reflexiona sobre lo que has descubierto. Para hacerlo:

- Toma una hoja grande de papel y dibuja cuatro grandes círculos en ella, de manera que se solapen en el centro para crear una intersección común. Puede que recuerdes de tus días en la escuela primaria que recibía el nombre de diagrama de Venn.
- Pon un nombre a cada círculo: aptitudes, pasiones, actitudes y oportunidades.

- En cada uno de los círculos, escribe cuatro o cinco afirmaciones que expresen lo que necesitas hacer para profundizar en tu comprensión de esa parte de ti mismo. Intenta que sean lo más prácticas posible.
- Deberías pensar seriamente en emprender estas acciones con el paso del tiempo. Pero ¿qué debes hacer en primer lugar?
- Observa detenidamente estas afirmaciones e invierte todo el tiempo que sea necesario para reflexionar sobre ellas. Cuando estés listo, colócalas en orden de prioridad. Puedes darles un nombre o un código de color a cada una.
- Cuando estés satisfecho con las prioridades, escribe la principal prioridad de cada círculo en la parte central, donde todos los círculos se entrecruzan.
- Considera estos cuatro pasos como tu plan de acción inicial.
- Recuerda: no puedes planificar la totalidad del viaje. Solo los pasos siguientes.

Una de las razones importantes para mantener abiertas tus opciones es que no estás limitado a un único Elemento para toda la vida. Algunas personas se dan cuenta de que les apasionan varias cosas por igual; otras, que sus pasiones evolucionan. Encontrar tu Elemento ahora no quiere decir que estés anclado a él de por vida. De hecho, cuando preguntas: «¿Y ahora qué?», la pregunta podría muy bien ser: «¿Qué más?».

¿Qué más?

Al comienzo del libro hablábamos de la dramática transición de David Ogilvy, un granjero convertido en publicista. Hay muchos otros ejemplos. Martha Stewart inició su carrera como modelo, un trabajo que utilizaba para pagarse una parte de la matrícula del Barnard College (donde estudiaba arte, historia de Europa e historia de la arquitectura) que su beca no cubría. Continuó haciendo de modelo una vez graduada y apareció en anuncios de prensa y televisión para el champú Breck, para Clairol e incluso para los cigarrillos

Tareyton. Pero su talento como gurú del estilo no hizo eclosión hasta que se trasladó con su marido, muchos años más tarde, a Westport, Connecticut, donde adquirieron y restauraron una granja de 1805. Aquello la introdujo en el negocio del catering en el que volcó su pasión por la alimentación, y que desembocó en una serie de libros que sirvieron de trampolín a su negocio sobre gastronomía y estilo de vida que dirige en la actualidad.

Janet Robinson (no somos parientes) era maestra en una escuela privada de Nueva Inglaterra cuando decidió introducirse en el mundo de los negocios, como jefe de ventas en la New York Times Company. Como profesora era extraordinariamente dinámica, pero su talento fuera del aula demostró no ir a la zaga. De allí pasó al cargo de vicepresidenta de la unidad de ventas y marketing del New York Times Company Women's Magazine Group, y posteriormente al de presidenta y directora general del diario *The New York Times*. Actualmente es presidenta y directora ejecutiva de la New York Times Company, y aparece en las listas de negocios como una de las mujeres más poderosas en el ámbito de los medios de comunicación, y aún tiene un par de cosas por enseñar a la gente.

A diferencia de Jeffrey Myers, Taryn Rose desde joven tenía muy claro que quería estudiar medicina. Su padre era patólogo, y todo el mundo daba por hecho que seguiría sus pasos. Asistió a la USC Medical School y completó su formación como residente en cirugía ortopédica. Los largos días que había tenido que soportar subida a sus tacones y la multitud de pacientes femeninas cuyas enfermedades estaban relacionadas con el tipo de calzado que llevaban le hicieron experimentar su propia epifanía: debía de haber un modo de diseñar zapatos bonitos y a la vez cómodos, y ella era la persona indicada para hacerlo.

Se pasó los tres años siguientes trabajando en su proyecto para la compañía de calzados epónima, una marca que rápidamente adquirió prestigio y popularidad. La revista *Fast Company* le hizo encabezar la lista de las «25 mujeres emprendedoras que están cambiando las reglas del juego». No había más cirujanos ortopédicos en la lista.

Rompiendo el molde

El caso es que todos tenemos tendencia a categorizar y a etiquetarnos unos a otros según el acento, la edad, la apariencia, el género, la etnia y, especialmente, el trabajo. Cuando la gente se relaciona socialmente, la pregunta más frecuente es: «¿A qué te dedicas?», tras lo cual ajusta su actitud en función de la respuesta. Podemos fácilmente encasillarnos a nosotros mismos del mismo modo. La razón por la que me resisto a introducir «tipos» de personas en este libro es que rara vez hay una descripción conveniente para cada uno de nosotros. Aun así, la gente tiende a interpretar el papel una vez encasillada, como en el efecto Barnum.

Una consultoría de negocios que conozco en Estados Unidos ideó un acertado proceso para permitir que grupos de diferentes empresas trabajaran juntos en el ámbito de las prioridades y las estrategias. Uno de los rasgos del proceso es que los miembros de los grupos no exhiben etiquetas laborales. Pueden estar trabajando con el director ejecutivo de otra compañía, con el jefe de finanzas o con un jefe de ventas sin saberlo. Se trata de centrarse en las cualidades de cada individuo y no en sus roles o estatus.

Ejercicio 15: Carta a un patrocinador

Con la idea anterior en mente, intenta realizar el siguiente ejercicio:

Imagina que tú no eres tú, sino alguien a quien has conocido y que se ha pasado cierto tiempo intentando averiguar tus intereses, actitudes, esperanzas y aspiraciones. Imagina que esa persona está escribiendo sobre ti a alguien interesado en apoyar tus planes de futuro. Esta persona no tiene ideas preconcebidas, pero le gustaría saber más cosas sobre ti.

Escribe sobre ti mismo en tercera persona: por ejemplo, «Ken (o cualquiera que sea tu nombre) disfruta especialmente...». No menciones tu edad, género, etnia, origen social o situación actual. Menciona tus intereses, capacidades y aspiraciones, lo que crees que deberías aprender y qué te gustaría experimentar. Describe tus cualidades personales, los logros que más valoras y las oportunidades que esperas tener en un futuro.

Escribe la carta lo más rápido que puedas, utilizando la técnica de las páginas matinales y la escritura automática. Habla de tantos aspectos como quieras. No te preocupes por la versión definitiva. Echa un vistazo a tu análisis SWOT desarrollado en el capítulo siete para obtener ideas e inspiración. Recuerda que debes escribir como alguien que no tiene las ideas preconcebidas que los amigos íntimos, la familia o tus compañeros de trabajo podrían tener. Intenta verte a ti mismo con la frescura con que lo haría otra persona.

Cuando hayas acabado la carta, léela, haz una lista con los principales puntos que has tratado y crea un mapa mental con los pasos que te gustaría dar para saber más sobre tus intereses y aptitudes y sobre la próxima etapa de tu viaje. Obsérvalos y pregúntate cómo podrías hacerlos realidad.

Cuando «lo siguiente» es la única opción

Una de las principales razones para evitar plantearte el famoso «¿Y ahora qué?» es que no necesitas hacerlo. Lo que estás haciendo ahora puede que no ilumine tu vida, pero es aceptable. Y, lo que es más importante, tienes un buen salario, tus compañeros te respetan, y tu sociedad te considera un triunfador. El ímpetu sencillamente no aparece, no más que el que desearías tener para dedicarte a las bufandas de punto, a gestionar un balneario o a enseñar inglés como lengua extranjera. Si tu mundo se volviera del revés... quizá. Pero todo está bien así. ¿Por qué complicarlo?

Quizá haya algo que aprender de aquellos cuyo mundo se volvió del revés. Mark Frankland, por ejemplo, podría no haber descubierto nunca su auténtica pasión si no se hubiera quedado de repente sin trabajo. Frank había escrito una vez una canción para su esposa que incluía el proverbio africano «La vida es como comerse un elefante; hay que hacerlo poco a poco». En aquel momento no se dio cuenta, pero la letra captaba la esencia de su búsqueda del Elemento.

«Creo que parte del proceso de superación de un gran obstáculo —me confesaba— es no fijarse en el tamaño del problema sino en el siguiente paso para solucionarlo. A veces será drástico, otras, diminuto. En ocasiones, algo muy pequeño puede desencadenar profundos cambios en tu vida.»

La música tuvo un papel fundamental en el mundo de Mark desde temprana edad. Desgraciadamente, los grandes obstáculos también. «Siempre estaba cantando. En escena, acababa interpretando a un personaje que cantaba. En la escuela primaria había un concurso titulado The Muir Cup. Las medallas de oro y de plata iban a parar cada año a los que estaban un curso por delante. Así que mi último año era la oportunidad para conseguir el oro, puesto que había ganado el bronce el año anterior, y los dos que habían quedado por delante de mí habían pasado a secundaria. Entonces, mi profesor decidió castigarme por no haber hecho los deberes, o algo así, y no pude presentarme al concurso. Aún lo recuerdo como un momento clave en mi vida.»

Otra de las complicaciones era que Mark venía de un hogar desestructurado. Siempre estaba buscando la aprobación de su padre, incluyendo la elección de carrera, lo cual lo alejó del mundo de la música.

«Me pasé varios años intentando cursar una carrera de la que mi padre pudiera sentirse orgulloso. Él es aparejador, y construía hospitales privados por todo el país, así que intenté escoger una carrera que mereciese la aprobación del viejo. Intentaba ser un chico modelo, pero no era un chico modelo feliz.

»Desempeñé diversos oficios. El último, productor de televisión, que mucha gente consideraría como algo apasionante. Lo era cuando me ocupaba de la parte creativa del negocio, pero la cuenta corriente de la compañía empezó a menguar, dejaron de hacer programas y me pasé al mundo de las ventas. Estuve ocho años, porque se ganaba dinero. Para entonces ya tenía mujer, hijo y perro. El paquete completo. No parecía una mala posición, pero siempre llevaba encima esa especie de frustración latente: mi vida no tenía sentido. Cuando la situación laboral me llevó a un punto en que perdí el norte, se abrieron ante mí dos opciones: seguir en un trabajo que no me entusiasmaba o encontrar una alternativa en el mismo ramo. Ninguna de las dos me decía nada.»

Entonces las opciones se hicieron cada vez más limitadas, y estaba claro que Mark se iba al paro.

«Cuando todo empezó a desenredarse yo ya estaba cantando de nuevo. Cuando me emborrachaba en el pub, cantaba una canción sobre un gnomo de jardín, y hasta allí llegaba mi carrera musical. Pero siempre escribía canciones para las bodas de mi familia, y en las celebraciones del bar mitzvah. Delante de mi familia interpretaba a la perfección en estado sobrio, pero si se trataba de una multitud no era capaz. Escribí una canción cuando mi hermana cumplió cuarenta años y la canté en la fiesta, lo cual significaba que tenía que hacerlo frente a algunos de mis familiares. Respondieron muy favorablemente. Un día, cuando acudí a un karaoke y me preparaba bebiendo para la canción sobre el gnomo de jardín, alguien dijo: "¿Por qué no cantas aquella canción sobre tu hermana?". Cuando las cosas en el trabajo empezaron a ir mal, recordé que me había pasado la juventud diseccionando grabaciones. Pensaba que quizá podría haber intentado llegar algo más lejos.

»Mi mujer me sugirió que en vez de asistir a clases nocturnas de producción musical, debería graduarme. Vivo a unos treinta kilómetros al sur de Londres, y allí hay una Academia de Música Contemporánea considerada la mejor escuela de rock de Europa. Me llevé a mi hija de catorce años para que me sirviera de apoyo al echar un vistazo a la escuela. Allí descubrí que también había una escuela de negocios. Algo casual, pero la suerte hay que buscarla.»

Abocado al nuevo entorno ante la imposibilidad de seguir con su trabajo, Mark encontró la inspiración que le había faltado durante la mayor parte de su carrera profesional. Se enfrentaba a un enorme desafío en un momento crítico de su vida, algo parecido a tener que comerse un elefante, pero lo que estaba haciendo lo motivaba tanto que encontró la determinación y la actitud necesaria para hacerle frente. Se matriculó a tiempo completo con el apoyo incondicional de su mujer, algo decisivo, porque la hipoteca seguía allí, y su trabajo de vendedor ya no. Mark se graduó tanto en la parte musical como en la vertiente empresarial de la industria de la música. Su disertación final le proporcionó el empujón final hacia su objetivo.

«Mi disertación versaba sobre la creatividad, y analizaba por qué el convencimiento de lo que puedes ser es tan crucial ya en la escuela primaria, y cómo poco a poco te hacen desistir de esa idea. La siguiente oportunidad de reencontrar algunos de tus hobbies es cuando te jubilas. No puedo explicar el porqué. Solo sé que, al ver la cantidad de personas que hacen cola para presentarse a los castings de *The X Factor* o *Britain's Got Talent*, deduzco que hay auténtica obsesión por encontrar un sentido a la vida.»

Aquello inspiró a Mark para fundar Good Gracious Music, un sello dedicado a ayudar a la gente a cumplir sus sueños latentes de grabar y editar sus propias canciones. «Fundé mi compañía para convencer a la gente de que no tienes que ser una estrella del rock para disfrutar de la música y editar álbumes, especialmente hoy día, con las posibilidades de autoedición que nos brinda internet. Good Gracious Music se centra actualmente en encontrar personas en torno a los treinta años que formaron bandas cuando era jóvenes para devolverlos al estudio y animarlos a escribir de nuevo.»

Cuando era joven, a Mark le faltó disposición para entrar en el sector de la música, haciendo que su sentido de la obligación hacia los demás predominara sobre su gran pasión. Enfrentado al paro y a la pérdida de su red de seguridad, fue entonces cuando decidió que ya era hora de engullir el elefante. Su mujer prestó su apoyo económico para asegurarse de que las facturas se pagaban, y el resto de la familia también le dio su apoyo, incluido su padre, al que Mark había intentado satisfacer durante tanto tiempo permaneciendo fuera del mundo de la música.

Muchos años después de que un profesor malograra su sueño de convertir su música en oro, Mark Frankland se gana la vida haciendo lo que le apasiona. Good Gracious Music lleva ya cuatro años funcionando y sigue creciendo. Aunque, si las cosas hubieran ido solo un poco mejor en su antiguo trabajo, quizá nunca habría dado el paso definitivo.

Creo que todos podemos extraer un mensaje de esta historia.

Si bien a menudo aparecen riesgos asociados al abandono de la actividad profesional por una que encaje mejor con nuestras auténticas pasiones, hay pocos proyectos que no entrañen riesgos hoy día. Los chinos describen los trabajos garantizados de por vida como «un cuenco de arroz de acero». Pero ¿cuántos así existen en realidad, especialmente en una era de incertidumbre económica global?

Al mismo tiempo, oigo con frecuencia historias de gente como Mark Frankland que, habiendo perdido la «seguridad» de un trabajo fijo, descubre una forma de navegar entre las tormentas financieras para crear algo nuevo y dotado de sentido.

Nunca te aconsejaría que abandonaras tu seguridad laboral, pero si consideras que lo que hay al otro lado será más satisfactorio para ti que lo que ahora tienes, quizá debas pensar en dar el paso y confiar en que aparezca la nueva red de seguridad. Es un poco como la filosofía de vivir cada día como si fuera el último. Por supuesto, se trata de un argumento ridículo. Si realmente lo hicieras, tu forma de vida probablemente aceleraría la llegada de tu día final. Aun así, la necesidad puede generar una creatividad insospechada. Puede darte ese empujón que necesitas, no solo para preguntarte sino sobre todo para responderte a la pregunta: «¿Y ahora qué?».

El mamífero maleable

En el capítulo dos sugerí un aspecto en el que los seres humanos se diferencian del resto de los seres vivos. He aquí otro en el que quizá no hayas pensado: somos virtualmente el único mamífero que viene al mundo sin la menor preparación para enfrentarse a él. Todos hemos visto imágenes de potros que se mantienen en pie unas pocas horas después del parto, y empiezan a galopar. Los cachorros de perro parecen complacerse en mordisquear el mobiliario (copando los primeros planos en YouTube) desde el momento en que abandonan el útero materno. En cambio los humanos recién nacidos no saben hacer demasiadas cosas. Podemos observarlos con arrobo, pero desde luego es una interacción unilateral. Si los abandonáramos a su suerte, la mayoría no viviría más de un par de días.

«En muchos sentidos, tu bebé recién nacido está más cerca del feto que del niño —afirma el doctor Harvey Karp en su libro *El bebé más feliz del barrio*—. Si el parto se pudiera retrasar solo tres meses, el bebé nacería con la capacidad de sonreír, gorjear y hacer carantoñas (¡A quién no le gustaría que fuera así durante su primer día de vida!)»

El doctor Karp se da cuenta, por supuesto, de que esa circunstancia es físicamente imposible. Después de todo, es un médico. Sin embargo, cree firmemente que todos los bebés, especialmente aquellos que padecen cólicos, se beneficiarían de un «cuarto trimestre» en una situación que se pareciese lo más posible al claustro materno. Para facilitar la transición desde el útero hasta el mundo exterior, recomienda cinco procedimientos para activar el «reflejo calmante»: envolverlo, susurrarle para que se calle, mecerlo, ponerlo de costado y dejándole mamar. Millones de padres han seguido los consejos del doctor Karp para facilitar la vida del bebé y la suya propia.

El concepto del cuarto trimestre es una poderosa metáfora sobre cómo vivir nuestras vidas de una forma óptima. De igual modo que el bebé no está realmente «hecho» en el momento del parto, ninguno de nosotros ha finalizado el proceso de crecer y evolucionar hacia la madurez. Cualquiera que sea la etapa en la que creas encontrarte en estos momentos, tu mejor y más gratificante camino aún está por andar.

Piensa en Gandhi. Como abogado, fue un extraordinario líder de la desobediencia civil durante muchos años. Pero sus efectos sobre la India y sobre el resto del mundo no se hicieron sentir hasta que cumplió los sesenta y un años y dirigió una marcha de sesenta y cinco kilómetros para protestar contra el dominio británico en su país.

Piensa en Frank McCourt. Tenía una satisfactoria carrera como profesor desde hacía décadas. A los sesenta, McCourt se dio a conocer al mundo como el autor del éxito de ventas *Las cenizas de Ángela*.

Civic Ventures es un *think tank* sobre la generación del *baby boom*, trabajo y obra social. Conscientes de que la gente que ha desarrollado amplias carreras laborales puede contribuir mucho más a la sociedad, Civic Ventures ha lanzado una serie de programas para demostrar «su valor y experiencia a la hora de resolver serios problemas sociales.» Entre ellos está su página web, *encore.org*, que recopila recursos, conexiones y una inspiradora colección de historias personales; se trata de una iniciativa universitaria para recapacitar a la generación del boom en el ámbito de nuevas carreras, que aporta además un fondo para ayudar a recolocar a estas personas en tareas a corto plazo relacionadas con organizaciones de ámbito social.

Uno de sus programas más significativos es el Civic Ventures' Purpose Prize, dotado con 100.000 dólares de premio, otorgado cada año a cinco ganadores de más de sesenta años que han contribuido a «cambiar el mundo». Uno de los galardonados del año 2011 fue Randal Charlton, decidido a aprovechar su inspiración en cualquier situación en que se presentase. Ha sido periodista de temas relacionados con las ciencias de la vida, ha cuidado de las vacas de un jeque saudí, ha abierto un club de jazz y ha fundado diversas empresas. Una de ellas, IPO, fue un éxito, y le permitió retirarse. El único problema es que la jubilación le resultaba aburrida. «No estaba preparado para jugar al golf o al shuffleboard —me explicó—. No lo hacía lo bastante bien. Sentía que necesitaba hacer algo que tuviera sentido.»

Pero no lo buscó en otro apacible hobby, sino que decidió visitar al presidente de la Wayne State University de Detroit y preguntarle si podría ser útil a la institución. El presidente decidió que había algo que podría adecuarse a los diversos talentos de Charlton. Pronto se convirtió en director ejecutivo de TechTown, un vivero de empresas de Detroit cuya misión era colaborar en la recuperación de la devastada red empresarial de la ciudad. Randal confesaba que, pese a su dilatada experiencia en el mundo de los negocios, no tenía excesiva cualificación para aquel puesto de trabajo. «No te preocupes —le dijo el presidente—, ya aprenderás.»

Y no solo aprendió, sino que triunfó, encontrando de paso una nueva y poderosa inspiración. «Fue probablemente una de las actividades más gratificantes de mi carrera. He cometido montones de errores en mi vida, como todo el mundo. Pero el hecho de poder transmitir mi experiencia a través de todos esos fallos a los jóvenes emprendedores ha sido muy gratificante. Además estaba en Detroit, una ciudad inmersa en una profunda crisis económica. Cualquier nueva empresa era recibida como si se hubiera ganado la Super Bowl. Era una magnífica sensación de haber cumplido con mi deber.

»Detroit sufría un 20 por ciento de paro y otro porcentaje alto de subempleo, así como problemas raciales y, para acabar de rematarlo, el colapso de su industria de automoción. Era necesario crear una nueva cultura emprendedora, y TechTown se convirtió en su epicentro.»

La TechTown que Charlton heredó carecía de colaboradores y de recursos. Actualmente, su edificio alberga a más de doscientos cincuenta empresarios y la institución ha formado a miles de emprendedores. Gracias a ella, sus clientes han obtenido beneficios por valor de más de catorce millones de dólares. TechTown ha tenido un papel fundamental en el renacimiento de Detroit y ha servido como modelo para otros viveros de empresas surgidos más adelante.

«Este último desafío fue de lo más gratificante. Una vez que te acomodas en un trabajo debes tener cuidado, ya que puedes dejar de utilizar todo tu potencial físico y mental para acometer nuevos retos.»

Tal como demuestran todos estos ejemplos, tu vida no tiene por qué seguir un trayecto determinado. No estás limitado a un solo Elemento. Muchas personas se dan cuenta de que les apasionan diversos ámbitos y otras ven cómo sus preferencias cambian y evolucionan. Encontrar tu Elemento no significa que debas cerrarte para siempre. Tu vida es polifacética, evoluciona, y está en proceso de constante crecimiento.

Algunas preguntas

- ¿Qué experiencias que aún no has probado te gustaría vivir?
- ¿Hay cosas que te habría gustado hacer en el pasado y que te encantaría volver a probar?

- ¿Qué te impide hacerlo?
- Si no existiera la posibilidad de fracaso, ¿qué es lo que más te gustaría conseguir?
- ¿Cómo adaptarías tus posibilidades económicas a un cambio?
- ¿Qué recursos utilizarías si fuera absolutamente necesario?
- ¿Cuál sería el próximo paso?

Vivir una vida llena de pasión y sentido

Al principio de este libro me preguntaba cuánta gente habría vivido hasta ahora. Argumentaba que, a juzgar por los cálculos disponibles, quizá entre ochenta y ciento diez billones de seres humanos. Y sin embargo cada uno de nosotros es único y cada vida es diferente. El regalo que ha recibido nuestra especie es el de poseer profundos recursos creativos con los que transformar nuestras vidas si ese es nuestro deseo. Tanto si decides querer cambiar el mundo entero como únicamente tu mundo interior, los límites los establece tu imaginación, no tus circunstancias materiales, y esto ha sido así desde el principio de la historia de la humanidad.

Nadie ha emprendido antes tu propio viaje de exploración, aunque la naturaleza de ese viaje es tan antigua como la propia humanidad. Escritores y filósofos de todas las épocas han abordado los mismos principios, que se hallan en el corazón de todos los grandes mitos y epopeyas de la historia humana. Identificar esos principios fue el objetivo de Joseph Campbell al escribir sobre el viaje del héroe. Tal como él lo explica: «Una buena vida consiste en la acumulación de viajes heroicos. Nos vemos abocados una y otra vez al reino de la aventura, al que llamamos nuevos horizontes. Cada vez aparece el mismo problema: ¿me atreveré? Y si lo haces, los peligros estarán ahí, y también las ayudas, la realización y el desastre. El desastre siempre es una posibilidad. Pero también el final feliz».

Todas las búsquedas implican riesgos que no podemos prever, aunque también oportunidades que sí podemos vislumbrar. Solo puedes establecer la dirección y emprender los primeros pasos. Deberás estar abierto a los riesgos y posibilidades y estar dispuesto a afrontar unos y otras. Así funciona el proceso creativo y así toman forma los procesos orgánicos. Martin Luther King lo tenía muy en cuenta cuando afirmó: «Da el primer paso hacia la fe. No tienes por qué percibir toda la escalera, solo da el primer paso».

Aunque no puedes predecir tu futuro, vale la pena mirar hacia adelante. ¿Cuánto crees que durará tu viaje? Afortunadamente, nadie lo sabe. Pero si todo va bien, vivirás ochenta, noventa o quizá cien años, que pueden resultar eternos si estás aburrido con tu vida. Pero, en términos cósmicos, es solo un latido del corazón. ¿Quieres disfrutar de la vida o simplemente soportarla? Mucha gente se resiente con la vejez y, por supuesto, afronta los correspondientes desafíos. Tal como dijo la actriz Bette Davis: «Envejecer no es para débiles». Aun así, tal como reza el viejo proverbio: «No lamentes hacerte viejo; es un privilegio reservado a unos pocos». Y es cierto.

Alguien dijo una vez que cuando se observa el transcurso de una vida, la parte más importante es el vacío intermedio. ¿Qué hacer para llenarlo? Es una buena pregunta que deberías hacerte. Podemos aprender lecciones muy importantes de la gente que se halla al final del trayecto y conoce la respuesta.

Bronnie Ware es una escritora que trabajó muchos años en cuidados paliativos. Sus pacientes sufrían lo indecible y sabían que se estaban muriendo. Bronnie se hacía cargo de ellos en las últimas tres e incluso doce semanas de su vida. La gente madura mucho cuando se enfrenta a su propia mortalidad. «Aprendí a no subestimar nunca la capacidad de crecimiento de las personas. Algunos cambios eran increíbles. Cada uno de los pacientes experimentaba una gran variedad de emociones, como la negación, el miedo, la ira, el remordimiento, más negación, y finalmente la aceptación. Todos ellos encontraron la paz antes de partir. Todos.»

Cuando preguntaba a sus pacientes si tenían algo de lo que arrepentirse en sus vidas o si habrían hecho algo de otra manera, surgían multitud de temas. Estos son los más comunes:

Me habría gustado tener la valentía de vivir una vida acorde conmigo mismo, no la vida que los demás esperaban de mí.

Este era el lamento más frecuente. Cuando las personas se dan cuenta de que su vida está a punto de acabar y miran hacia atrás, a menudo se percatan de la cantidad de sueños que no se han cumplido. «La mayoría de la gente ni siquiera había cumplido la mitad de sus sueños, y tuvieron que morir sabiendo que se debió a las decisiones que tomaron o dejaron de tomar.»

Ojalá no hubiera trabajado tanto

Todos los pacientes varones hicieron este comentario. Echaban de menos la infancia y juventud de sus hijos y la compañía de su pareja. También las mujeres lo hacían, pero como pertenecían a la vieja generación, la mayoría de ellas no había trabajado fuera de casa. «Todos ellos lamentaron haber pasado tantas horas de su vida en la rutina laboral.»

Ojalá hubiera tenido la valentía de expresar mis sentimientos

Muchas personas reprimieron sus sentimientos para mantener la paz en sus relaciones. Como resultado, vivieron una vida no deseada, y nunca fueron quienes realmente debieron ser. «Muchos desarrollaron enfermedades relacionadas con el resentimiento y la amargura derivadas de esta actitud.»

Me habría gustado permanecer en contacto con mis amigos

Muchos de ellos no apreciaron los beneficios de tener viejos amigos hasta que les llegó la hora, y no siempre fue posible seguir su rastro.

Algunos se habían obsesionado tanto con sus propias vidas que habían dejado que sus viejas amistades se aletargasen. «Expresaban profundo pesar por no haberles dedicado el tiempo y el esfuerzo que merecían. Todo el mundo echa de menos a sus amigos a la hora de morir.»

Ojalá hubiera intentado ser más feliz

Muchos no se dieron cuanta hasta el final de que la felicidad es una elección. Habían permanecido inmersos en sus hábitos y patrones de conducta. «El llamado "confort" de la familiaridad había inundado sus emociones y sus vidas desde el punto de vista físico. El miedo al cambio les había hecho fingir, ante sí mismos y ante los demás, que estaban contentos, cuando en lo más profundo de su ser echaban de menos la risa y la locura en sus vidas.»

Las experiencias de Bronnie Ware con los enfermos terminales sugieren algunas lecciones sencillas pero importantes para aquellos que tienen aún la vida por delante. He aquí algunas:

Honra tus sueños

Es importante rendir homenaje al menos a algunos de tus sueños. Aprovecha las oportunidades que se te presentan, especialmente mientras goces de buena salud. La salud proporciona una libertad que muy pocos valoran hasta que la pierden.

Reduce las cargas

Simplificando tu estilo de vida y tomando decisiones conscientes, es posible reducir lo que crees que debes ganar y tener para llevar una vida satisfactoria. Si creas más tiempo y espacio en tu vida, encontrarás una mayor felicidad y estarás más abierto a nuevas oportunidades.

Valora tu propia vida y tus sentimientos

No puedes controlar las reacciones de los demás. Aunque en un principio la gente pueda reaccionar de forma negativa cuando les hables con sinceridad sobre tus sentimientos, al final la relación se ve fortalecida; incluso puede apartar de tu vida las relaciones perjudiciales. En ambos casos sales ganando.

Valora a los que amas

Cuando la gente se enfrenta a la muerte quieren poner en orden sus asuntos materiales, normalmente para beneficio de sus seres queridos. Pero, al final, no es el dinero ni la posición social lo que importa. Durante las últimas semanas, lo único que importa ya es el amor y las relaciones. Es todo lo que queda.

Sugerí en el capítulo uno que navegar por tu vida es como hacerlo en altamar. Puedes mantenerte cerca de las costas que ya conoces o aventurarte en mar abierto. Mark Twain utilizaba la misma metáfora. A partir de sus propias experiencias vitales, formulaba el siguiente consejo: «De aquí a veinte años estarás más arrepentido de lo que has dejado de hacer que de lo que has hecho. Así que leva anclas y abandona el puerto seguro. Haz que tus velas atrapen los vientos. Explora. Sueña. Descubre».

Todos hemos sido modelados en cierta medida por nuestras biografías y culturas, y es fácil pensar que lo que ha sucedido antes determinará lo que sucederá a continuación. El poeta Ralph Waldo Emerson no opinaba igual. «Lo que queda detrás de nosotros —escribía— y lo que queda por delante son nimiedades comparado con lo que hay en nuestro interior.»

Encontrar tu Elemento es descubrir tu interior y, al hacerlo, transformar lo que queda por delante. En su breve poema «Risk», Anaïs Nin utilizaba una poderosa metáfora orgánica para contrastar los riesgos de suprimir nuestro potencial con la recompensa de darle rienda suelta:

Y llegó el día
en que el riesgo
de permanecer encerrado
en su capullo
fue más doloroso
que el riesgo
de florecer.

Como el resto de los seres vivos, los talentos y las pasiones de los seres humanos son tremendamente diversos y revisten muchas formas. Como individuos, estamos motivados por sueños distintos, y nos desarrollamos —y seguiremos haciéndolo— en circunstancias muy diferentes. Reconocer tus propios sueños y las condiciones necesarias para cumplirlos es esencial para que te conviertas en quien realmente eres. Encontrar tu Elemento no te garantizará que pases el resto de tu vida en un permanente e ininterrumpido estado de placer y deleite, pero te ofrecerá un sentido más profundo de quién eres realmente y de la vida que podrías y deberías vivir.

Agradecimientos

Este libro vio la luz bajo la tremenda responsabilidad de estar a la altura de su predecesor, *El Elemento* (*The Element: How Finding Your Passion Changes Everything*). Como siempre, hay demasiadas personas a las que dar las gracias, pero solo podré mencionar a algunas si no quiero eternizarme.

En primer lugar, tengo que dar las gracias a Lou Aronica, mi colaborador en los libros sobre el Elemento, por su constante profesionalidad, por su experta colaboración y por su sempiterno buen humor, desde el principio hasta el final. Ambos debemos agradecer a nuestro agente literario, Peter Miller, por su (no siempre) amable estímulo para llevar a buen puerto esta continuación, y por su experta labor de representación ante los editores de todos los países en los que se publicaría. En Viking, nuestro editor en Estados Unidos, Kathryn Court y su editora asociada, Tara Singh, han sido unas colaboradoras maravillosamente creativas en las sucesivas etapas que debían llevar desde la primera línea redactada hasta su publicación final. Nuestra asesora, Jodi Rose, fue una roca a la que asirse a la hora de cumplir con mis compromisos de redacción en medio de una agenda de lo más repleta.

Llegados a este punto, muchos escritores incluyen una mención a sus familias por haber soportado meses y meses de silencio y ensimismamiento. Desde luego, no soy una excepción. También debo darles las gracias por convertir este libro en un asunto familiar. Yo quería que se tratase de una obra capaz de reunir a las familias y hacerles compartir la lectura, y quise asegurarme de que lo conseguiría. En plena redacción y edición de su propio libro, *India's Summer*, mi esposa Thérèse me ofreció un auténtico caudal de ideas y de palabras de ánimo conforme los primeros borradores tomaban forma en mi ordenador. Nuestra hija Kate leyó el manuscrito palabra a palabra, realizó los ejercicios y me ayudó a elaborar muchos de ellos. Fue una tremenda fuente de apoyo e inspiración para el diseño del tono y del estilo que el libro debía adoptar. También dibujó el Mapa Mental, superando con creces mis torpes intentos por conseguirlo. Mi hermano John Robinson, reconocido investigador, me ayudó en muchas cuestiones y detalles en los que debíamos asegurarnos de que aquello que decíamos no solo era valioso, sino también cierto. Les estoy profundamente agradecido.

Y para finalizar, aunque no por ello menos importante, debemos dar las gracias a las numerosas personas de todas las edades y países que leyeron el primer libro, y que contactaron con nosotros para hablarnos de sus experiencias con su Elemento. El material daba para mucho más de lo que finalmente incluimos en el libro, aunque siempre se corroboraba el argumento de que todos llegamos a rendir al máximo precisamente cuando encontramos nuestro Elemento. Sus respuestas y sus preguntas dejaron claro que una continuación podía ser de gran utilidad. Ahora la tienes en tus manos. Espero haber hecho justicia, a ellos, y a ti como lector.

Notas

Introducción

«El efecto Forer», *Diccionario del escéptico*, < http://spanish.skepdic.com/forer.html>.

Jerome, Jerome K., *Tres hombres en una barca; ¡por no mencionar al perro!* Madrid, Triple Editorial, S. L., 2007.

Capítulo 1: Encontrar tu Elemento

Buzan, Tony y Barry Buzan, *Cómo crear mapas mentales: el instrumento clave para desarrollar tus capacidades mentales que cambiará tu vida*, Barcelona, Ediciones Urano, 2004.

«Eric Schmidt: Every 2 Days We Create as Much Information as We Did Up to 2003», *TechCrunch*, 4 de julio de 2012, <http://techcrunch.com/2010/08/04/schmidt-data/>.

Evans D., y R. Hutley, «The Explosion of Data: How to Make Better Business Decisions by Turning "Infolution" Into Knowledge», *Cisco IBSG Innovations Practice (2010)*, <www.cisco.com/go/ibsg>.

Tolle, Eckhart, *El poder del ahora: un camino hacia la realización espiritual* Madrid, Gaia Ediciones, 2006.

How Many People Can Live on Planet Earth? Top Documentary Films, 8 de febrero de 2012, <http://topdocumentaryfilms.com/how-many-people-can-live-on-planet-earth/>.

Butler, Judith, *Precarious Life: The Powers of Mourning and Violence*, Londres, Verso, 2004.

George Kelly, *Psicología de los constructos personales*, textos escogidos, Barcelona, Ediciones Paidós Ibérica, 2001.

Wadhwa, Vivek, «Silicon Valley Needs Humanities Students», *Washington Post*, 18 de mayo de 2012; consultado el 4 de julio de 2012, <http://www.washingtonpost.com/national/on-innovations/why-you-should-quit-your-tech-job-and-study-the-humanities/2012/05/16/gIQAvib UU_story.html>.

Fisher, Anne, «Finding a Dream Job: A Little Chaos Theory Helps», *TimeBusiness*, 4 de marzo de 2009; consultado el 30 de diciembre de 2011, <http://www.time.com/time/business/article/0,8599,1882369,00.html>.

Brooks, Katharine, *You Majored in What? Mapping Your Path From Chaos to Career*, Nueva York, Viking, 2009.

Cameron, Julia, *El camino del artista: un curso de descubrimiento y rescate de tu propia creatividad*, Madrid: Aguilar, 2011.

Capítulo 2: ¿En qué destacas?

«El Sistema: Social Support and Advocacy Through Musical Education», *Distributed Intelligence*, 11 de octubre de 2011, <http://mitworld.mit.edu/video/769>.

Higgins, Charlotte, «How Classical Music is Helping Venezuelan Children Escape Poverty», *The Guardian Music*, 11 de octubre de 2011, <http://www.guardian.co.uk/music/2006/nov/24/classicalmusicandopera>.

«Venezuela—El Sistema USA», *El Sistema USA*, 11 de octubre de 2011, <http://elsistemausa.org/el-sistema/venezuela/>.

Wakin, Daniel J., «Los Angeles Orchestra to Lead Youth Effort», nytimes.com, 11 de octubre de 2011, <www.nytimes.com/2011/10/05/arts/music/los-angeles-philharmonic-to-lead-a-sistema-style-project.html>.

«José Antonio Abreu», TED Profile, ted.com, 11 de octubre de 2011, <http://www.ted.com/speakers/jose_antonio_abreu.html>.

Henley, Jon, «Jamie Oliver's Fifteen: A Winning Recipe», *The Guardian News and Media*, 9 de abril de 2012, consultado el 7 de junio de 2012,

<http://www.guardian.co.uk/society/2012/apr/09/jamie-oliver-fifteen-winning-recipe>.

«Jamie Roberts», *Fifteen Cornwall*, 8 de junio de 2012, <http://www.fif teencornwall.co.uk/apprentice-chefs/Jamie%20Roberts.pdf>.

«About StrengthsFinder 2.0», strengths home page, 30 de septiembre de 2011, <http://strengths.gallup.com/110440/about-strengthsfinder-2. aspx>.

«CareerScope® V10 | VRI», Vocational Research Institute, 30 de septiembre de 2011, <http://www.vri.org/products/careerscope-v10/bene fits>.

«General Aptitude Test Battery», Career Choice Guide, 30 de septiembre de 2011, <http://www.careerchoiceguide.com/general-aptitude-test-battery.html>.

«Ability Profiler (AP)», O*NET Resource Center, 30 de septiembre de 2011, <http://www.onetcenter.org/AP.html>.

«Blazing a Trail», *Financial Times Ltd.*, Asia Africa Intelligence Wire, 2005, consultado el 11 de octubre de 2011, <http://www.accessmylibrary. com>.

Capítulo 3: ¿Cómo lo sabes?

«The Story of Sam», *Learning Beyond Schooling*, 1 de junio de 2012, <http://learningbeyondschooling.org/2011/05/21/the-story-of-sam-dancing/>.

«David A. Kolb on Experiential Learning», Informal Education home page, 22 de diciembre de 2010, <http://www.infed.org/biblio/b-explrn. htm>.

«Learning Styles», North Carolina State WWW4 Server, 22 de diciembre de 2010, <http://www4.ncsu.edu/unity/lockers/users/f/felder/public/ learning_styles.html>.

VARK—A Guide to Learning Styles, 22 de diciembre de 2010, <http:// www.vark-learn.com/english/index.asp>.

Centers for Disease Control and Prevention, 12 de diciembre de 2011, consultado el 4 de julio de 2012, <http://www.cdc.gov/ncbddd/adhd/ prevalence.html>.

Harris, Gardiner, «F.D.A. Is Finding Attention Drugs in Short Supply», *The New York Times*, 1 de enero de 2012, consultado el 4 de julio de 2012, <http://www.nytimes.com/2012/01/01/health/policy/fda-is-finding-attention-drugs-in-short-supply.html?pagewanted=all>.

Capítulo 4: ¿Qué te apasiona?

Norris, Brian, «What Is Passion?», briannorris.com, 27 de enero de 2012, <http://www.briannorris.com/passion/what-is-passion.html>.

George Washington Institute for Spirituality and Health, George Washington University, 27 de enero de 2012, <http://www.gwumc.edu/gwish/aboutus/index.cfm>.

Vaillant, George E., *La ventaja evolutiva del amor: un estudio científico de las emociones positivas*, Madrid, Rigden Institut Gestalt, 2009.

«Interesting Facts about Nervous System», Buzzle Web Portal: Intelligent Life on the Web, 10 de octubre de 2011, consultado el 27 de enero de 2012, <http://www.buzzle.com/articles/interesting-facts-about-nervous-system.html>.

Smalley, Susan L., y Diana Winston, *Conciencia plena,* Barcelona, Ediciones Obelisco S. L., 2012.

The Joseph Campbell Foundation home page, 17 de noviembre de 2011, <http://www.jcf.org/new/index.php?categoryid=31>.

Therese, *India's Summer*, Stamford, CT: Fiction Studio, 2012.

Capítulo 5: ¿Qué te hace feliz?

Baker Dan, y Cameron Stauth, *Lo que sabe la gente feliz: tomar las riendas del propio destino y vivir una vida plena y satisfactoria*, Barcelona, Ediciones Urano, 2004.

«New Study Shows Humans are on Autopilot Nearly Half the Time», *Psychology Today*, 14 de noviembre de 2011, consultado el 20 de diciembre de 2011, <http://www.psychologytoday.com/blog/your-brain-work/201011/new-study-shows-humans-are-autopilot-nearly-half-the-time>.

«Current Worldwide Suicide Rate», ChartsBin.com—Visualize Your Data,30 de diciembre de 2011, <http://chartsbin.com/view/prm>.

Weil, Andrew, *Spontaneous Happiness*, New York, Little, Brown, 2011.

«Martin Seligman—Biography», University of Pennsylvania Positive Psychology Center, 27 de enero de 2012, <http://www.ppc.sas.upenn.edu/bio.htm>.

Frankl, Viktor E., *El hombre en busca de sentido*, Barcelona, Herder Editorial, 2011.

Seligman, Martin E. P., *La auténtica felicidad*, Barcelona, Zeta Bolsillo, 2011.

«World Database of Happiness», Erasmus University, Rotterdam, 9 de febrero de 2012, <http://www1.eur.nl/fsw/happiness/>.

Lyubomirsky, Sonja, *La ciencia de la felicidad: un método probado para conseguir el bienestar*, Barcelona, Ediciones Urano, 2008.

Ricard, Matthieu, *En defensa de la felicidad*, Introducción, Barcelona, Ediciones Urano, 2011.

Chalmers, Robert, «Matthieu Ricard: Meet Mr Happy», *The Independent Profiles*—People, 22 de noviembre de 2011, <http://www.independent.co.uk/news/people/profiles/matthieu-ricard-meet-mr-happy-436652.html>.

Gretchen Rubin, *Objetivo: Felicidad. De cuando pasé un año de mi vida cantando alegres melodías, ordenando los armarios, leyendo a Aristóteles y, en general, preocupándome menos y divirtiéndome más*, Buenos Aires, Urano, 2012.

Rubin, Gretchen, «How to Be Happier—in Four Easy Lessons», The Happiness Project, 22 de noviembre de 2011, <http://www.happiness-project.com/happiness_project/2009/07/how-to-be-happier-in-four-easy-lessons.html>.

Nooyi, Indra, «Indra Nooyi's Mantras for Success», *Rediff News*, 29 de noviembre de 2011, <http://www.rediff.com/money/2008/sep/12sld4.htm>.

Todd Gilbert, Daniel, T*ropezar con la felicidad*, Barcelona, Ediciones Destino S. A., 2006.

«Indra Nooyi's Graduation Remarks», businessweek.com, 29 de noviembre de 2011, <http://www.businessweek.com/bwdaily/dnflash/may2005/nf20050520_9852.htm>.

Página web *Free The Children*, 30 de noviembre de 2011, <http://www.freethechildren.com/>.

«Inspirational Kids: Craig Kielburger», Welcome to EcoKids Online, 30 de noviembre de 2011, <http://www.ecokids.ca/pub/eco_info/topics/kids/craig.cfm>.

Jacobs, Jerrilyn, «The My Hero Project—Craig Kielburger», The My Hero Project, 30 de noviembre de 2011, <http://myhero.com/go/hero.asp?hero=c_Kielburger>.

Rysavy, Tracy, «Free the Children: The Story of Craig Kielburger», *YES! Magazine*, 30 de noviembre de 2011, <http://www.yesmagazine.org/issues/power-of-one/free-the-children-the-story-of-craig-kielburger>.

Capítulo 6: ¿Cuál es tu actitud?

«About Me», *Massage by Sue Kent*, Enjoy Feet Massage and Jewellery, consultado el 2 de julio de 2012, <http://www.enjoyfeet.co.uk/sue_kent.html>.

Dweck, Carol S., *La actitud del éxito*, Barcelona, Ediciones B, 2007.

Kolbe, Kathy, página web *kolbe.com*, consultada el 4 de julio de 2012 <http://www.kolbe.com/>.

«Better Results Through Better Thinking», *Herrmann International*, 4 de julio de 2012, <http://www.hbdi.com/home/>.

«Personality Type!», 10 de febrero de 2012, <http://www.personalitytype.com/>.

Personality and Individual Differences Journal, página web, Elsevier, 10 de febrero de 2012, <http://www.journals.elsevier.com/personality-and-individual-differences/>.

«Test Your Optimism (Test de orientación vital)», EHLT, 10 de febrero de 2012, <http://ehlt.flinders.edu.au/education/dlit/2006/helpinghands/lottest.pdf>.

Grimes, William, «Mimi Weddell, Model, Actress and Hat Devotee, is Dead at 94», necrológicas del *The New York Times*, 14 de febrero de 2012, <http://www.nytimes.com/2009/10/06/movies/06weddell.html>.

Hats Off (2008), The Internet Movie Database (IMDb), 14 de febrero de 2012, <http://www.imdb.com/title/tt1194127/>.

McLellan, Dennis, «Mimi Weddell Dies at 94; the Subject of "Hats Off"», *Los Angeles Times*, 14 de febrero de 2012, <http://www.latimes.com/news/obituaries/la-me-mimi-weddell4-2009oct04,0,7336710.story>.

Capítulo 7: ¿Dónde estás ahora?

«Education is not Always Linear, Student Argues», oklahomadaily.com, 1 de febrero de 2012, consultado el 3 de agosto de 2012, <http://www.oudaily.com/news/2012/feb/01/college-education-isnt/>.

Capítulo 8: ¿Dónde está tu tribu?

Jeffrey S. Minnich, «Plant Buddies—Plants that Grow Better When Next to Each Other», CBS Interactive Business Network, 1 de abril de 1994, consultado el 2 de julio de 2012, <http://findarticles.com/p/articles/mi_m1082/is_n2_v38/ai_14988868/>.
«Claus Meyer: Manifesto», Claus Meyer: Forside, 11 de enero de 2012, <http://www.clausmeyer.dk/en/the_new_nordic_cuisine_/manifesto_.html>.
Moskin, Julia, «New Nordic Cuisine Draws Disciples» *The New York Times*, 23 de agosto de 2011, consultado el 11 de enero de 2012, <http://www.nytimes.com/2011/08/24/dining/new-nordic-cuisine-draws-disciples.html>.

Capítulo 9: ¿Y ahora qué?

Karp, Harvey, *El bebé más feliz del barrio: método para calmar el llanto de tu bebé y favorecer un sueño tranquilo*, Barcelona, RBA Libros, 2003.
«Success After the Age of 60», Google Answers, 24 de enero de 2012, <http://answers.google.com/answers/threadview?id=308654>.
«About Civic Ventures Programs», *Encore Careers*, 24 de enero de 2012, <http://www.encore.org/learn/aboutprograms>.
«Randal Charlton», *Encore Careers*, 24 de enero de 2012, <http://www.encore.org/randal-charlton-0>.

Índice